文化的力量

李小甘　著

中国社会科学出版社

图书在版编目（CIP）数据

文化的力量／李小甘著．—北京：中国社会科学出版社，2020.11（2021.3 重印）
ISBN 978 - 7 - 5203 - 7391 - 3

Ⅰ.①文…　Ⅱ.①李…　Ⅲ.①文化发展—研究—深圳
Ⅳ.①G127.653

中国版本图书馆 CIP 数据核字（2020）第 191002 号

出 版 人	赵剑英
责任编辑	杨晓芳
责任校对	李燕萍
责任印制	王　超

出　　版	中国社会科学出版社
社　　址	北京鼓楼西大街甲 158 号
邮　　编	100720
网　　址	http://www.csspw.cn
发 行 部	010 - 84083685
门 市 部	010 - 84029450
经　　销	新华书店及其他书店

印　　刷	北京明恒达印务有限公司
装　　订	廊坊市广阳区广增装订厂
版　　次	2020 年 11 月第 1 版
印　　次	2021 年 3 月第 3 次印刷

开　　本	710×1000　1/16
印　　张	17.25
字　　数	218 千字
定　　价	78.00 元

目　　录

文化创新进行时（代序）

　　文化发展是一个与经济、科技、社会进步相辅相成的动态系统，是一个厚积薄发的渐进过程，传承与扬弃、创新与发展是文化进步的永恒主题。

　　改革开放四十年，深圳的经济崛起举世瞩目，科技创新广受赞誉。面积只有 1997 平方公里的深圳，经济总量在 2019 年已达 2.69 万亿元，居亚洲城市前五。全口径财政收入达 9423.80 亿元，地方一般公共预算收入为 3773.21 亿元，出口总额实现全国城市"二十七连冠"。全社会研发投入占 GDP 比重为 4.61%，比全国平均水平（2.19%）高 2.42 个百分点；战略性新兴产业增加值占 GDP 比重为 37.7%，国家高新技术企业达 1.7 万家，PCT 国际专利申请量实现全国城市"十六连冠"。与此同时，深圳的城市规模已逐步扩容为实际管理人口超过 2000 万人的国际化大都市。

　　经济社会的不断进步滋养着文化的根基，文化的积累成长又为经济社会的崛起提供支撑。区域间的竞争，归根到底是文化的竞争，城市间的较量归根到底是文化的较量。现在，人们在瞩目深圳经济腾飞的同时，也越来越多地关注深圳文化的发展。"深圳经济上去了，那文化呢？"这已不是深圳的"斯芬克斯之谜"，而是深圳面临的世纪之问。

一

　　追根朔源，深圳也有童年。深圳有6000多年的人类活动史、1700多年的郡县史、600多年的南头城和大鹏城史、300多年的客家人移民史。迄今，位于深圳东部的咸头岭人类活动遗址、大鹏所城，跻身闹市区的南头古城、思月书院等都保存了深圳的文化根脉，延续着这座城市的文化记忆。但无论如何，由于地理、经济等因素的限制，古代深圳位居蛮荒僻壤，远离繁盛的中原文化，她的文化虽有特点，但相对而言底蕴不足、基础薄弱、人才匮乏、局限性强，却是一个不争的事实。历史拉近到40年前，作为深圳市前身的宝安县只有一台钢琴、一间剧院、一支宣传队，完全是一个贫困县的文化格局。多年前笔者写过一篇文章《"疯猴子"与孺子牛》，记叙了20世纪80年代初到深圳的亲历感受。从这个角度看，人们曾说"深圳是一个文化沙漠"，也并非嘲讽之意。

　　1978年12月18日召开的中共十一届三中全会，揭开了中国改革开放的序幕。1980年8月26日，全国人大审议通过了《广东省经济特区条例》，深圳迎来了亘古未有的发展机遇，深圳文化也随之掀开了新的一页。一张白纸可以绘出最新最美的图画，经济在这张白纸上勾勒了线条，文化在这张白纸上涂抹了色彩。

　　历届深圳市委、市政府对文化建设都高度重视，对文化在城市发展中的地位与作用有清醒的认识。深圳又称鹏城，在20世纪80年代，深圳政府就把物质文明与精神文明喻之为鸟之双翼、车之两轮，认为深圳只有两翼齐飞，才能鹏程万里。在百废待举、百业待兴之际，在地方财政收入仅有3亿元的艰难时期，深圳规划建设了大剧院、体育馆、科技馆、图书馆、博物馆、电视台、新闻中心、深圳大学等"八大文化设施"，当年的市委主要负责人所说的"当了裤子也要把深圳大学建起来"的话语迄今掷地有声。时间进入 90 年代，深圳的城市雏形开始形成，经济呈现爆炸式增长的态势，深圳的领导人强调"经济是城市的形，文化是城市的神，只有协调发展，深圳才能形神兼备"。深圳持续加大文化投入，积极布局公共文化设施，关山月美术馆、罗湖书城等一批文化设施应运而生。这一时期，深圳原创歌曲《春天的故事》（1992 年）和《走进新时代》（1997年）蜚声全国，成为一个时代的旋律。跨入 21 世纪，深圳市提出了"文化立市"的发展战略，一个"立"字，凸显了"文化深圳"的气魄，深圳福田中心区新矗立的中心书城、音乐厅、图书馆、青少年宫、当代艺术馆等标志性文化建筑，展现了深圳文化的时尚。尤为重要的是，城市的文化内涵得到了扩充丰富。2013 年 10 月，深圳被联合国教科文组织授予"全球阅读典范城市"；2008 年 11 月，深圳被联合国教科文组织授予"设计之都"称号。"深圳读书月""文博会"等一批品牌文化活动独树一帜，"时间就是金钱、效率就是生命"等"深圳十大观念"深入人心。党的十八大以来，深圳市委、市政府把文化建设摆在了十分重要的位置上，把文化建设作为全市率先发展、全面发展、协调发展的战略举措，着眼于打基础、补短板、谋长远，出台了《文化创新发展 2020（实施方案）》等政策，推行了一系列务实举措，取得了明显成效，展现了深圳文化事业发展的新气度。

二

文化发展的实质，就在于文化创新。文化创新，是经济社会发展的必然要求，是文化自身发展的内在动力，是一个民族和地区永葆生命力和凝聚力的重要保证。

深圳因改革开放而生,因改革开放而兴。深圳文化也在不断传承与扬弃中日趋繁荣,在不断补短板、强弱项中迅速壮大。站在新时代的起跑线上,着眼这座现代化大都市走向未来的目标定位,对标国内外先进城市,关注市民日益增长的精神文化需求,深圳文化发展不平衡不充分等问题不容忽视,建设文化深圳的任务依然任重道远。辉煌属于过去,创新永在路上。深圳文化要实现高质量的发展,深圳的文化影响力要有新的提高,就必须坚持问题导向、需求导向、效果导向,正视文化发展进程中面临的挑战与存在的问题,以更高的文化自觉、更强的文化自信、更实的文化创新,提高深圳文化的综合实力。

从形势的变化和问题的积累看,深圳文化发展面临的挑战和存在的问题主要表现在以下几个方面:

一是市民文明素质参差不齐,总体素质亟待提高。深圳是一座典型的移民城市。至 2018 年底,全市实际管理人口超过 2000 万人,常住人口 1302 万人,户籍人口 454 万人,是一个户籍居民与流动人口严重倒挂的城市,外来劳务工占了相当的比例。从人口知识结构看,2018 年底深圳常住人口中,大专文化程度以下者约占 70%;而英国伦敦恰好相反,约有 70% 的人拥有高等学历。与此同时,城市的向心力、凝聚力需要增强,"来了就是深圳人"还需要制度安排和情感寄托。

二是公共文化设施分布不均衡,管理与服务水平亟待提高。硬件方面,原特区历史欠账较多,与福田、南山、罗湖等区的差距较大,如南山区公共文化设施人均面积为 0.43 平方米,而坪山区仅有 0.23 平方米。软件方面,公共文化服务缺位、与公众文化需求错位的现象比较突出,分众化、个性化公共文化服务不足,大部分外来劳务工的文化需求得不到满足。一些社区文化活动中心存在"衙门化"倾向,居民上班,他们也上班;

居民下班，他们也下班；有些市民只能在路灯下、大树下下棋打牌。

三是文化事业发展的机制不健全，文化繁荣缺乏厚实基础。深圳文艺院团实力不强，缺队伍、缺人才、缺作品、缺影响的现象比较突出。如市属国有文艺院团，上海有 18 个，北京有 13 个，广州有 7 个，杭州有 6 个，而深圳原来实际上只有 2 个，粤剧团转企后处境艰难，歌舞团交由华侨城管理后名存实亡，人才全部流失。在体现城市综合文艺实力的舞台艺术方面，深圳在国内外各种奖项中已多年"交白卷"。同时，对有广泛影响的重点文体项目缺乏扶持机制。如国内顶级足球联赛"中超"，北京有国安、人和；上海有上港、申花；广州有恒大、富力，而且恒大是中超"五连冠"，而深圳足球队已混迹中甲多年，"一线"城市拥有的是"二、三线"的球队，与城市地位不相匹配。

四是社科研究力量不足，学术领军人物匮乏。全市社科研究人员仅为 2400 多人，不到全省的十分之一；市社科院仅有 37 人，在副省级城市中编制最少；市社科院、社科联长期以来没有正式刊号的学术期刊，而北京仅社科类核心期刊就有 220 种，上海有 32 种，广州有 24 种。深圳是理论研究的沃土，但社科研究还未能发挥"理论提炼"和"理论先行"的作用，"理论是灰色的，生活之树长青"，在这里找到另一种诠释。

五是文化产业结构不尽合理，国有文化企业转型升级任务繁重。按统计部门口径，深圳文化及相关产业产值占比为 7.9%。统计资料显示，文化核心层（新闻出版、广播影视、文化艺术服务）比重偏低，仅占 3.4%；创意设计服务占 15.1%，文化信息传输服务占 35.4%，文化休闲娱乐服务业占 9.2%，而文化制造业（印刷业）占比高达 37.1%。同时，近几年媒体格局和舆论生态产生深刻变化，深圳报业、广电、出版发行三大集团在融合发展、转型发展、创新发展中面临空前压力。舆论引导力减弱、市场开拓力下降、自我创新力不强的问题亟待破解。

六是对外文化传播的渠道需要拓展，对外文化辐射力亟待增强。"北上广深"是国内超大型一线城市，但深圳在海外的知名度仍然不高。在今天的互联网时代，我们的对外宣传还常常停留在"一部片子、一本册子"，海外联谊常常体现为"包个饺子、舞个狮子"，直至前两年，号称国际化城市的深圳甚至连一个综合性的英文门户网站都没有，内容与形式均亟待创新。

上述这些问题，都是制约深圳文化发展的瓶颈，是牵动深圳文化发展大局的穴位，也是深圳文化创新发展的着力点。

三

思路决定出路，深度决定高度，目标决定路径。文化创新，既要面向未来，面向世界，又要结合实际，扬长避短，寻找适合自身实际的目标定位，形成独特的城市文化气质。

迈入新时代，中央、省委对深圳寄予厚望。2019 年 8 月，中共中央、国务院出台了《关于支持深圳建设中国特色社会主义先行示范区的意见》，其中给深圳提出的五个战略定位之一，就是"城市文明典范"。深圳市委、市政府推动文化发展的自觉性也进入新的境界，深圳不仅要经济科技高度发达，而且要文化艺术繁荣兴盛，成为一座内外兼修、协调发展、综合实力强的国际化创新型城市，因此，必须进一步焕发魅力、动力、活力和创新力。

那么，当今深圳文化创新发展的目标定位是什么？中央的《意见》已经给出了答案，那就是建设区域文化中心城市和彰显国家文化软实力的现代文明之城。全球化、国际化是世界发展的潮流，以互联网为代表的信息技术快速发展，又大大加快了这一进程。区域城市群中，因地缘区位因素和经济社会发育程度不同，会形成不同的文化中心城市，辐射并带动周边城市的发展。深圳地处粤港澳大湾区核心地带，是粤港澳大湾区建设的核心引擎，建设区域文化中心城市是其应该承担的重要使命。

区域文化中心城市，要对照国际化城市建设的最高标准，既要具有全球视野和国际格局，增强在世界范围的文化影响力、聚合力和辐射力；又要把握区域特征和自身特色，体现改革开放重要窗口的开放性、包容性和先导性。深圳建设区域文化中心城市的对标城市可分为三个层次：第一层次是全球文化中心城市，包括纽约、伦敦、巴黎、东京等；第二层次是全球区域文化中心城市，包括洛杉矶、旧金山、新加坡、首尔、大阪、香港等；第三层次是国内文化中心城市，包括北京、上海、广州等。深圳要形成区域文化中心城市，就必须在丰富文化内涵、提升文化核心竞争力上下功夫。

深圳的发展与纽约颇为相似，即历史沉淀相对较浅。纽约大力发展现代文化艺术，如抽象艺术、波普艺术等，并把它们推到一个极致，用几十年的时间，使纽约成为世界性的文化中心。因此，深圳文化发展的取向，是大力发展创新创意的现代文化，这是符合深圳文化发展规律的。现代文化就是立足国际视野和自身特色，打造精神气质鲜明突出、文化创新引领潮流、文化服务普惠优质、文化产业充满活力、文化形象开放时尚、引领全球文化发展的创新创意城市。要凭借深圳的条件，确定适合自身发展的路径，扬长避短，错位发展，形成独特的文化生态，呈现鲜明的文化个性，展现迷人的"城格魅力"，使人们置身深圳，就能感受到一股浓烈的现代文化气息，包括城市建设的现代化、生活方式的现代化、思维方式的现代化、文化艺术发展的现代化。

深圳是中国改革开放的窗口，这个窗口对外展现的当代中国形象应该是鲜活的、丰满的、立体的，在"中国硅谷"声名鹊起的时候，"文化绿洲"也应该应运而生，成为彰显国家文化软实力的现代文明之城。

"区域文化中心城市"与"彰显国家文化软实力的现代文明之城"，两者在内涵上是互相贯通，在形式上是彼此衔接的。深圳要成为"彰显国家文化软实力的现代文明之城"，就必须先成为"区域文化中心城市"，把两者结合起来，将是深圳文化创新发展的新目标。

四

所谓"创新"，就是在求异的前提下，发现前所未闻的规律，发明前所未有的方法，实施前所未有的举措，创造前所未有的事物。文化创新涉及意识形态与物质基础两个方面，要实现创造性转化、创新性发展，更需要从理念到办法的系统性改进。

改革开放 40 年来，深圳文化逐步从"文化沙漠"迈向"文化绿洲"的过程，就是文化创新不断深化的过程，深圳文化建设取得的辉煌成就，正是深圳文化创新结出的丰硕成果。2015 年 6 月，深圳市组织专题课题组，历经半年多的深入考察调研和广泛征求意见，有针对性地提出系统性的对策和解决办法。同年 12 月，出台了《深圳文化创新发展 2020（实施方案)》。以传承和创新的态度，针对当前存在的薄弱环节和面临的挑战，采取一系列有针对性的扎实举措，打基础、补短板、强弱项、谋长远，进一步把深圳打造成深圳现代化国际化创新型城市。《深圳文化创新发展 2020（实施方案)》是一张"规划图"，是深圳一个时期文化发展的顶层设计，它按照文化核心层、中间层、外围层的结构，提出要"构建五大体系"，包括：创新思想理论载体，构建以社会主义核心价值观为引领的城市精神体系；创新城市形象标识，构建以国际先进城市为标杆的文化品牌体系；创新媒体运行机制，构建以媒体融合发展为标志的现代文化传播体系；创新文化服务方式，构建以市民精神文化需求为导向的公共文化服务体系；创新产业发展模式，构建以质量型内涵式发展为特征的现代文化产业体系。《深圳文化创新发展 2020（实施方案）》是一份"施工图"，它从实践层面推出了 153 项重点任务，列出了《工作目标责任书》，分解任务，落实责任，注重实效。

文化的影响力是看不见、摸不着的，但这种看不见、摸不着的文化影响力必须要通过一件件看得见、摸得着的实事来形成。近几年，深圳文化创新扎实推进，至 2019 年 10 月，《深圳文化创新发展 2020（实施方案）》所确定的 153 项重点任务，已基本完成 141 项，完成度达到 92%。第一个"落地"的项目，是深圳历史上首个综合性英文门户网站"EYE SHENZHEN"，在 2016 年 5 月 9 日正式问世；2018 年 8 月深圳市委、市政府审议通过了《关于加快推进重大文体设施规划建设的实施意见》，决定兴建"新十大文化设施"、打造"十大特色文化街区"。文化创新的进程是曲折的，文化创新的过程是艰难的，不积跬步无以至千里，奋勇向前终会到达目的地。

创新思想理论载体，构建以社会主义核心价值观为引领的城市精神体系，是城市文化的核心内涵与精神引领，是形成城市文化气质的关键要素。近几年，深圳认真落实意识形态工作责任制，建立意识形态情况分析研判机制，形成境内外网络舆情发现、处置、反馈的两套完整系统；制订并出台了《市民文明素养提升行动纲要》，开展"修心""养德""守法""尚智"

"崇文""健体"六大行动,组织新入户市民培训;探索文明城市创建的长效机制,走出一条"以法治促进文明、以机制保障文明、以文化滋养文明、以科技助推文明、以教育培养文明、以传播弘扬文明"的新路,实现全国文明城市的"五连冠";概括提炼"新时代深圳精神",增强城市的凝聚力和影响力。

创新城市形象标识,构建以国际先进城市为标杆的文化品牌体系,是形成城市文化竞争力、增强城市文化感染力、提高城市文化影响力的重要内容。近年来,深圳精心订制了"城市文化菜单",涵盖了深圳 32 项国际化、标志性的大型文化活动,如文博会、读书月、"一带一路"国际音乐季、"深圳设计周暨环球设计大奖"、科技影视周、中国摄影大展、中国图片大赛等等,做到"月月有主题、全年都精彩";潜心创作一批新的文艺精品,如纪录片《创新中国》、歌曲《向往》、交响套曲《我的祖国》等,使文艺精品成为城市文化的重要标识;锐意推动文艺院团改革,出台《深化国有文艺院团体制改革实施方案》,组建深圳歌剧舞剧院,成立交响乐发展基金会理事会,整合深圳粤剧团与深圳戏院,重新理顺文艺院团与场所的隶属关系,夯实文艺创作的基础;筹办创意设计学院、音乐学院,开展"深圳文艺名家推广计划",筹划深圳文艺振兴的长远之计。

创新媒体运行机制,构建以媒体融合发展为标志的现代文化传播体系,是顺应媒体格局和舆论生态深刻变化的重要举措。"不改没有出路,改了没有退路,迟改没有新路",传统媒体只有加快融合发展、转型发展、创新发展,才能提高传播力、引导力、影响力、公信力。近年来,深圳积极推动报业、广电、出版发行三大国有文化集团的改革,"瘦身计划"初见成果。报业集团领导班子职数精简 35%,集团本部部门减少 40%,员工总数减少 12.8%,注销清理 11 家"僵尸企业"。广电集团领导班子职数减少 31%,5 年内将缩减员工规模 15%,关停并转

4 家经营不善的下属企业。出版发行集团实行改制，按照现代企业制度完善法人治理结构。深圳媒体融合扎实推进，报业集团"读特"APP 荣登 2016—2017 年中国媒体融合先锋榜，"读创"APP 影响力不断提升，深圳 ZAKER 用户突破 800 万；广电集团全媒体融合新闻中心一、二期建设完成并投入使用，"壹深圳"APP 下载总用户数持续上升；出版发行集团推广"互联网＋阅读"的新理念，按照"阅读永恒、载体创新"的思路，打造"数字书城""智慧书城""掌上书城"，加大报业、广电转型发展的扶持力度，2016 年开始给予两大集团各一个亿的资助，2018 年又增加到每年两个亿。

创新文化服务方式，构建以市民精神文化需求为导向的公共文化服务体系，是完善城市功能、提高城市品质、增强市民归属感幸福感的重要途径。近几年，深圳大力推动"一区一书城、一街道一书吧"的规划建设，由市财政给予原特区外新建书城和中心书城维修改造工程总投资 50% 的资金补助，总投入超过 20 亿元，"让城市的每扇窗户都透着阅读的灯光"正逐步实现。深圳市委、市政府审议通过《关于加快推进重大文体设施规划建设的实施意见》，决定规划建设"新十大文化设施"，包括深圳歌剧院、深圳改革开放展览馆、深圳创意设计馆、中国国家博物馆·深圳馆、深圳科学技术馆、深圳海洋博物馆、深圳自然博物馆、深圳美术馆新馆、深圳创新创意设计学院、深圳音乐学院等；打造"十大特色文化街区"，包括：大鹏所城、南头古城、大芬油画村、观澜版画基地、甘坑客家小镇、大浪时尚创意小镇、大万世居、蛇口海上世界、华侨城创意文化街区、华强北科技时尚文化街区等，掀起新一轮文化设施建设的热潮。

创新产业发展模式，构建以质量型内涵式发展为特征的现代文化产业体系，是新时期文化产业实现转型升级、可持续发展的必然要求。近几年，深圳继续精心办好"文博会"，主动剔除有"水分"的协议成交额，着力在提升展会的国际化、市场化、专业化上下功夫，精心打造"一带一路"国家馆；倾力打造"深圳设计"的城市品牌，研究制订《关于推动深圳创意设计高质量发展的若干意见》，创办"深圳设计周暨环球设计大奖"，筹办创意设计学院，增强城市创意设计的总体实力和核心竞争力，擦亮"深圳设计"的招牌。

创新是文化繁荣兴盛的不竭动力。只要顺应时代发展要求，遵循文化发展规律，用创新的一脉一络编织，用实干的一砖一瓦铺砌，建设区域文化中心城市和彰显国家文化软实力的现代文明之城的目标就一定能实现。

是为序。

李小甘

2019 年 10 月于深圳

文化自信与文化创新[*]

一 文化自信和文化自觉是文化创新发展的力量之源

推动新时代文化创新发展，必须准确把握新方位、新坐标，不断增强文化自信和文化自觉，更好担负起新的文化使命，在实践创造中进行文化创造，在历史进步中实现文化进步。

（一）文化自信是推动文化创新发展的持久力量

文化自信是一个民族、一个国家以及一个政党对自身文化价值的充分肯定和积极践行，以及对其文化生命力持有的坚定信心。文化自信是"四个自信"中更基础、更广泛、更深厚的自信，是一个国家、一个民族发展中更基本、更深沉、更持久的力量，是国家自信、民族自信的源头。

在 2014 年 2 月 24 日的中央政治局第 13 次集体学习时，习近平总书记首次提出"文化自信"，强调要增强文化自信和价值观自信。在 2016 年 5 月 17 日的哲学社会科学工作座谈会上，习近平总书记又进一步强调：坚定中国特色社会主义道路自信、理论自信、制度自信，说到底是要坚定文化自信。在

---

* 本文原载于 2018 年 9 月《深圳社会科学》创刊号，编入本书时标题和部分内容作了修改。

2016 年 7 月 1 日的庆祝中国共产党成立 95 周年大会上，习近平总书记首次将"道路自信、理论自信、制度自信、文化自信"并列，强调：文化自信是更基础、更广泛、更深厚的自信，在5000 多年文明发展中孕育的中华优秀传统文化，在党和人民伟大斗争中孕育的革命文化和社会主义先进文化，积淀着中华民族最深层的精神追求，代表着中华民族独特的精神标识。在2016 年 11 月 30 日的中国文联十大、中国作协九大开幕式上，习近平总书记强调：坚定文化自信是事关国运兴衰、事关文化安全、事关民族精神独立性的大问题。党的十九大报告强调：文化自信，是更基础、更广泛、更深厚的自信，全党要更加自觉地增强道路自信、理论自信、制度自信、文化自信，并把"文化自信"写进《党章》。

新时代的文化自信，首先来源于中华文化的深厚根基和现实力量。"中华"一词是魏晋时期哲人从"中国"和"华夏"各取一字复合而成的，"中"寓意天下之中，"华"寓意为华夏族群。唐朝经学家孔颖达《春秋左传正义》曰："中国有礼仪之大，故称夏；有服章之美，谓之华"，华夏是有文化的意思，用以区别没文化的"夷"。国学大师章太炎曾引述杨度的新诠释："中华云者，以华夷别文化之高下也。"在中国历史的鼎盛时期，中华民族曾拥有领先世界的国际地位。如唐朝盛世的疆域一度东至朝鲜半岛，西至咸海以西的西亚一带，南至越南顺化一带，北至俄罗斯贝加尔湖一带，实际控制面积超过 1500 万平方公里。宋朝的东京（现开封市）人口过百万，直到工业革命后，伦敦才成为欧洲第一个人口超百万的城市。国学大师陈寅恪说过："华夏民族之文化，历数千载之演进，造极于赵宋之世。"《清明上河图》《千里江山图》，就是当时繁华景象的生动描绘。

中国古代文化先进的一个重要标志就是"四大发明"（造

纸术、指南针、火药、印刷术）。马克思在《机械、自然力和科学的运用》中写道："火药、指南针、印刷术——这是预告资产阶级社会到来的三大发明。火药把骑士阶层炸得粉碎，指南针打开了世界市场并建立了殖民地，而印刷术则变成了新教的工具。总的来说，变成了科学复兴的手段。"

新时代的文化自信，更来源于中国改革开放40年的快速崛起，其重要标志是，中国成为世界经济增长的主要动力源和稳定器。从1978年到2017年，GDP年均增速高达9%；GDP总量增长了226.9倍；占世界经济总量的比重，从2.3%飙升到15%。GDP从2010年就开始稳居世界第二，2017年高达82.7万亿元（12.3万亿美元），对世界经济增长的贡献率超过30%，仅一年的增量就相当于澳大利亚GDP的规模。外汇储备连续11年居全球第一，2017年底达31399亿美元，占全球三分之一。

博大精深、灿烂辉煌的中华文化，不仅为民族发展提供了丰厚滋养，也对世界产生了重要影响。如：法国启蒙思想家伏尔泰特别推崇中华文化，房间里常年挂着一幅孔子画像，曾写道："中国拥有世界上任何其他国家无法相匹的悠久历史，而且形成了光辉的理性主义文化。"在西方畅销书《影响人类历史进程的100名人排行榜》中，孔子居第5位，美国人尊其为"世界十大思想家"之首。至于器物层面的文化影响更是不胜枚举，"丝绸之路"见证了中华文化的强大辐射力和吸引力。如：中国红茶曾是欧洲皇室贵族的标签，法国作家小仲马在《茶花女》中描述："你连中国红茶都喝不起，还算什么贵族？"当今，深圳生产的华为手机占500美元以上全球高端市场的份额达9.7%，在东北欧市场份额超20%，国际世界正是通过华为、腾讯等企业开始了解中国深圳的。

新时代，我们的文化自信更加理性厚重、坚定从容。有了这样的文化自信，迈向民族伟大复兴就有了更基本、更深沉、更持久的力量，我们走自己的路就有了无比坚实的底气定力，文化创造活力将被不断激发，文化创新发展就有了深厚底蕴和旺盛活力。

（二）文化自觉体现了文化创新发展的使命担当

人类社会发展史实际上是文化进步史，是以相应的文化觉醒为前提和基础的。"文化自觉"是著名社会学家、人类学家费孝通先生提出的概念：文化自觉的意义在于对其文化有"自知之明"，明白它的来历、形成的过程，所具有的特色和它的发展趋向。简而言之，"文化自觉"就是我们在文化上的觉悟、觉醒，主动对自身文化的渊源、发展、未来以及作用和地位等进行反思，并主动承担起文化发展的历史责任和使命担当。

党的十八大以来，党中央高度重视文化建设，习近平总书记出席两次全国宣传思想工作会议以及文艺工作座谈会、党的新闻舆论工作座谈会、网络安全和信息化工作座谈会、哲学社会科学工作座谈会、全国高校思想政治工作会、全国网络安全和信息化工作会议等，发表重要讲话，多次强调文化的极其重要性，对中华文化的认知程度和中国文化发展远景的阐述十分深刻。如："古往今来，中华民族之所以在世界有地位、有影响，不是靠穷兵黩武，不是靠对外扩张，而是靠中华文化的强大感召力和吸引力。""没有中华文化繁荣兴盛，就没有中华民族伟大复兴。一个民族的复兴需要强大的物质力量，也需要强大的精神力量。没有先进文化的积极引领，没有人民精神世界的极大丰富，没有民族精神力量的不断增强，一个国家、一个民族不可能屹立于世界民族之林。"特别是党的十九大报告强调：文化是一个国家、一个民族的灵魂。文化兴国运兴，文化强民族强。

在习近平总书记的亲自指导下，相继出台了一系列打基础、利长远的纲领性制度文件。比如：《中共中央关于繁荣发展社会主义文艺的意见》《关于培育和践行社会主义核心价值观的意见》《关于实施中华优秀传统文化传承发展工程的意见》《关于加快构建中国特色哲学社会科学的意见》等，发挥了"四梁八柱"的作用，为新时代文化发展搭建起全面系统、科学完整的工作体系，充分体现了新时代高度的文化自觉。

责任源于自觉，行动体现自觉。新时代，必须要有推进文化创新发展、增强文化软实力的自觉和担当，高扬自己的文化理想，树立自己的文化形象，切实承担起推动社会主义文化繁荣兴盛的历史责任，更加自觉地用先进文化引领社会进步。

二 增强加快深圳文化创新发展的紧迫感和使命感

深圳经济特区建立以来，在经济建设领域取得快速发展的同时，文化建设也取得辉煌成就，被联合国教科文组织评为"设计之都"和"全球全民阅读典范城市"，文博会、读书月、创意十二月、"一带一路"国际音乐季、深圳设计周等品牌活动越办越好，文艺精品创作屡获佳绩，文化事业和文化产业蓬勃发展，文化影响力不断扩大。同时，我们也要清醒地认识深圳文化发展存在的不足和短板。

（一）深圳文化建设任重道远

对标深圳发展的目标定位，对标国内外先进城市，对标市民日益增长的美好精神文化需求，深圳的文化发展还存在着很多薄弱环节和短板。

一是精神文明建设存在薄弱环节，市民文明素质需进一步提高。经过全体市民的共同努力，深圳连续 5 次荣获"全国文明城市"称号,但城市文明水平与现代化国际化城市相比还有较大差距。如从人口学历结构来看,2017年底深圳1252.83万常住人口中,大专(不含)以下学历者约占70%;而伦敦恰好相反,约有70%的人拥有高等学历。从这个角度来看,市民素质直接影响城市文明水平,制约着城市文化发展。

二是公共文化基础设施分布不均衡,管理与服务水平亟待提高。硬件方面,原特区外历史欠账太多,公共文化设施方面差距较大。市级重大文体设施主要分布在原特区内的中心城区,其他区特别是原特区外明显不足,部分区特别是新设立的区(新区)连标配的文化设施"三馆一中心"及体育设施"一场两馆"都没有建成配齐。软件方面,公共服务与管理错位、缺位的问题不容忽视,大量外来劳务工的文化需求无法满足,部分社区文化活动中心存在"衙门化"倾向。

三是文化事业发展的机制不健全,文化繁荣缺乏厚实基础。深圳文艺院团实力不强,缺队伍、缺人才、缺作品、缺影响的现象比较突出,如市属国有文艺院团,上海有18个,北京有13个,广州有7个,杭州有6个,而深圳原来实际上只有2个,粤剧团转企后处境艰难,歌舞团交由华侨城管理后名存实亡,人才全部流失。在体现城市综合文艺实力的舞台艺术方面,深圳在国内外各种奖项中已多年"交白卷"。同时,对有广泛影响的重点文体项目缺乏扶持机制。如国内顶级足球联赛"中超",北京有国安、人和,上海有上港、申花,广州有恒大、富力,而且恒大是中超"五连冠",而深圳足球队已混迹中甲多年,"一线"城市拥有的是"二、三线"的球队,与城市文化地位不相匹配。

四是国有文化集团面临严峻挑战,体制机制改革必须继续突破。媒体格局和舆论生态发生深刻变化,传统媒体的受众大量流失。2017年,报业集团四大报累计实现广告收入4.62亿元，同比下降 7.6%；广电集团广告收入 15.78 亿元，同比下降 21.75%；出版发行集团出版物零售收入 3.13 亿元，同比只增加 0.58%。国有文化集团在资源优化配置、媒体深度融合、机制体制转化等方面仍有许多亟待解决的问题。此外，深圳还没有在海内外有广泛影响的新闻媒体客户端。

五是哲学社会科学研究力量不足，学术领军人物和重大理论创新成果缺乏。一流智库缺乏，仅综合开发研究院（中国·深圳）影响较大，为首批 25 家国家高端智库建设试点单位。社科人才瓶颈突出，全市社科研究人员仅为 2400 多人，不到全省十分之一；市社科院在副省级城市中规模最小，仅有 37 人；全市高校只有 13 所，与北京 91 所、广州 84 所、上海 64 所相比差距太大。学术平台缺乏，市社科院长期以来没有公开刊号的综合性人文社会科学学术期刊；而北京仅社科类核心期刊就高达 220 种，上海有 32 种，广州有 24 种。

六是文化产业核心层比重偏低，产业转型升级有待加强。2017 年全市文化创意产业实现增加值 2243.95 亿元，占 GDP 比重超过 10%。但文化产业结构不尽合理，核心层（新闻出版、广播影视、文化艺术服务等内容产业）比重偏低，仅占 3.4%；创意设计服务只占 15.1%，文化信息传输服务占 35.4%，文化制造业占 37.1%，其他（文化休闲娱乐服务等）占 9.2%。

（二）促进文化繁荣兴盛是深圳发展的内在需要

深圳是一座有人文情怀和文化自觉的城市。从 20 世纪 80 年代，"勒紧裤带"兴建科学馆、博物馆、图书馆、大剧院、电视台、深圳大学、体育馆、新闻中心等"八大文化设施"，将经济建设和文化建设比喻为"鸟之双翼，车之两轮"；到 90 年代强调"文化是城市的神，经济是城市的形，两者只有协调发展，城市才能形神兼备"，标志着深圳对文化认识的新高度，凸显了文化是城市之魂的文化观；再到新世纪确立"文化立市"的战略思想，把"文化立市"摆到与科技兴市、经济强市、依法治市同等重要的战略位置上，使之成为深圳经济社会发展的一个重要战略基础、支撑点和动力源，并在实践中大力推进文化强市建设，实现历史性的自我跨越，从"文化沙漠"逐步迈向"文化绿洲"。

走进新时代，习近平总书记要求深圳朝着建设中国特色社会主义先行示范区的方向前行，努力建设社会主义强国的城市范例，这是深圳发展新的目标定位，要成为"双范"城市，深圳不仅经济科技要高度发达，而且文化艺术要繁荣兴盛，经济与文化、物质文明与精神文明要协调发展、全面发展。

放眼世界，凡是经济结构好、自主创新能力强的城市，大都也是文化兴盛的地方。如伦敦，全市公共图书馆为 395 间、书店为 927 所，大型剧场年演出数量达 17285 场，全市酒吧咖啡厅数量超过 3500 间，孕育出《大宪章》《政府论》《国富论》等影响世界历史进程的鸿篇巨制。伦敦西区是与纽约百老汇齐名的世界两大戏剧中心之一，集中了 40 多个剧院，占全市近一半；每年新制作剧目基本保持在 200 部以上，年收入达 6.5 亿英镑；伦敦泰晤士河畔节是著名的大型户外文化活动。

再如，巴黎虽然 GDP 位列全球第五位，但被人记住的不是经济，而是其浓郁的文化艺术氛围，她曾经作为欧洲乃至世界思想文化的中心，是启蒙运动和人文精神的历史重镇。巴黎左岸也不仅是一个地理区域，更是巴黎的文化艺术心脏。14 世纪以来，各种书店、小剧场、美术馆、博物馆、咖啡馆鳞次栉比，文化名家集中荟萃，文艺氛围十分浓厚。

对深圳而言，夯实文化基础，丰富文化内涵，提高文化品位，扩大文化影响，从来没有像今天显得这样紧迫。

三　大力推动新时代深圳文化的创新发展

2015 年 12 月，深圳推出了《深圳文化创新发展 2020（实施方案）》，以传承和创新精神，针对深圳文化发展进程中面临的挑战和存在的问题，打基础、补短板、强弱项、谋长远，以增强深圳文化的综合实力，建设与现代化国际化创新型城市相匹配的文化强市，打造国际文化创意先锋城市。

（一）"文化创新发展 2020" 是推动深圳文化繁荣兴盛的总抓手

推动"文化创新发展 2020"的总体思路是，"认准一个目标，实施一套方案，构建五大体系，一年办几件实事，坚持数年，必见成效"。"认准一个目标"，是打造与城市目标定位相匹配的文化强市，建设全球区域文化中心城市和国际文化创意先锋城市。"实施一套方案"，是按照"文化创新发展 2020"这个"设计图""施工表"，全面推进 153 项重点任务；目前所有项目均已启动，其中已完成项目 108 项、占 70%，已启动待完成项目 45 项、占 30%。"构建五大体系"，包括创新思想理论载体，构建以社会主义核心价值观为引领的城市精神体系；创新城市形象标识，构建以国际先进城市为标杆的文化品牌体系；创新媒体运行机制，构建以媒体融合发展为标志的现代文化传播体系；创新文化服务方式，构建以市民精神文化需求为导向的公共文化服务体系；创新产业发展模式，构建以质量型内涵式发展为特征的现代文化产业体系。"一年干几件实事，坚持数年，必见成效"，强调坚持每年抓几件打基础、利长远、得民心的实事，久久为功、积小胜为大胜。文化的影响力是看不见摸不着的，但它必须通过一件件看得见摸得着的实事来积累形成。

"文化创新发展2020"完全符合党的十九大精神，"五大体系"与推动社会主义文化繁荣兴盛的五个方面也是高度一致的。"文化创新发展2020"获得了社会各界的认可，深圳六届市委历次全会都充分肯定，强调要全面实施"文化创新发展2020"，在文化强市建设上实现新突破，不断提升深圳文化的传播力、影响力和竞争力，努力打造全球区域文化中心城市和国际文化创意先锋城市。

（二）"五大体系"是推进深圳文化创新发展的重要举措

习近平总书记强调，要一件事情接着一件事情办，一年接着一年干，在基础性、战略性工作上下功夫，在关键处、要害处下功夫，在工作质量和水平上下功夫。要实现深圳文化的繁荣兴盛，必须有正确的理念、合适的路径、切实可行的举措，不断提高文化发展的质量和水平。

1. 构建以社会主义核心价值观为引领的城市精神体系。宣传思想工作是做人的工作，要把培养担当民族复兴大任的时代新人作为重要职责，强化教育引导、实践养成、制度保障，把社会主义核心价值观融入社会发展各方面，引导全体人民自觉践行。社会主义核心价值观是当代中国精神的集中体现，凝结着全体人民共同的价值追求，是构建城市精神体系要抓住的关键环节。

一是培育和践行社会主义核心价值观。城市精神对外可以树立形象，对内可以凝聚人心。深圳需要从塑造与城市定位相匹配的城市精神气质的高度，认真梳理总结特区精神，开展"新时代深圳精神"大讨论，更好反映、塑造深圳人的精神风貌，为率先建设中国特色社会主义现代化先行区提供精神动力。二是积极培育现代文明市民。大力落实《深圳市民文明素养提升行动纲要（2017—2020年）》，探索精神文明建设长效机制，走出一条"以法治促进文明、以机制保障文明、以文化滋养文明、以科技助推文明、以教育培养文明、以传播弘扬文明"的新路子。强化市民认同感、归属感和自豪感，常态化开展新入户市民培训和激励工作，引导其树立家园意识、法治意识、诚信意识。推广实施"里子工程"，探索建立公共设施文明友好度标准，推进文明旅游、文明交通、文明餐桌、环境整治工作与社会诚信建设，深化"关爱之城""志愿者之城"建设，不断提升市民的获得感幸福感。三是推动哲学社会科学创新发展。以"天下名校为我所用"的决心和气度，重点引进一批知名社科专家，用"天下之才"弥补学术短板。发挥综合开发研究院等高端智库的引领作用，大力推动新型智库建设。围绕习近平新时代中国特色社会主义思想、"四个走在全国前列"、社会主义现代化先行区、粤港澳大湾区等加强研究，推出一批高水平、有特色的学术精品，为建设中国特色社会主义先行示范区和社会主义强国的城市范例提供理论支撑。

2. 构建以国际先进城市为标杆的文化品牌体系。文化品牌是文化竞争力的核心要素，是城市的重要形象标识。如美国的"奥斯卡"品牌商业价值高达数十亿美元，一年一度的奥斯卡颁奖典礼是全球性娱乐事件，近10亿人观看直播，给洛杉矶带来6亿多美元的经济效益。在构建文化品牌体系过程中，要努力引进培育一批国际化的节庆、赛事、活动、作品、院团、队伍等品牌，打造更多更靓丽的城市文化名片。

一是狠抓"叫得响、传得开、留得住"的文艺精品创作。要把提高质量作为文艺作品的生命线，紧紧围绕改革开放40周年、新中国成立70周年、深圳特区建立40周年、建党100周年等重大时间节点，在影视、音乐、美术、戏剧等艺术门类规划创作一批精品力作。出台进一步繁荣发展深圳美术的指导意见，实施重大主题美术创作精品工程，积极打造"深圳画派"。

二是精心办好城市的品牌文化活动。"2018 年城市文化菜单"中的品牌文化活动达 32 项，涵盖文化艺术、创意设计、科技创新、体育休闲等类别，是代表深圳国际化城市形象的"文化大餐"。要继续办好"一带一路"国际音乐季、"深圳设计周暨环球设计大奖"、深圳国际摄影大展、深圳（国际）科技影视周等品牌活动，办好世界无人机锦标赛、国际乒联世界巡回赛白金系列赛·中国公开赛（深圳站）、深圳舞蹈月、深圳动漫节等新的重大活动。三是做大做强文艺院团。目前，文艺院团改革已进入实施阶段，设立了深圳交响乐发展理事会和基金会，为交响乐团长远发展开拓新路；组建了深圳歌剧舞剧院，着力打造国内高水平的舞台艺术队伍；推动深圳粤剧团和深圳戏院融合发展，成立深圳市粤剧艺术传承保护中心，打造粤剧艺术传承保护基地和华南地区地方戏曲重点院团。四是持续增强城市文化的对外辐射力。积极构建大外宣格局，提升城市英文门户网站"EYE SHENZHEN"影响力，打造外宣新阵地，推进国际传播能力建设，讲好中国故事、传播好中国声音。落实"一带一路"重大倡议，重点推进与联合国教科文组织、友城、创意城市网络、世界文化名城之间的交流合作，举办"深圳国际文化周"等一批重点活动，在重要城市、国际航班、著名地标等平台推广深圳形象，向世界展现真实、立体、全面的中国。五是以"海纳百川"的胸怀广招天下文艺菁才。出台实施《深圳市文化人才引进办法》，建立柔性人才引进使用机制，利用前海人才特区的优惠政策，引进港澳和国外高端文化人才。推动筹办深圳音乐学院、深圳创新创意设计学院，培育文体基础力量。

3. 构建以媒体融合发展为标志的现代文化传播体系。世界一流城市无一不是信息资源的高地和文化传播的重镇，纽约有美联社、纽约时报，伦敦有路透社、BBC、泰晤士报，巴黎有法新社。深圳要建设国际化城市，必须把握正确舆论导向，加强传播手段和话语方式创新，打造一流文化传媒机构，形成现代文化传播体系，提高新闻舆论传播力、引导力、影响力、公信力，巩固壮大主流思想舆论，扩大城市的影响力辐射力。同时，当前媒体格局已发生深刻变化，亟待转型发展、融合发展、创新发展。据不完全统计，2017 年以来国内停刊休刊的报纸媒体约 20 家，不少纸媒缩减出版周期。影响较大的如：上海《东方早报》原有功能全部转移到澎湃新闻网；北京《京华时报》只保留新媒体业务；新华社旗下的《国际先驱导报》停刊。深圳媒体发展重心要向互联网、移动端转移，着力打造在国内外有影响的新媒体"龙头产品"。

一是深化深圳报业、广电、出版发行集团系统改革。报业集团重点将《深圳特区报》办成有重要影响的大报，推动《深圳商报》《深圳晚报》《晶报》转型融合，做强深圳新闻网，构建"一主报融媒体多平台"的发展新格局。广电集团打造以深圳卫视、CUTV 为龙头的传播体系，强化差异化发展，做精视听内容和文化服务，形成"双核心矩阵式多元化"的发展模式。出版发行集团实施以出版和发行主业为核心、以书城文化综合体为平台、以数字化转型为重点的"两核心一平台一重点"的发展战略，大力输出以中心书城为代表的"文化万象城"模式。三大集团加快建立现代企业制度，坚决关停并转长期亏损企业，根治"体型臃肿、开支庞大"弊端。三大集团加大资本运作力度，加快培育新的上市主体，并在文化创意、园区运营、文化综合体等领域培育新的增长点，以多元发展反哺新闻宣传主业。二是深入推进媒体融合发展。据统计，截至2018 年 6 月，我国网民规模已突破 8 亿，普及率达 57.7%，超全球平均水平 5 个百分点。因此，搞新媒体项目不是盈利亏损的问题，而是舆论阵地问题，必须科学认识网络传播规律，提高用网治网水平，使互联网这个最大变量变成事业发展的最大增量。近年来，深圳大力建设了"读特""读创""壹深圳""全民阅读""掌上书城"等媒体融合重点项目。但新媒体还没有实现真正融合，只是将传统媒体和新媒体做简单嫁接。要加快媒体融合从相"加"迈向相"融"，注重移动媒体优先、采编发流程再造、"中央厨房"突破，打造拳头产品，努力跻身媒体融合发展的第一方阵。

4. 构建以市民精神文化需求为导向的公共文化服务体系。公共文化服务是现代社会文明的基本标尺，关系和保障着市民的精神需求和幸福指数。2017 年 3 月起正式施行的《公共文化服务保障法》，表明群众的基本文化权益和文化需求，正在实现从可多可少、可急可缓的随机状态，到标准化、均等化、专业化发展的跨越。作为一个高学历、高收入、高素质人群聚集的一线城市，深圳对精神文化生活理应有更高的要求。要推动公共文化服务标准化、均等化，坚持政府主导、社会参与、重心下移、共建共享，进一步完善公共文化服务体系，不断提高基本公共文化服务的覆盖面和适用性。

一是不断推进新的大型公共文化设施建设。目前，深圳当代艺术与城市规划馆、蛇口改革开放博物馆已建成运营。深圳将坚持国际标准、文化价值、社会需求、多元运营的原则，掀起第三轮文化设施建设高潮，高水平规划建设深圳歌剧院等"新十大文化设施"以及一批重大文化项目，打造南头古城、大鹏所城、大芬油画村等"十大特色文化街区"，提升深圳的文化特色和文化品位。此外，前海规划了 11.2 万平方米的文化用地，用于文化载体建设；在后海规划有"深圳湾文化设施带"。二是推行"一区一书城、一街道一书吧"发展模式。为补齐原特区外基层文化设施不足，深圳持续推进"一区一书城、一街道一书吧"的发展模式，加快深圳书城光明城、龙华城、湾区城、大鹏城和深圳数字书城（坪山）总部基地等规划建设，支持建设创意特色书吧和社区阅读创新创业平台，让书城和书吧成为便民的基层文化阵地。三是大力建设基层综合文化服务中心。每个街道基本建成1个街道综合文体中心，推进建设集宣传文化、党员教育、科学普及、普法教育、体育健身等多功能于一体的社区综合文化服务中心，打通公共文化服务"最后一公里"。通过项目公示、错峰服务、延长免费开放时间等方式，提升基层文化设施利用率。建设流动文化服务网，重点在原特区外和来深建设者集聚的厂区、生活区开展文化服务。将文化志愿服务融入社区治理，大力推动文化服务数字化建设。

5. 构建以质量型内涵式发展为特征的现代文化产业体系。2017年我国文化产业增加值占GDP的比重达4.29%，到"十三五"期末文化产业将成为国民经济支柱性产业。要推动文化产业高质量发展，健全现代文化产业体系和市场体系，推动各类文化市场主体发展壮大，聚焦文化核心产业，优化升级产业结构，培育新型文化业态和文化消费模式，以高质量文化供给增强市民的文化获得感、幸福感。

一是做强文化产业的核心内容。大力培育新型文化业态，丰富产业文化内涵，加大对优秀原创作品采购、扶持和奖励力度，支持内容产业加快发展。鼓励传统制造型文化企业提高创意设计和研发环节比重及水平，推动文化创意和设计服务与相关产业融合发展，引导文化产业结构优化升级。文博会要注重质量和内涵，不片面追求成交额、规模、数量，提升交易活跃度、成交实效，增强国际化、市场化、专业化水平。二是不断提高文化产业的质量。积极培育腾讯、华强方特等文化领军企业，做强做大市场主体，使深圳成为具有国际竞争力的文化产业集聚高地。实施"大项目驱动"战略，按照"一区一项目"的原则，推进大芬油画产业基地、华强文化创意园等重大项目规划建设，打造文化产业总部经济。三是进一步打响"深圳设计"品牌。"坚定不移打造更具时代引领性的深圳品牌"是深圳市委六届九次全会提出的"九大战略任务"之一，强调要坚持设计支撑，实施设计提升行动，培育一批设计巨匠，打造创新设计之都。深圳将出台实施"推动设计高质量发展"政策措施和"文化创意产业创新发展"指导意见，提升"深圳设计周""创意十二月"的品牌影响力，建设好"联合国教科文组织创意城市网络深圳创意设计新锐奖""深圳环球设计大奖"等重大平台，进一步打响"深圳设计"城市品牌。

附：

深圳文化创新发展 2020（实施方案）

（2015 年 12 月颁发，2016 年 12 月修订）

为深入贯彻落实中央、省委和市委关于推动文化创新发展、繁荣社会主义文化的要求部署，紧密结合深圳实际，以锐意创新的精神、切实可行的举措、系统推进的办法，进一步提升城市文化综合实力，努力建设与现代化国际化创新型城市相匹配的文化强市，制定《深圳文化创新发展 2020（实施方案）》。

一 指导思想和工作目标

深圳经济特区建立以来，始终坚持物质文明和精神文明"两手抓两手硬"，文化建设取得了显著成绩，文化事业不断进步，文化产业跨越式发展，文博会、读书月、创意十二月等品牌活动影响日增，"深圳十大观念"广为传播，获得"全国文明城市""设计之都""全球全民阅读典范城市"等一系列荣誉，为全市经济社会发展提供了坚强的思想保证和良好的文化条件。

但是，与建成现代化国际化创新型城市的要求、市民日益增长的精神文化需求以及国内外先进城市相比，深圳的文化发展还不完全适应，有些方面还有较大差距。主要表现在：精神文明建设存在薄弱环节，市民文明素质需进一步提高；公共文化基础设施分布不均衡，原特区外文化设施建设相对滞后；品牌文化节庆和高端体育赛事不多，城市文化形象和国际影响力有待提升；文艺人才和院团整体实力不强，文艺精品创作缺乏厚实基础；专业体育队伍和竞技水平较弱，与城市地位不相匹配；国有文化集团面临严峻挑战，体制机制改革亟需突破；哲学社会科学研究力量不足，学术领军人物和重大理论创新成果缺乏；文化产业核心层比重偏低，产业转型升级有待加强等。针对这些问题和挑战，必须树立忧患意识，坚持问题导向、需求导向，夯实基础，补齐短板，谋划长远；必须坚持传承、扬弃、创新，把创新摆在文化发展的核心位置；必须坚持以国内外先进城市为标杆，努力体现现代化国际化水平；必须坚持以人为本、文化惠民，不断满足市民日益增长的精神文化需求。

（一）指导思想

深入贯彻落实党的十八大、十八届五中、六中全会和习近平总书记系列重要讲话精神，围绕"四个全面"战略布局，践行"五大发展理念"，按照市第六次党代会的部署要求，以建设与现代化国际化创新型城市相匹配的文化强市为目标，以社会主义核心价值观为引领，以文化创新为动力，真抓实干、攻坚克难，打基础、补短板、谋长远，不断激发全社会文化创造活力，增强城市文化综合实力，促进深圳文化大发展大繁荣，为建设现代化国际化创新型城市、勇当"四个全面"排头兵提供坚强有力的精神动力和文化支撑。

（二）工作目标

在未来五年，逐步将深圳打造成为精神气质鲜明突出、文化创新引领潮流、文艺创作精品迭出、文化活动丰富多彩、文化设施功能完备、文化服务普惠优质、文化传媒融合发展、文化产业充满活力、文化形象开放时尚、文化人才群英荟萃的国际文化创意先锋城市，努力建设与现代化国际化创新型城市相匹配的文化强市。

——社会主义核心价值观深入人心，城市精神得到塑造和弘扬。落实意识形态工作责任制，确保意识形态安全，深化新时期"深圳精神"新内涵，培育遵法纪、守诚信、讲道德的文明市民，争创第五届、第六届"全国文明城市"，到2020年全市公共文明指数达到90分以上，全市注册志愿者人数达常住人口12%，市民思想道德素质和科学文化素质全面提高。

——理论建设和学术创新特色突出，研究水平跻身全国前列。培养和引进一批学术大家，建成一批在全国、全省具有领先地位的优长学科，推出一批深圳特色的学术精品，到2020年建成2至4家国内知名智库，为"深圳学派"建设奠定坚实基础。

——品牌活动和文艺精品精彩纷呈，形成丰富多彩的"城市文化菜单"。引进、举办一批国际性、国家级品牌文化节庆和体育赛事活动，重点建设3至5家新型文艺院团、1至3家文体院校和3至5支高水准竞技体育队伍，引进、培养一批文化名家和艺术、体育英才。2016至2020年，累计创作生产获国际、国家级奖项文艺精品超过200件（次）。

——主流媒体转型发展，传媒综合实力显著提升。深圳报业集团、广电集团、出版发行集团分别形成"一主报融媒体多平台""双核心矩阵式多元化"和"两核心一平台一重点"的文化传媒新格局。到 2020 年，三大集团总资产突破 200 亿元，综合实力位居国内第一方阵。

——现代公共文化服务体系不断完善，全面建成"十分钟文化服务圈"。建成一批代表国际化城市形象的文化地标，使公共文化设施分布更均衡，缩小原特区内外公共文化服务差距，到 2020 年全市人均文化设施面积达 0.2 平方米，人均公共图书馆藏量 1.9 册，公共文化服务数字化达到国内城市领先水平。

——文化创意产业优化升级，成为推动中华文化走出去的桥头堡。内容产业和创意设计、文化信息服务等新型业态占比超过 60%，文化创意产业年均增速保持 10% 以上，产业质量和国际竞争力持续提高。促进文博会向质量型、内涵式提升，加快深圳文交所转型发展，推动国家对外文化贸易基地落地运营，核心文化产品年出口额超过 40 亿美元。

——国际化城市形象更加鲜明，对外文化辐射力不断增强。落实"一带一路"倡议，重点推进与联合国教科文组织、友城、创意城市网络、"一带一路"主要城市、世界文化名城之间的交流合作，举办和参与一批国家级、国际化的对外文化交流活动，构建既有"中国味"又有"世界范"的国际文化交流平台，城市文化的国际影响力显著提升。

二 主要任务和工作举措

根据形势发展要求，针对我市文化改革发展中存在的问题和薄弱环节，采取扎实有效的举措，全力推动文化创新发展。

（一）创新思想理论载体，构建以社会主义核心价值观为引领的城市精神体系

1. 培育和践行社会主义核心价值观，不断坚定理想信念。持续深入推进《深圳市培育和践行社会主义核心价值观实施方案》。落实党委（党组）意识形态工作责任制，坚持正确的政治思想方向。创新理论宣传载体，办好"深思网"及微信公众号。完善理论学习平台建设，推进中心组学习、领导干部上讲台制度化，创新"深圳学习讲坛""百课下基层""市民文化大讲堂""社科普及周"等活动。深化全民阅读活动，建成书香社会和高水平的学习型城市。实施社会主义核心价值观环境宣传提升工程，建设50个市级以上示范点、10个主题公园（广场）和一批爱国主义教育、国防教育基地，重点打造莲花山改革开放主题公园。修订《深圳市公益广告管理办法（暂行）》，推进公益广告管理立法，开展"我的价值我的城"系列主题教育实践活动，办好"设计之都（中国深圳）公益广告大赛"，使社会主义核心价值观深入人心。

2. 丰富"深圳精神"新内涵，塑造特色鲜明的城市气质。围绕新时期"深圳精神"的新内涵，组织开展市民大讨论和理论研讨，提炼与时俱进的新概括，增强城市凝聚力和影响力。建立城市荣誉体系，举办"深圳年度人物"评选，培育和宣传一批道德模范，树立一批践行社会主义核心价值观和深圳精神的先进典型。探索建立非国有不可移动文物保护补偿机制，重点推进南头古城、大鹏所城二期、大万世居等保护工程建设，延续城市文化根脉。

3. 提升市民文明素养，培育文明和谐的社会风尚。制定实施《深圳市民文明素养提升行动纲要（2016—2020）》，着力提升市民思想、道德、法治、科学、文化和健康素养。开展新入户市民培训和承诺工作，引导新市民明确自身权利义务和行为规范，融入深圳生活。建立文明行为联合激励机制和"文明积分"制度，营造"争做好人好事"的社会氛围。深化文明城市、文明单位、文明家庭、文明校园系列创建，推广实施"里子工程"，探索建立公共设施文明友好度标准，推进文明旅游、文明交通、文明餐桌、环境整治工作与社会诚信建设，提升社会文明程度。深化"关爱之城""志愿者之城"建设，持续开展深圳关爱行动，举办"互联网＋文明"开发者大会，培育向上向善的社会风尚。

4. 坚持正确舆论导向，营造健康良好的舆论环境。加强对各类新闻媒体、网络媒体、出版物、文艺作品和常设性社科类论坛等的规范管理。强化媒体导向管理的责任意识，改进《深圳特区报》、深圳卫视政务内容建设，牢牢把握舆论主导权。探索建立"舆论引导力评价体系"，量化评估舆论引导的时、度、效，组织媒体有序开展建设性舆论监督，坚持"真实准确、分析客观"原则，形成有效的舆论监督机制。完善新闻发布机制，鼓励有条件的部门建立例行新闻发布制度。充实市互联网工作机构，完善区级网络安全和信息化工作体系。提高互联网依法管理水平，规范网上传播秩序。加强网信领域社会组织规范建设，动员社会力量开展互联网违法和不良信息举报工作，推进网络社会共建共享。全面建成市舆情应对综合协调中心，健全社会舆情引导机制，做好舆情应对能力政府绩效考核工作。实施网络内容建设工程，创新举办网络文化周、网络安全周等活动，发展积极向上的网络文化。

5. 建设社科研究和智库平台，繁荣发展哲学社会科学。实施"深圳市哲学社会科学学术名家计划"，建立哲学社会科学学术名家库，发布重大课题，举行高端学术论坛，编辑《学术名家策论》，培育学术新苗，吸引国内外知名学者开展深圳研究，用"天下之才"弥补学术短板。依托深圳大学、南方科技大学、中山大学深圳校区、香港中文大学（深圳）等高校，建设一批优长学科，深化经济特区、粤港澳合作、城市文化形态等特色学术研究。加强社科研究机构建设，增强哲学社会科学研究力量。围绕"改革开放历史经验研究"等重大课题，推进马克思主义中国化创新理论和实践研究，支持建设一批重点研究基地和平台。创办公开出版的《深圳社会科学》，做强《深圳大学学报（社科版）》《特区实践与理论》等学术阵地，提升《深圳学派建设丛书》《深圳改革创新丛书》质量水平，打造"深圳学术年会"等高端平台，推动在深圳举办高水平国际学术会议。支持综合开发研究院（中国·深圳）做好国家高端智库建设试点工作。将智库纳入政府决策参考体系，构建智库信息数据平台，完善研究成果评价和应用转化机制。制定《深圳经济特区社会科学普及条例》。

（二）创新城市形象标识，构建以国际先进城市为标杆的文化品牌体系

1. 举办系列品牌文化节庆活动，凸显城市文化魅力。不断提升文博会、高交会、读书月、创意十二月、深圳国际创客周等重大文化活动的水平，精心打造深圳"一带一路"国际音乐季、深圳国际科技影视周、深圳国际摄影大展、深圳设计周、中国图片大赛等一系列新的文化品牌活动，建立"城市文化菜单"，形成"月月有主题，全年都精彩"的文化生活新局面。

2. 创作"深圳原创"文艺精品，唱响"深圳好声音"。紧扣重大纪念活动庆典时间节点，在文学、音乐、影视、舞台剧、美术、出版等领域创作出一批能在国家和国际级平台亮相的精品力作，使深圳成为重要的文艺精品生产基地，争取有更多的作品入选中宣部"五个一工程奖"。筹拍大型纪录片《创新中国》《深圳四十年》和电视连续剧《面朝大海》，力争在央视播出。做强影视产业，推动制作一批既叫好又叫座、票房超亿元的电影，创作一至两首在全国有重大影响的主旋律歌曲，推出一件高水平的交响乐作品，推动一部原创舞台剧在国内外市场巡演，制作一档收视率跻身全国五强的综艺类电视栏目，生产一至两部精品电视剧。推动成立"深圳网络作家协会"，扶持网络剧、网络电影、网络音乐、网络动漫等新兴文艺类型。探索设置文艺孵化机构，通过实行艺术家工作室制、客座制、签约制和招聘制等方式，吸引国内外知名艺术家来深采风创作。

3. 深化文艺院团改革，夯实文艺创作基础。探索新机制新模式新方法，深化文艺院团改革，做优深圳交响乐团，扶持深圳粤剧团，筹办深圳歌舞剧院、深圳话剧团，推动民间文艺团体发展。提升深圳大剧院、深圳音乐厅的运营管理水平和服务功能，探索融合发展的新路子。改进文艺院团治理结构，设立艺委会和艺术总监，开展艺术职务序列改革。积极发展演艺经纪机构，培养深圳"大腕"明星。

4. 汇集"超级赛事和明星队伍群"，建设运动活力都市。将中国杯帆船赛、中国网球大奖赛、深圳国际马拉松赛打造成国际知名赛事，办好 WTA 国际女子网球公开赛、ATP 公开赛、2019 男篮世界杯赛，力争每年都有多个国家级、国际性顶级赛事在深圳举办。建设与城市地位相匹配的一流体育竞技队伍，支持深圳马可波罗篮球队、八一深圳女子排球队进入全国职业联赛上游，制定并实施《深圳市足球振兴行动计划》，培育高水平的中超足球队，引进网球、乒乓球等职业俱乐部。用好市体育产业发展专项资金，推动体育事业和体育产业跨越式发展。

5. 设立高水平文体院校，培育文体基础力量。支持深圳大学做大做强艺术类院系。支持深圳艺术学校提升办学水平，探索组建高等艺术学院，推动创办艺术类、体育类特色学院，为深圳提供职业型、实用型的艺术设计和体育人才。鼓励有条件的中高等院校开展艺术、体育特色教育。探索在深圳交响乐团设立乐队学院，与专业院校联合培训乐手。开办剧本写作培训班，举办影视剧本创意大赛，孵化优秀剧本。

（三）创新媒体运行机制，构建以媒体融合发展为标志的现代文化传播体系

1. 深化国有文化集团改革，打造新型主流文化传媒集团。连续六年、每年各安排 1 亿元政策性专项资金支持深圳报业集团、广电集团深化改革，推进融合发展、转型发展、创新发展，提升自身"造血"功能，将"政策红利"转化为"改革红利"。报业集团要重点将《深圳特区报》办成具有较强国内外影响力的大报，推动《深圳商报》《深圳晚报》《晶报》转型融合，做强深圳新闻网，构建"一主报融媒体多平台"发展新格局，实现新媒体用户大幅增长。广电集团要努力打造以深圳卫视、CUTV 为龙头的传播体系，强化地面频道频率差异化发展，实施"两微一端"布局、"电视传播力提升"工程和"百万超清"计划，做精视听内容和文化服务，形成"双核心矩阵式多元化"发展模式，实现深圳卫视排名进入全国前八，深圳本地广播电视市场份额分别达到 60% 和 45% 以上，CUTV 媒体融合业务用户突破千万，全市电视用户总数达到 400 万户，超高清电视用户超过 100 万户。出版发行集团要实施以出版和发行主业为核心、以书城文化综合体为平台、以数字化转型为重点的"两核心一平台一重点"发展战略，海天出版社进入全国城市出版社排名前五，3 座书城经营规模进入全国前十，成功输出以中心书城为代表的"文化万象城"模式。三大集团要加快建立现代企业制度，搞活内部运行机制，坚决关停并转长期亏损企业，实施"瘦身计划"，根治"体型臃肿、开支庞大"弊端。支持三大集团加大资本运作力度，加快培育深圳新闻网、文博会公司、CUTV、书城投控、弘文公司等新的上市主体，发起或参与 3 至 5 支文化类产业投资基金。探索启动上市公司股权激励机制和职业经理人制度。在文化创意、园区运营、文化综合体等领域培育新的增长点，以多元发展反哺新闻宣传主业。

2. 建设媒体融合重点项目，拓展新兴传播平台。报业集团、广电集团要加快建设媒体融合新闻中心和媒体融合重点实验室，构建新型高效、技术先进的融媒体新闻采编平台，建设一批精品专栏和节目，重点打造"读特""读创""壹深圳"等在全国具有显著影响力的新闻客户端，建设 CUTV 深圳台等具有聚合功能的网络内容服务平台和深圳 Zaker、深圳网易等移动新媒体集群。出版发行集团要加快构建数字出版生产流程，建设融媒体阅读创新实验室，将全民阅读 APP、掌上书城 APP 打造成为"互联网＋读书"的重点平台。建设技术标准统一的内容、用户、云版权数据库，建立信息内容数据交换机制。积极融入"智慧深圳"布局，推进"互联网＋家"项目建设，加快有线广电网络数字化、双向化、宽带化改造升级。

3. 实现政务新媒体全覆盖，培育建设"网络深军"。推动政务公开移动化升级，实现政务新媒体对重点民生部门 100% 覆盖，形成包括网站、论坛、微博微信、APP 等在内的"多媒一体化"政务传播格局。鼓励打造本土化、实用型公众账号，推动掌上政务办理等公共服务业务。实施"五个 100 工程"，建设深评小组、网络名人、新媒体人、网络评论员和网络志愿者队伍。

4. 拓展"大外宣"工作格局，塑造国际化城市形象。打造外宣新媒体，建设运营城市英文门户网站和深圳外宣网，构建"城市外宣互联网平台"。服务"一带一路"倡议，提升对外文化交流层次，积极参与国家"丝路书香"工程和"影视桥"工程，承接文化部海外中国文化中心的共建和项目合作，配合做好文化部"欢乐春节"等重要节庆海外活动。加强与联合国教科文组织在文化、教育、城市规划等领域的合作，建立与友城、创意城市网络、"一带一路"主要城市以及其他世界文化名城之间的常态交流机制。推进在友城图书馆开展"阅读深圳工程"，积极参与世界城市文化论坛和"世界博物馆日"相关活动。策划在海外举办"深圳文化周"，在国际重要城市、国际航班、世界著名地标性建筑等平台推广深圳形象。

（四）创新文化服务方式，构建以市民精神文化需求为导向的公共文化服务体系

1. 建设一批标志性重大文化设施，构建城市文化新地标。建成深圳当代艺术与城市规划馆、深圳文学艺术中心，推进深圳美术馆新馆、深圳文化馆新馆、深圳图书馆调剂书库的建设，加快深圳歌剧院的研究论证和选址工作。推动深圳改革开放博物馆、深圳自然博物馆、世界博物馆大厦的规划建设和深圳博物馆老馆维修改造，构建以公立博物馆为主体、民间博物馆为补充的博物馆体系，打造具有国际水准的博物馆群。发挥市、区两级的积极性，按照有"都市风情、文化内涵、产业特色、市场需求"的要求，对华侨城创意文化园、欢乐海岸文化休闲区、蛇口海上世界、大芬油画村、观澜版画基地、笋岗工艺美术集聚区、南山荷兰花卉小镇、甘坑客家文化小镇、大鹏所城、鹤湖新居、大万世居、中英街等进行提升完善，规划建设华谊兄弟文化城、上合孝德园等新的特色文化项目，打造一批特色文化街区和文化小镇，形成相互呼应的城市文化群落。有效整合和连接各类文化空间，逐步形成2至3处现代化国际化的城市文化核心区。

2. 推动原特区外文化设施建设，实现全市文化设施均衡化。建成坪山新区文化综合体、龙岗中心区"三馆"、宝安中

心区青少年宫和石岩书城文化综合体，加快启动建设光明新区文化艺术中心、布吉文体中心、观澜文体公园和龙华文体中心等一批区级标志性文化设施。加快深圳书城龙岗城、宝安中心城、光明城、龙华城、大鹏城和深圳数字书城（坪山）总部基地等规划建设，支持建设创意特色书吧和社区阅读创新创业平台，基本形成"一区一书城、一街道一书吧"格局。

3. 建设基层综合文化服务中心，形成"十分钟文化服务圈"。各区（新区）采取盘活存量、调整置换、集中利用等方式推进每个街道基本建成 1 个街道综合文体中心，推进建设集宣传文化、党员教育、科学普及、普法教育、体育健身等多功能于一体的社区基层综合文化服务中心，打通公共文化服务"最后一公里"。推动公共文化服务供给侧改革，完善文化馆联盟机制，深化图书馆总分馆体制建设，基本建成以区级文化馆、图书馆为总馆，街道文化馆（站）、图书馆（室）为分馆的总分馆体制，实现各级文化服务资源的共建共享。通过项目公示、错峰服务、延长免费开放时间等方式，提升基层文化设施利用率。建设流动文化服务网，重点在原特区外和来深建设者集聚的厂区、生活区开展流动文化服务。实施基层综合文化中心社会化运营试点，通过委托或招投标等方式吸引有实力的社会组织和企业参与公共文化设施运营管理。制定面向社会力量采购公共文化服务指导性目录与实施细则，完善政府面向社会购买服务的机制，促进公共文化服务多元供给。将文化志愿服务融入社区治理，到 2020 年文化志愿者人数达 2 万人。

4. 推动公共服务数字化建设，实现文化"一站式"服务。推行"互联网＋公共文化"，实现公共文化场所 WIFI 全覆盖，实施数字图书馆、数字文化馆、数字美术馆、数字博物馆、数字书城工程，推进公共文化机构开展数字化研发应用，鼓励通过社交软件、移动 APP 等信息技术手段创新服务模式，实现服务方式与内容的数字化、移动化和便捷化。推进全市公共文化大数据平台建设，构建公共文化信息资源共享系统和网络服务平台，实现全市公共文化"一站式""订单式""互动式"服务。发行 30 万至 50 万张"文化深圳"银联信用卡，为市民提供文化消费优惠。

（五）创新产业发展模式，构建以质量型内涵式发展为特征的现代文化产业体系

1. 培育新型文化业态，推动产业结构优化升级。丰富产业文化内涵，加大对优秀原创作品采购、扶持和奖励力度，引导提升网络文化产品的格调品位，提高文化产业的社会效益和价值导向功能，打造文化产业的"深圳质量"。进一步发挥"文化＋"的功能，强化文化创意和科技创新"两大支撑"，继续认定和支持奖励"文化＋科技""文化＋互联网""文化＋创意""文化＋金融""文化＋旅游"等新型业态示范企业和优秀项目，使深圳成为具有国际竞争力的创意文化产业集聚高地。充分利用数字化资源、智能化处理、网络化传播等技术，支持数字创意内容精品生产，加快发展数字创意产业。打造全球人机互动内容开发和创意应用的顶级赛事，鼓励数字创意开发和应用。推动文化创意和设计服务与相关产业融合发展，支持制造业、金融业、建筑房地产业、软件业等龙头企业跨界融合发展文化创意项目，鼓励传统制造型文化企业提高创意设计和研发环节比重及水平，引导产业创新升级。培育壮大时尚产业，构建时尚品牌群，开展时尚主题活动，扩大引导文化消费。

2. 培育文化领军企业，做强做大市场主体。建立挂点联系服务工作机制，重点支持 30 家掌握核心技术、拥有原创品牌、具有较强市场竞争力的龙头文化企业和企业集团，争取有 1 至 2 家企业跻身"世界 500 强"，有 2 至 3 家企业入围全国"文化企业30强"。鼓励金融资本、社会资本以产业投资基金、众筹、P2P等多种形式投资文化创意产业，支持小微创意企业加快成长。培育发展文化类行业协会、产业联盟组织。

3. 实施"大项目驱动"行动，优化产业空间布局。按照"一区一项目"的原则，市、区联动推进价值工厂、国际艺展、大芬油画产业基地、华强文化创意园、深圳电影文化创意产业园等重大项目规划建设，着力发展文化产业总部经济。统一市级文化创意产业园区和文博会分会场标识，提高园区软硬件建设标准，鼓励园区围绕"一带一路"、创业创新等国家战略培育发展文化创意产业。推动新建20个市级文化创意产业园区，新增2至3个国家级文化产业园区或基地。

4. 创新文博会办展办会机制，打造国际知名展会品牌。突出"一带一路"国家战略，突出质量型内涵式发展，突出社会效益，每年重点办好1至2个特色主题展馆，更好地承担加快中国文化产业发展、推动中华文化走出去的责任。着力提升文博会国际化、市场化、专业化水平，健全更具竞争力、影响力和充满活力的市场运作模式，完善文博会质量管理服务体系，探索设立文博会海外分会场。完善"1＋N"模式，利用好文博会资源举办系列文化创意专业展会。实行文博会分会场考核末位淘汰制，提升分会场的文化内涵和产业发展质量。支持文博会公司与国内外品牌会展机构开展合作。推动规划建设文博会产业园区。

5. 完善国家级产业服务平台，集聚盘活文化市场要素资源。推动深圳文交所搭建新闻出版、广播影视内容版权以及文化企业无形资产的登记和交易平台，积极开展市场化业务，拓宽文化投融资服务领域。完善国家级文化和科技融合示范基地服务机制，建设文化科技产业"硅谷"。建成国家对外文化贸易基地（深圳）公共技术服务平台和"一带一路"专业服务平台，扩大对外文化贸易。建成广东国家数字出版基地深圳园区，形成国内领先的数字出版产业链。积极争取设立深圳国际版权交易中心，构建版权登记、保护和交易平台，制定鼓励版权输出的扶持措施。推动在前海设立首家文化银行，建设国家文化金融合作试验区。推动中国文化产业投资基金新增投资支持3家以上深圳文化创意企业。积极办好中国设计大展、深圳创意设计新锐奖、深港城市建筑双城双年展、深港设计双年展等国际性、国家级创意设计展会活动，提升深圳"设计之都"的国际影响力。

三　组织和政策保障

建设与现代化国际化创新型城市相匹配的文化强市，是一项战略任务和系统工程，必须以全新的视野，进一步解放思想，完善政策措施，建立高效机制，形成共建合力，确保各项举措落到实处、取得实效。

（一）加强组织领导保障

充分发挥市文化体制改革和发展工作领导小组的统筹领导作用，建立健全宣传文化部门统筹协调、各部门支持参与的文化管理协作机制，协调发展改革、规划国土、经贸信息、科技创新、财税金融、市场和质量监管、人力资源保障、国资等部门更大力度地支持文化创新发展，形成强大共建合力。制定目标责任书，明确各项任务措施的责任单位、时间进度和工作要求。成立督导组，建立督查工作制度，狠抓工作落实，追求工作实效。

（二）加强土地空间保障

在满足城市规划和文化发展规划的前提下，市年度土地使用计划优先安排公共文化重大项目和龙头文化企业新增建设用地指标，对于符合城市更新政策的文化创意升级改造项目优先纳入城市更新单元计划，对于将总部设于深圳、具有一定规模和经济效益的文化创意大型企业，以及将区域总部、研发中心设于深圳的国际大型文化企业，在土地供给上予以优先支持。

（三）加强财政金融保障

根据文化事业和文化产业创新发展的需要，加大市、区财政对文化建设的投入力度。充分发挥市宣传文化基金和文化创意产业专项资金的鼓励、引导和杠杆作用，重点支持优秀公益性文化项目和产业项目。加强项目绩效评估，提高资金使用效益。及时落实国家关于文化体制改革和文化产业发展的税收、土地等优惠政策。鼓励金融资本、社会资本、文化资源相结合，引导产业投资基金、风险投资基金进入文化产业，引导担保机构为文化企业提供担保服务，支持商业银行创新文化产业信贷服务，支持开展文化产业保险服务，支持开发版权金融产品和服务，支持文化企业上市融资。

（四）加强文化人才保障

研究制定《深圳市文化人才引进办法》，重点引进文化艺术专才。实施"深圳市文化菁英集聚工程"，力争在党政、哲学社会科学、新闻出版、文化艺术、文化经营管理、文化专门技术等领域遴选培养300名左右菁英人才。充分利用文化创意产业的发展优势和对外文化教育交流的区位优势，构建国内一流的文化创意产业人才培养基地。鼓励以购买服务或第三方用人等方式，缓解基层文化服务人力资源不足问题。实行"双向挂点"工作，市级和基层单位互派年轻干部到重要岗位经受锻炼增长才干。建立柔性人才引进使用机制，以项目聘任、客座邀请、定期服务、项目合作等多种形式引进和使用文化人才及其团队。利用前海人才特区的相关优惠政策，扩大深港文化人才交流合作，引进港澳和国外高端文化人才。

【备注】本方案中的"文化"是"中文化"范畴，包括核心层、中间层、外围层三个层次，涉及宣传文化工作的方方面面。文化核心层主要涉及价值观和思想道德体系，包括城市精神、意识形态、道德水准、舆论导向、学术思想等，凝聚了城市的文化内核和灵魂。文化中间层主要涉及文化生产、服务与传播，包括品牌文体活动、文艺精品、文化传媒、文化产业、对外文化交流等，体现了城市的文化服务力和影响力。文化外围层主要涉及硬件设施，包括文化基础设施、公共文化空间等，构成了城市文化的基础条件。

文 化 城 市 [*]

2000 多年前，古希腊哲学家亚里士多德说："人们为了活着而聚集到城市，为了生活得更美好而居留于城市。"这句话基本概括了城市之于人的价值所在。

根据联合国统计，全球的城市人口在 2008 年超过总人口的一半。2011 年，中国历史上第一次城市人口超过乡村人口，城市化水平超过 50%。当前，城市化在世界范围内快速推进，越来越多的人生活在城市，每个人都想在城市里"生活得更美好"。这种"更美好的生活"的基本内涵就是物质和精神需求的充分满足。其中，物质是基础，精神是升华。

人在城市生活中的精神需求主要通过文化活动来满足。从这个意义上讲，文化应该是城市之于人的根本价值所在。文化对于城市至关重要，因此，"文化城市"应该成为城市发展的终极目标。

"文化城市"的概念早已有之。传统意义上，"文化城市"一般是指以宗教、艺术、科学、教育、文物古迹等为主要职能或特点的城市。例如，印度的菩陀迦亚、以色列的耶路撒冷、沙特阿拉伯的麦加等是以寺院、神社为中心的宗教性城市；英国的牛津、剑桥等则是以大学、图书馆及文化机构为中心的艺

---

* 本文原载于 2017 年 5 月 4 日《人民日报》海外版，编入本书时标题作了修改。

术教育型城市。这些城市虽然规模不大，但都具有巨大的影响力和吸引力，被喻为精神殿堂。

随着人们对文化与城市关系认识的深入，"文化城市"的内涵逐渐丰富。有的学者认为，"城市文化"是名词，特指"已经存在的物质文化和精神文化的总和"；也有学者认为，"文化城市"是动词，特指用文化"濡化"城市，即通过"文治教化"，"以文化人、以文化城"。

笔者以为，作为动词的"文化城市"更能体现城市、人与文化之间的关系，它蕴含着一种城市发展理念——以城市文化为核心手段组织城市经济活动、社会网络与空间形态，即在满足城市文化多样性需求的同时，通过文化手段解决现代城市发展中存在的城市认同感与归属感薄弱等问题，构建一个不断发展而又充满人情味的现代城市生活空间。

21世纪以来，"文化城市"的理念得到世界的普遍认同。中国也有越来越多的城市提出"文化城市"发展战略。2003年，深圳在全国率先实施"文化立市"战略，着力打造"文化深圳"。十多年来，深圳文化建设取得突破性进展，城市文化形象大为改观。深圳先后被评为"全球全民阅读典范城市"、世界"设计之都"，形成独特的发展优势。但短板也相当明显，文化综合实力与北京、上海等发达城市还有较大差距。例如，城市的家园意识还不够强，人文内涵还不深厚；城市知名文化品牌还不够多，城市形象的文化内涵不足；城市传媒的影响力还不够大，公共服务文化体系建设不均衡等。可以说，深圳城市文化还有很多与城市地位不相匹配的地方。

为了让城市文化与城市发展定位更匹配，根据深圳"建设现代化国际化创新型城市和国际科技、产业创新中心"的目标定位，深圳出台了《深圳文化创新发展2020（实施方案）》，提出以构建城市精神体系、文化品牌体系、现代文化传播体系、公共文化服务体系、现代文化产业体系为主要内容的"五大体系"建设目标，希望通过一系列的创新举措，逐步补齐短板，实现城市文化质量的全面提升，努力将深圳打造成国际文化创意先锋城市。

构建"五大体系"是基于对世界先进城市的考察。纵观全球，大凡知名城市皆具有强大的文化综合实力，具体表现为影响深广的城市人文精神、丰富多彩的文化品牌、发达的文化传媒、普惠优质的公共文化服务和极具竞争力的文化产业。这5个方面对于现代城市而言都至关重要，它们之间相互影响、协同促进，共同构成一个完整的城市文化形象。

一　城市精神与城市凝聚力

城市精神是一座城市的灵魂，是一种意志品格与文化特色的精确提炼，是市民认同的精神价值与共同追求，代表着一座城市的整体形象，彰显着一座城市的特色风貌，对城市的未来发展具有灵魂支柱作用。城市精神有两个重要功能：一是避免城市同质化，树立文化独特性；二是消解城市陌生化，激发城市认同感。

全球化的开放性和包容性极大地促进了世界范围内的经济文化交流发展，但也造成了文化趋同的同质化倾向。在全球化与城市化的双重影响下，中国城市的同质化现象更加突出。据统计，早在2005年，中国的661个大中小城市就有183个城市宣布要建立"现代化国际大都市"，宽马路、大广场、大草坪、中心商务区和标志性建筑成为城市硬件建设的"标配"，旧城改造中大拆大建现象愈演愈烈，富有城市文化底蕴、彰显城市特色的传统建筑被拆除，代之以千篇一律、毫无城市特色的建筑。这种同质化也影响到对城市精神的提炼上。据媒体报道，

2000 年前后，27 个省市发布的"城市精神"中，有多个词语高频率重复出现，有的甚至超过 10 次，表达空洞泛化现象严重。

城市化不但改变着人们生活的物理空间，也影响着心理空间。在城市化的冲击下，中国传统社会结构逐渐解体，村落式的熟人社会正被基于私密、理性、陌生人共存的城市生活方式取代。这种生活方式直接影响着人们与生活城市的心理距离。由于人与人之间是陌生的，人与城市之间也是陌生的，"陌生化"成了城市通病。

"同质化"和"陌生化"现象的背后是城市精神的缺失。城市形象趋同化是由于城市治理者缺乏对城市精神的正确认识和深入思考，城市精神提炼的同质化则是一种伪"城市精神"的产物。真正的城市精神应从城市的文脉中来，绝非凭空构想。

近年来，深圳对城市精神的提炼大多采取自下而上的方式。从"深圳十大观念"评选，到"深圳十大文化名片"评选，数以千万计的市民自发参与活动，最后达成社会共识。于是，深圳城市精神体现在"空谈误国，实干兴邦""鼓励创新，宽容失败""来了，就是深圳人"等一个个影响城市发展的观念中，也体现在"莲花山邓小平塑像""深圳义工""华为""腾讯"等一张张闪亮的文化名片上。这些"观念"和"名片"具有鲜明的深圳特色，得到社会高度认同，较好地解决了城市"同质化"和"陌生化"问题。

尽管如此，深圳在城市人文内涵方面还存在许多不足之处，市民文明素质、城市文明程度与先进城市相比还有差距，历史文化资源还没有得到充分挖掘利用等。为改进不足，《深圳文化创新发展 2020（实施方案）》提出，通过"培育和践行社会主义核心价值观""建立非国有不可移动文物保护补偿机制""市民文明素养提升行动""哲学社会科学学术名家计划"等多个创新平台，不断提升城市的"精、气、神"，丰富城市人文内涵，让市民更自豪，让城市更有凝聚力。

二 文化品牌与城市吸引力

"品牌"本是营销学概念，是指销售者向购买者长期提供的具有特定特点、利益的一组服务。优秀的品牌对消费者具有较强的吸引力，因此具有非常可观的市场价值。福布斯公布的2016年度全球最具价值品牌排行榜中，美国苹果公司排名首位，品牌价值高达1541亿美元。

城市文化品牌是将营销学的"品牌"概念引入城市文化建设的产物。像企业通过商业品牌获得市场溢价和增值一样，城市也可以通过"文化品牌"建设获得城市形象上的溢价和增值。

以意大利第二大城市米兰为例，这座城市人口为180多万，GDP总量在世界城市中排名30位以外，但在全球范围的影响力巨大，是世界公认的国际大都市，靠的就是众多的文化品牌。例如，米兰时装周被认为是世界时装设计和消费的"晴雨表"；AC米兰和国际米兰足球俱乐部都是世界顶级足球豪门；米兰著名的斯卡拉大剧院代表着世界歌剧艺术的最高峰，有"歌剧麦加"之称；米兰还是世界著名艺术之都，拥有众多的美术馆、博物馆，收藏着诸多世界巨匠名作和珍贵文物。如此集中的文化品牌形成了巨大增值效应，使米兰成为全世界最佳旅游目的地之一。

深圳经过改革开放40多年的发展，经济总量已经跃居全国大中城市前列，并在科技创新领域形成了较强的竞争力，但在文化品牌建设上力度不够。文博会、高交会、读书月、创意十二月等品牌文化活动虽然形成了一定的社会影响力，为城市带来了一定的增值效应，但文化品牌的数量和质量与城市的经济地位相比还存在较大差距。

为了补齐短板，深圳提出"创新城市形象标识，构建以国际先进城市为标杆的文化品牌体系"的目标，努力构建一批既有"中国味"又有"世界范"的国际文化交流平台，创作一批能在国家和国际级平台亮相的优秀作品；打造一流的文艺院团，建设一流体育竞技队伍，举办国家级、国际性顶级赛事，建立"城市文化菜单"，形成"月月有主题，全年都精彩"的文化生活新局面。我们要通过"文化品牌"建设为深圳这个以"经济"闻名的城市贴上鲜亮的"文化"标签，丰富城市内涵，提升城市吸引力。

三　现代传媒与城市影响力

现代传媒是当代城市不可或缺的文化构成，是一种难得的"文化资源"。一流的城市必须有一流的传媒，纽约有美联社、纽约时报，伦敦有路透社、BBC、泰晤士报，巴黎有法新社等。这些传媒极大地提升了所在城市的影响力。

深圳的现代传媒创造过辉煌的历史。《深圳特区报》从诞生第一天就努力树起了"改革开放第一报"的旗帜。20世纪80年代中期，《深圳特区报》对象征"深圳速度"的国贸大厦建设进行全程跟踪报道，让"三天一层楼"的深圳速度名扬天下。1992年春天，邓小平同志视察南方并发表谈话，《深圳特区报》独家发表了"猴年新春八评"和长篇通讯《东方风来满眼春——邓小平同志在深圳纪实》，产生巨大影响。几乎中国所有媒体和世界各大媒体都在显著位置刊登、播发了这篇通讯。可以说，《深圳特区报》通过宣传报道深圳改革开放，走在了时代最前沿，形成了广泛的社会影响力，也塑造和传播了深圳作为中国改革开放"排头兵"的时代形象。

此外，深圳卫视作为第一个副省级城市上星频道，用 6 年时间就覆盖全国，辐射东南亚。《深圳商报》《深圳晚报》《晶报》等也都在各自细分领域一度领风气之先。

近年来，深圳经济发展逐渐实现了由"深圳速度"到"深圳质量"的转变，走在全国经济转型发展的最前沿。但传媒发展却稍显滞后，逐渐与先进城市拉开差距，特别是在新媒体的冲击下，一些传统媒体发展陷入困难。为了发展现代传媒，《深圳文化创新发展 2020（实施方案）》提出"创新媒体运行机制，构建以媒体融合发展为标志的现代文化传播体系"的构想，连续 6 年提供专项扶持资金，推动报业集团和广电集团深化改革，推进融合发展、转型发展、创新发展，提升"造血"功能，将"政策红利"转化为"改革红利"。特别是支持媒体融合发展，拓展新兴传播平台，构建新型高效、技术先进的融媒体新闻采编平台，建设一批精品专栏和节目，重点打造"读特""读创""壹深圳"等在全国具有显著影响力的新闻客户端，建设 CUTV 深圳台等具有聚合功能的网络内容服务平台和深圳 ZAKER、深圳网易等移动新媒体集群，努力在移动互联网中寻找立足之地，更好地传播"深圳声音"。

四　公共文化服务与城市保障力

公共文化是文化的一部分，一般是指能为广大社会公众接触或享用的具有物质或精神享受的一些产品或设施。而公共文化服务是公共文化的实现形式，是公共文化与文化服务交叉相融的概念，具体是指基于社会效益，不以营利为目的，为社会提供非竞争性、非排他性的公共文化产品的资源配置活动，以公平性、均等性、公益性、便利性、普及性为主要特征。

党的十八大以来，中国文化体制改革深入推进，公共文化服务成为文化建设的关键词，已经被公认为现代社会文明的基本标尺，它表达着文明社会以人的发展为终极目标的理念，体现着对人的终极关怀。

在城市生活中，公共文化服务最直接的功能就是为市民提供文化生活的空间，丰富市民的精神生活，提升市民的获得感和幸福感。

经过多年努力，深圳已经初步建立起设施比较齐全、产品比较丰富、服务质量比较高、机制比较健全的公共文化服务体系。公益性文化场馆全面免费开放服务全国首创，全市每年举办各类公益文化活动上万场次、放映公益电影超过 1.5 万场次，受惠群众达 1000 多万人次；全市拥有公共图书馆 633 个，自主研发的高科技创新产品"24 小时自助图书馆"覆盖了全市 99% 的行政街道。但特区内外二元发展格局长期存在，导致原特区内外公共文化基础设施分布不均衡，人均文化基础设施面积、人均公共图书馆藏量和阅读量与世界先进城市还有较大差距。面对不足和差距，《深圳文化创新发展 2020（实施方案）》提出了系列发展目标和举措，如：建成一批代表国际化城市形象的文化地标，使公共文化设施分布更均衡，缩小原特区内外公共文化服务差距，到 2020 年全市人均文化设施面积达 0.2 平方米，人均公共图书馆藏量 1.9 册，形成"十分钟文化服务圈"，推动公共文化服务数字化达到国内城市领先水平等，为市民提供更丰富、更公平、更均等、更便利的公共文化服务，让每个市民都能在这座城市诗意栖居，幸福满满。

五　文化创意产业与城市创造力

文化创意产业是在经济全球化背景下产生的以创造力为核

心的新兴产业，以其巨大的经济创造力和广泛的社会影响力受到越来越多的重视。美国学者伊丽莎白·科瑞德在《创意城市——百年纽约的时尚、艺术与音乐》一书中，从纽约文化创意产业的发展中得出以下结论：一是艺术和文化对经济增长作用重大；二是艺术和文化在社会生活中的发展效率最高；三是艺术和文化聚集程度越高，发展效果越好。

文化创意产业是文化和商业的结合体，它的发展既遵从经济发展规律，推动经济增长，又能产生巨大的文化效应，潜移默化地对社会观念产生影响。对于国家而言，它既是经济发展的需要，也是文化安全的需要。

与北京、上海相比，深圳的传统文化资源相对匮乏，文化创意产业发展先天不足。但作为移民城市，四面八方的移民为这座年轻的城市带来了丰富而充满活力的文化因子。各种文化元素在这里汇聚、融合，多种多样的文化创新在这里诞生、发展、壮大。深圳通过成熟的市场机制，吸引和整合了全国文化资源，实现了某种程度上的"弯道超车"。深圳打造了文博会、文交所、中国文化产业投资基金、国家对外文化贸易基地等一批国家级文化市场平台，建设了一批特色文化创意产业园，让全国的文化人才、文化技术、文化企业等在深圳实现市场价值。自"文化立市"战略实施以来，深圳文化创意产业保持了年均20%的增长速度。2016年，深圳文化创意产业增加值为1949.70亿元，增长11.0%，占全市GDP的10%。

同时，深圳文化创意产业也存在内涵不足的风险，核心内容比重不太高、资源配置效率较低、区域发展不均衡等问题突出，制约发展的"木桶效应"越来越明显，产业转型发展的压力较大。为推动文化创意产业优化升级，走出一条质量型、内涵式发展之路，《深圳文化创新发展2020（实施方案）》提出未来5年实现内容产业和创意设计、文化信息服务等新型业态占比超过 60% 以及文化创意产业年均增速保持 10% 以上的目标。具体来看，要通过促进文博会向质量型、内涵式提升，加快深圳文交所转型发展，推动国家对外文化贸易基地落地运营，核心文化产品年出口额超过 40 亿美元，实现产业质量和国际竞争力持续提高，努力为推动中华文化走出去作出新的更大贡献。

城市文化是一座城市的精神面貌，它展示过去，更预示未来。深圳从来就是一座不甘平庸、追求卓越的城市。我们希望通过"五大体系"建设，构筑完善深圳城市文化体系，实现发展质量的整体提升，努力使深圳迈入国际文化创意先锋城市的行列，让市民因文化而更感幸福，让城市因文化而引领未来。

领略深圳的"城格魅力"[*]
——关于深圳的文化特征

历经 25 年的岁月洗礼，深圳已不是昔日的青春少年，她抖落身上的春风夏雨秋岚冬雾，出落成风华正茂的年轻才俊，显示出独特的个性气质。而这种"城格魅力"，就是她的文化特征。

城市的文化特征是城市的外在形象和内在品质的有机统一，是一座城市区别于其他城市的质的规定性。诚如斯宾格勒所认为的，每一种文化都有自己的灵魂和形式，有自己的深层心灵和表层象征。文化特征也就是文化特质，一个国家、民族、地区乃至城市，人们在长期的生活和交往中，由于自然环境的养育和社会历史的积淀，往往会形成相对稳定并具有独特品性的共性观念意识、思维方式和行为方式，这便是该国家、该民族、该城市的文化特质。城市的文化特征不仅是城市文化的风景和魅力所在，而且是城市的活力和生命力的体现。

那么，风姿绰约的深圳文化又是如何在世人面前展现她的"城格魅力"的呢？

一

卢梭在《论人类不平等的起源和基础》中谈道："人是环

---

* 本文原载于 2005 年 8 月 18 日《深圳特区报》，收入本书时作了修改。

境的产物。"同样地，人是文化的载体和目的，文化也是环境的产物。这种环境是地理位置、气候条件、物质基础、城市性质、人文传统、人口构成、社会氛围诸因素综合作用的产物，是人为因素和自然历史因素相互作用的结果。深圳因现实环境形成了独特的文化生态，呈现出鲜明的文化个性。

移民文化　"老家是哪儿的？"这是深圳社交场合最常用的口头禅，诚如人们平时见面时所说的"吃饭了吗？"我想，这大概就是人们进入深圳这座移民城市的文化密码。

现在工作和生活在深圳的 1000 万人口中，95% 以上是 1980年建立经济特区后来到深圳的新移民，或者是"深圳土著"（native）的后代。作为深圳市前身的宝安县仅有 30 多万人，深圳镇只有 3 万多人。如今的"深圳人"包括了全国各省、市、自治区的新移民，而且成为北京之后第二个聚齐了全国 56 个民族的城市。

于是，在这片热土上，京腔粤韵、吴侬软语不绝于耳，湘音川调、东北嗓门儿萦绕在旁。以语言为纽带、以乡情作维系的各种同乡会、联谊会林林总总。全国各个地方戏种在这里都能觅到它们的知音。

更为直观鲜活的是大街小巷间的各地风味酒楼。那已经不是什么荟萃八大菜系那么简单了，北京西四"能仁居"的涮羊肉、西安"老孙家"的羊肉泡馍、江西九江的蒌蒿炒腊肉、河南洛阳老城的"水席"、湖南攸县的辣椒炒蛋……走在那些美食街上，人们感受到的是这座移民城市浓烈的味道和鲜明的色彩，这种移民文化是能掀动你的视觉、味觉、触觉和感觉的。

深圳广播电台有一个收听率居高不下的节目，叫"夜空不寂寞"，主持人是来自江西的姑娘胡晓梅。而在这个节目中述说和倾听的，又大多是分布在深圳各个角落的新移民和外来工，城市上空的这种声音，是乡思、乡情和乡恋的情感倾诉，也是一座移民城市特有的韵律。

文化的发展在于流动，流动是更新和创造的过程。所以，尽管新移民与原居地那种牵系丝丝缕缕，剪不断理还乱，但他们在完成人生的另一次选择的同时，已经为深圳带来了劳力、智力、技能和资金，带来了东西南北、五湖四海的文化观念、文化习俗、文化背景，他们所携带的这一切对于一个全新的城市来说是多么宝贵的资源，如此旺盛的生命力打破了旧有的秩序，激活了潜在的能量，使城市文明向前迈进了一大步。

窗口文化　深圳与香港山水相连，有 32 公里的陆域接壤，有 200 多公里的水面相通，有 12 个口岸衔接。这种独特的地理位置，使深圳成了祖国内地联结香港与海外的桥梁与纽带，成为中外文化的交汇点。

从 20 世纪 80 年代初到现在，出入深圳各口岸的香港同胞日渐增多，至 2004 年出入境人数高达 1.5 亿人次，每天平均达 40 万人次。港人携着花花绿绿的大包小包进来，带入了香港社会形形色色的文化信息。深圳人趁着"自由行"熙熙攘攘地出去，也成了内地文化的传播使者。

两地间的血肉联系体现在密切的经贸关系上。在深圳引进外资的份额中，港资迄今占了 60% 左右，深港两地成为最大的贸易合作伙伴。

很多香港人还在深圳购房置业，成为深圳房地产最大的投资者和消费者之一，靠近罗湖、皇岗口岸的许多住宅小区，深港居民相安而居，和谐相处，住宅区内的港式茶餐厅、美容店、商场、房产经纪部、宠物店鳞次栉比。那种氛围，有时会使人直把深圳作香港。

同时，两地新闻传媒交相覆盖。20 世纪 80 年代初，在内地还没有通过有线电视系统接收香港电视信号时，香港 2 家主要电视台的 4 个频道节目早已进入深圳的寻常百姓家。香港各家广播电台的电波则一直在深圳乃至珠江三角洲的上空飘荡。同时，深圳电视台、电台的节目也覆盖香港部分地区，深圳卫视上星后，又为港人了解深圳提供了另一种选择。20世纪90年代末，深港两地合办的《深星时报》，成为内地第一份与境外媒体合办的报纸。21世纪初，深圳报业集团在香港接手了《香港商报》，以大量的版面向港人报道深圳和内地的情况，也标志着深港两地文化交流的空前活跃。

这是一种地缘文化学的现象，其"剪不断、理还乱"的文化牵系，丝丝缕缕地联结着两地社会生活的神经，产生了一种潜在的相互影响的效应。正如英国哲学家罗素在《中西文明比较》中所说的："不同文明之间的交流，过去已经多次证明是人类文明发展的里程碑。"

青春文化　青春亮丽是深圳另一个动人的城市表情。人们一踏足深圳，就会发现到处是新路、新楼、新桥，就连路边那些枝繁叶茂的大树，明眼人一看就知道那是新移植过来的，没有那种盘根错节的悠长古韵。事实上，深圳是一座年轻的城市，虽然在深圳东部的咸头岭、大梅沙等地发现过6000多年前的人类遗迹，在1700多年前就有郡县的史载，迄今还有600多年前南头城和大鹏所城的建筑，但这并不能说明深圳历史上曾经是富庶繁盛的城市。25年前这里是一个以农耕社会为貌征的边陲小镇的现实，我们都亲眼目睹。

更重要的是，在这个城市舞台上演出的主角——城市居民，大多是青春洋溢的创业者。曾有数字显示，深圳市人口平均年龄是27.4岁，这个判断的基本依据是在深圳的人口构成中，外来劳务工占了相当高比例，他们都是18—25岁年龄段的青年。尤须关注的是，从20世纪80年代起，深圳汇聚了"文革"后恢复高考以来一批又一批的学子，据说通过各种渠道最后流入深圳的研究生、博士生占到了全国的10%以上。深圳华为公司员工的平均年龄大约为 27 岁，其中 85% 具有本科以上学历，60% 具有硕士、博士学历。2001 年获国家科技进步二等奖的工程师韩志宇才 29 岁，成为当年国家科技进步奖最年轻的获奖人。难怪当年朱镕基总理到华为公司视察时，临出门回眸一笑，并竖起大拇指说："年轻人，有希望！"

现代文化　置身深圳，人们都能感受到一种浓烈的现代文化气息。首先是这座城市的规划布局和建筑风格的现代化，密集的高楼群和立体交通网络，抹去了这座城市最后一点农耕文化的痕迹。其次是当地居民生活方式的现代化，深圳在国内无疑是个时尚之都，流行色不断变幻，节奏快捷紧凑，消费紧随潮流。购车、购房、购书、旅游、健身、美容乃至养宠物的数量和质量，在国内都屈指可数，而恩格尔系数（2004 年为 31.6%），比国内平均 40% 左右的数字要低近 10 个百分点，在国内是最低的城市与地区之一，表明城市居民生活方式的现代化程度较高。再次是深圳人思维方式的现代化，深圳是产生新观念、新思维的地方，内地许多城市派干部到深圳学习，强调的也是更新观念。目前，深圳城市发展的目标定位是成为现代化的国际性城市，这本身便标志着这座城市在观念上的现代化。最后是深圳文化艺术发展趋向的现代化，深圳的钢琴培训、摄影艺术、设计艺术、创意产业、动漫制作都是颇具现代文化特征的，深圳美术界的"现代水墨画双年展"，文学界的"新都市文学"也都以其现代色彩在国内独树一帜。前几年，深圳文化界曾有一次颇有意思的争论：是定位建设现代文化名城，还是申报国家历史文化名城。虽然两者本质上并不完全相悖，但一座城市的标志性文化毕竟应该是鲜明的。前者认为现代文化名城更适合深圳的城市气质和发展方向；后者觉得深圳并不是没有童年，深圳有悠久的历史和珍贵的文化遗存。1996 年制定的《深圳市精神文明建设"九五"规划》将深圳文化发展目标定位为建设"现代文化名城"。

深圳现代文化的逐步形成，得益于城市现代化进程的快速推进。按照现代化研究权威人士塞缪尔·亨廷顿先生的说法："现代化（Modernization）包括工业化、城市化，以及教育水平、富裕程度、社会动员程度的提高和更复杂的、更多样化的职业结构。"国内的一些专家也指出：一个国家和地区现代化的主要标志是人口城市化进程和非农业化过程完成、中产阶级成为社会的中坚、生活质量大幅度提高、建立比较成熟的市场经济体制和完善的社会保障体系、环保生态平衡得以实现等。

对比上述标准，深圳跻身现代化城市的行列显然已不是梦。其一，随着宝安、龙岗两区取消农村户口、撤镇建街道，以及土地转公，深圳的农村城市化进程已逐步完成。其二，经济的快速发展，使得社会资金不断积累，市民生活水平逐步提高，2005 年全市人均 GDP 已达 7000 多美元，根据 600 户城市住户抽样调查，居民人均可支配收入为 21494.40 元，比上年增长 8.7%。恩格尔系数为 31.6%。根据联合国粮农组织提出的标准，恩格尔系数在 59% 以上为贫困，50%—59% 为温饱，40%—50% 为小康，30%—40% 为富裕，低于 30% 为最富裕。其三，经过 20 多年的探索创新，深圳已初步建立起社会主义市场经济体制的框架，几大要素市场初步成型，社会保障体系不断完善，产业结构是以高新科技、物流、金融和文化产业等现代化大生产的前端产业为支柱的。其四，通过树立科学发展观，深圳追求绿色 GDP，注重生态环境保护。2005 年 8 月，由原国家环保总局环境监察局局长陆新元一行 13 人组成的考核评估小组，对深圳的生态环境监察试点工作进行了全面评估，对照《全国生态环境监察试点工作评估标准》，最终给深圳打了 97 分的高分。

二

任何文化都是由其形而下的表层和形而上的内核构成的。应该说，无论是移民文化、窗口文化、青春文化，还是现代文化，都还只是深圳文化的外部特征，虽然它们是形成深圳文化精神的基本要素，是滋长深圳意识形态的现实土壤。而最能代表城市文化特征的，是其主流意识和城市精神。

创新精神　当深圳经济特区逐步迈向而立之年时，她清醒而理智地提出了"新特区意识"，也就是"以特别之为，立特区之位"。笔者理解：特别之为，就是创新之为、创造之举，它是深圳特区25年来能够"杀出一条血路来"的绝招，也是深圳特区25年来逼出来、练出来的本领。

1987年12月1日，深圳敲响了中国土地拍卖的第一槌，这一槌可谓石破天惊，当然也引起了争议，因为此举在当时是"违宪"的。但时隔一个多月，也就是1988年1月3日，广东省人大就颁布了《广东省经济特区土地管理条例》，把特区土地使用制度的改革成果及时以立法形式确定下来；3个月后，全国人大依据深圳的改革实践正式修宪，在有关条款中加进了"土地使用权可以依照法律规定转让"的条文。短短15个字，却是中国土地制度改革的一大跨越。

翻开深圳改革开放和现代化建设的发展史，这种敢为天下先的创举比比皆是，充分体现了深圳人敢于开拓创新的精神。而铸造这种城市精神的，显然是缘于深圳的客观条件：首先，深圳新型的经济结构和社会关系，决定了她必须创新求变。办特区初期，国家只给政策不给钱，深圳要吸引外资，首先要营造投资环境，当时开发一平方公里土地就要一亿元，钱从哪里来？只能从求新求变中来。其次，任何一座移民城市和年轻城市，都是最具创新精神的。移民的基本心理特征是：一切的价值观念、伦理原则和行为习惯都必须服从个体的生存和发展，该通则通，该变则变。人们为了创造更美好的生活来到深圳，如果安于现状、因循守旧，他们就不会"闯深圳"了。美国史学家 H. S. 康马杰在研究美国移民时谈道："他们野心勃勃，甚至最不着边际的计划他们也认为能够实现。他们终于得到这样一个信念：没有什么事情是办不到的。"

拼搏干劲 前几年，深圳创作了一台曾进京演出的大型现代舞剧《深圳故事·追求》，该剧反映了外来打工者在深圳追求新生活的创业历程。剧中有非常感人的一幕，劳作一天之后，工人们在昏黄的路灯下，排着长队在给远方的亲人打电话。舞剧主要是用肢体语言和音乐叙事的，但这部舞剧却别开生面地安排了纪实性的画外音，舞台上传来一位打工妹的四川乡音："我在深圳挺好的，就是有点累。"累是由于拼，拼是为了生存。在竞争激烈的深圳，对众多的"外乡人"来说，要在新的土地上生存并发展，惟有拼搏、冒险、开拓、进取。由此可见，深圳人的拼劲，不仅是主观的能动，而且是客观的要求，是环境逼出来的。所以，这种拼搏精神更持久有力。

1984 年 3 月 15 日，中建三局一公司在建设高 160 米、共 53 层、总建筑面积 10 万平方米的深圳国贸大厦时，创造了 3 天一层楼的建筑史上新纪录，成为了"深圳速度"的象征。此前，主体工程的施工速度，深圳一般是 6—8 天一层楼，香港是 7—9 天。这项工程的惊人速度，来自于工程人员的拼搏精神，而这种拼搏精神，又来自于"奖金不封顶，工程早封顶"的管理模式。建设单位给施工单位中建三局一公司承诺，提早一天封顶，奖励一万元，推迟一天竣工，罚款一万元。"爱拼才会赢"在这里找到了最好的注脚。

宽容胸怀 当深圳一幢普通的住宅楼里能住下十几个省份

的异乡人,一节地铁车厢有好几种方言在回响时,人们不难理解这座城市的兼容性。事实上深圳的兼容性不仅来自于她是移民城市,而且源于她是毗邻香港的开放城市。特定的地域文化没有占绝对主导地位,不可能以"非我族类,其心必异"的狭隘心理对待异质文化,当东西南北的各种文化季风吹来时,她必须敞开自己的胸襟,迎接八面来风。

我们可以留意一下周冰先生的《多元化与深圳的高科技产业》,这篇文章提出了一个很有意义的命题:"如果光从传统的技术、资金、人才三要素出发,很难解释深圳高新技术产业发展的原因。这就需要新的视角——文化的视角。"从这个角度窥析,他认为深圳高新技术产业发展的深层次原因是建立在市场经济条件下独特的移民文化背景,深圳文化具有很大的包容性、多元性,多元文化既保持各自的个性又相互包容相互借鉴。他举例说:普通话是深圳的官方语言,这恐怕是除了北京之外唯一一个讲普通话的城市。有一些科技人员最初去珠江三角洲其他的城市,但最后都选择在深圳落户,这一切都是文化决定的。例如,一个著名大学的校长被问到为什么不把他们的生物工程项目放到生物技术力量雄厚的 S 市,而是选择深圳作为产业化的基地,他说他去谈过这个项目,但对方一边和他讲普通话一边和他的同事讲当地方言,他立刻感到一种明显的隔阂,觉得跟他们合作不放心。联想集团原来在深圳设厂,前两年因为成本上的考虑,搬到了 H 市。但公司的技术人员拒绝离开深圳,最后联想又把研究开发基地搬回了深圳。

兼容性既体现了海纳百川的胸怀,也包括了宽容失败的态度。"大力营造既崇尚成功,又宽容失败的宽松氛围,把深圳打造成为一个创业者的乐园。"这是深圳一直以来的态度。

务实态度 2004 年 6 月,《西安日报》发表了《深圳调速与求真务实》的评论。文中称,深圳原计划 2005 年基本实现现代化，市委发现在 42 项指标体系中，有 14 项已于去年完成，有 5 项可望 2005 年实现，但有 23 项指标将很难如期完成，特别是"可持续发展"和"人民生活"等指标进展明显滞后。因此在广泛征求意见的基础上，由市人大表决通过后决定，推迟实现现代化时间表。据我所知，推迟实现现代化时间表者，在全国只有深圳一个地方。所以，说它是"全国新闻"也不为过，深圳这种做法的深刻意义在于，体现了求真务实的态度。

深圳文化与市场和经济生活的结合度高，文化发展要服从经济的发展和体制的创新，加上"以效益为核心"的香港文化的濡染，不尚务虚、讲求实效必然会成为深圳的一种社会价值取向。早在 20 世纪八十年代初，深圳就产生过"时间就是金钱，效率就是生命"和"实干兴邦，空谈误国"等脍炙人口的新观念，并成为深圳的标志性口号。事实上，领风气之先的深圳是国内最早向"君子喻于义，小人喻以利"的义利观发起挑战的，环境使他们认识到只有注重经济效益，才能生存和发展：只有求真务实，才能在这片竞争激烈的热土上站稳脚跟。

三

在 2002 年、2003 年的《中国城市竞争力报告》中，深圳文化竞争力和文化氛围两项指标在国内大中城市中名列首位。这说明了深圳的文化特色已经构成了一定的文化优势，无论是移民文化、窗口文化、青春文化、现代文化等文化条件，还是敢为天下先、能吃天下苦、可容天下人、先做身边事的创新、拼搏、宽容、务实精神，都形成了一种城市文化力，成为推动城市经济社会发展的精神动力和智力支持。

但是，一种特定的文化土壤所滋生的文化现象不可能完全是正面的，深圳现实条件和环境中生发的负面的东西，必须引起我们的重视。

一是浮躁情绪的泛动。移民文化使这座城市充满活力，使机遇和挑战并存，信息快捷使人们充满想法，大家为了实现自己的理想奔忙工作。同时，期盼成功、急于求成的情绪也弥漫在空气中。都说深圳人节奏快，好像走路都要快一点，但许多来也匆匆、去也匆匆的深圳人，显然无法掩饰其心中的浮躁之情。譬如，在现实生活中，某些机关部门和企业都不同程度地存在一些短视行为，热衷于一些"短、平、快"的操作，重目标而轻过程，或者在确定工作目标和计划时容易脱离实际。又如，深圳的一些区或机关，可以花几百万元请来明星大腕，热热闹闹地搞一场大型文艺演出，却不可能像上海博物馆那样，用450万美金从海外购回一本《淳化阁帖》作为"镇馆之宝"，为丰富城市的文化内涵做一件平凡而意义深远的事。再如，深圳在实践方面常有创新之举，应该是出理论的地方，出大作的地方，但这里的文化氛围并不浓厚。深圳没有大师，一方面是因为大师需要心平气和地"修炼"，需要长期的积累，需要文化水土的滋润和学术风气的熏染。另一方面，深圳虽然生活和工作条件很好，但迄今引进来或住下来的真正大师还寥寥无几，因为这里还缺少大师真正需要的学术与艺术空气和土壤，归根结底是深圳的文化积淀还不够深厚。浮躁还容易派生冒险精神，它走到极端就是铤而走险，这对深圳社会稳定所产生的影响也是有目共睹的。

二是凝聚力的缺失。几年前在美国，不经意看到各加油站都贴有这样的宣传语："Proud to be American"（为做美国人而自豪）。在深圳，也有一条人们耳熟能详的标语"同在一方热土，共创美好明天"。然而，这些倡导的背后，掩饰不了作为一个移民国家或地区社会凝聚力的缺失。资料显示，在纽约的移民中，有 60%—70% 的人保持着双重国籍，而且有相当一部分拉美移民不申请美国红卡，他们的目标很明确，在美国赚钱，回国养老，不给美国当公民。而我们深圳，常被认为是一个"欲望的城市""暂居的城市""别人的城市"。当我们从互联网上看到网民调侃："在深圳，像狼一样赚钱，像狗一样工作，像猪一样生活"的文字时，我们心灵是不是感到一种莫名的刺痛。诚如有学者所说的："移民也使深圳文化的养分复杂，带有许多的不稳定性和不确定性。地域辽阔的中国，各地风俗不同，城市人员流动快，文化整合难度大。移民也使得人与人之间缺少共同的历史，难以建立稳固的信任关系，加之建市时间短，原有的城市文化资源有限，20 年来，深圳虽开始形成了自己的一些文化特性，但总的来看，外地人对深圳的城市识别系统和深圳人对自身的城市身份认同尚未完全建立。现代城市文化研究表明，城市识别和身份认同是影响城市文化形成与否的核心要素，家园感、归属感、向心力的缺失在很大程度上影响着深圳主流文化的形成。"所以，我们不仅应该叫响"同在一方热土，共创美好家园"这样的口号，更应该寻找合适的载体和渠道，为增强城市的凝聚力注入胶合剂。譬如足球，当天南海北的数万球迷聚集到球场为深圳这座城市摇旗呐喊时，当数以百万计的市民围坐在电视机前屏息观看时，他们的城市主人翁意识是如此的强烈，他们在喊着"深圳，加油"的同时，也在为自己融入这座城市加劲。遗憾的是我们有时候对这些有效的载体却重视不够，且看《中国足球报》的一则评论："有一个残酷的现实是，2004 年 11 月 24 日，深圳健力宝足球队夺取全国足球超级联赛冠军的当晚，球队的庆功会甚至不是政府主管部门主持的，而是深圳球迷会出钱搞起来的。除了一位市政府副秘书长到场外，竟然没有任何分管的市领导到场。所以，深圳到底还要不要足球的质疑声不断响起。"相比其他省市有关领导在同种场合的亲自莅临，及时奖励，举城同庆，我们官方的鼓励与彰扬不太鲜明，支持"缺位"，使得球员、球队、球迷和媒体多少感到有点沮丧，而由此造成的某种城市精神力量的流失，又是谁能估量的呢？

文化，使城市屹立
——兼谈深圳的"文化立市"战略

一

当排队买米买油买猪肉成为一种回忆，购房购车休闲旅游成为一种新尚的时候，人们开始关注文化。当深圳的人均 GDP 达到 7000 多美元、人均住房面积达到 25 平方米、私家车拥有量近四年年均增长 45%，恩格尔系数下降到 31% 的时候，深圳人热衷于谈文化。

这本身便是颇有意思的文化现象，《易经》曰："观乎天文以察时变，观乎人文以化成天下。"从革文化的命到文化天下，是时代的一大进步。当今世界，以文化论输赢，以文化见高低，关注文化、重视文化、发展文化已经成为历史性的潮流。写过《文明的冲突》的美国学者塞缪尔·亨廷顿，此后又发表了《再论文明的冲突》，文中写道："21 世纪是作为文化的世纪开始的，各种文化间的差异、互动、冲突走上了中心舞台，这已经在各个方面变得非常清楚。在一定程度上，学者、政治家、经济发展官员、士兵和战略家们都转向把文化作为解释人类的社会、政治和经济行为最重要的因素。"英国学者马修·阿诺德在他的《文化与无政府状态》中也说，文化是包括文学、艺术在内的人类一切最优秀的思想、文化之积淀，这种宽阔的、深厚的思想文化根基应成为变革时代、凝聚人心的力量——其化身应该是能够传承人类优秀思想遗产、整合社会的文化价值体系之权威或中心。国内学者曹世潮在他的《第一竞争力》中也写道："像哥伦布发现新大陆而打破不同地域间的隔离状态一样，今天的人们通过发现不同的文化模式而越来越清晰地看到了世界文化的异质和多元。与发现新大陆不同的是，展现在哥伦布面前的是肉眼可及、一看便知道的从未被发现的一片广阔的陆地，而文化是内在的、潜隐的，得用心渐渐体悟方能看见……文化的曙光已经初现，人们坚信文化是存在的，并左右着人类的命运。文化的发现，无异于人类发现了一个内在的世界，其意义不亚于人类对科学体系的发现。"哲人、学者的这些论述，都为我们提供了一个认识文化的视角。

　　亚里士多德有一句至理名言，并被引为经典："人们为了安全来到城市；为了美好生活，聚居于城市。"人类与城市的相依相随，构成了任何一座城市的文化史。雅典作为城市的发祥地，反映了公元前500—前400年间的文明观，佛罗伦萨、伦敦、维也纳、巴黎和柏林促成了艺术和科学的繁盛。第一个工业城市曼彻斯特是1760—1830年间工业文明的熔炉，洛杉矶和孟菲斯促进了20世纪人文艺术和工业技术的联姻。在当代中国，深圳是一个孕育、产生改革开放新观念的地方，由此而起的"时间就是金钱，效率就是生命"和"实干兴邦、空谈误国"等新观念曾风靡一时。作为一个年轻的城市，深圳在不同的发展阶段，以不同的方式表达着对文化的渴求和重视。从20世纪80年代起，深圳就强调了经济和文化犹如"鸟之双翼，车之两轮"；90年代，深圳宣扬"文化是城市的神，经济是城市的形，两者只有协调发展，城市才能形神兼备"。21世纪初，深圳人又提出了要实施"文化立市"战略。或许，这个概念并不新鲜，据说巴塞罗那、台北等城市就曾亮出这面旗帜，新加坡则提出

"以文化再造新加坡",而数年前广东省社科界就曾为深圳酝酿过这一对策。如今,它的提出虽称不上振聋发聩,也说不上千呼万唤,但对志在建设有中国特色、中国风格、中国气派的国际化城市的深圳而言,具有重要的现实意义和深远的历史意义。

二

黑格尔说"存在就是合理的",这种合理性就是其必然性。任何观念形态都是在一定的社会历史条件下形成的,深圳的文化,因其独特的人文环境而有一个特殊的发展过程。这个区域曾经有6000多年的人类活动史、1700多年的郡县史、600多年的南头城和大鹏所城史、300多年的客家人移民史、100多年的痛失香港史⋯⋯同时,深圳又是一座年轻的城市,1979年3月撤县建市,1980年8月成立经济特区,曾被誉为"一夜之城"。从这个角度,皇城根下的居民调侃道:"北京的每一道城墙都比深圳古老。"中原的老乡揶揄说:"在我们乡下的猪圈里,随便捡一块砖头都能进你们的博物馆。"这不一定是无知,无论如何,深圳告别农业文明走向工业文明,成为真正意义上的城市的确只有20余年的历史。此间,深圳的GDP年均增长28.3%,外贸出口年均增长38.5%,跻身全国大中城市的前列。到2005年,深圳一年就创造了接近5000个亿的GDP,每天要产生3亿人民币以上的税收,产生3亿美元以上的出口,这座城市无论在人口数量还是经济总量上,都在实现超常规的剧增。然而,就在城市化急剧嬗变的过程中,深圳逐步感受到高速发展后的虚悸。它首先来自于管理水平的缺位,继而来自于各种人才的匮乏,进而来自于科教水平的制约,最后来自于文化底蕴的不足和文化实力的薄弱。

同时,随着深圳经济实力的增强,人民生活水平的提高,人们对文化的消费逐步进入了一个旺盛期，人民群众的精神文化需要日益增长。因而，深圳的决策者和所有的深圳人都不得不面对一个老生常谈而又历久弥新的话题——文化。文化是一座城市的内涵，是一个地区的底气，只有积极发展文化事业与文化产业，大力振兴科学教育，不断提高人口素质，深圳才有可持续发展的后劲。所以，实施"文化立市"战略，是深圳自身发展的客观需要，是深圳别无选择的战略抉择。

三

阿基米德说："给我一个支点，我将撬动整个地球。"文化作为一个支点，又是如何使一座城市"立"起来的呢？

脑子里闪过了那个千年古都西安，一想到她，我就想起了古城墙、兵马俑、秦腔、羊肉泡馍，还有张艺谋的电影《英雄》中那震天撼地的呼声"风、风、风"，以及凛冽朔风中幡旗上的那个"秦"字。倘若没有了这些，而只有现在西安城内成片成片的后现代建筑，昔日的长安名城大概也就是贾平凹笔下的"废都"了。建筑是凝固的音乐，但没有文化品位的建筑只能是"噪音"。同样地，一座城市归根到底不是由钢筋水泥的大厦、立体交叉的路网、繁复多变的绿化带或喷水池构成的，城市的魅力在于它的文化，文化张扬着城市的个性。中国城市规划设计研究总院的杨保国先生在银川考察西夏故宫时，发现地下的瓦片都被敲碎了。当地人说，当年西夏的文明程度几乎赶上了宋朝，也创造了比较灿烂的文化，可是最后西夏的"党项族"居然被灭掉了。原因是当时的蒙古族头领成吉思汗临终时嘱咐儿子，一定要把这个民族给灭了。后来蒙古人打下了西夏，觉得把"党项族"的人全部杀掉是解决不了问题的，只要他们的文化传承下来，这个民族就灭不掉。因而不杀人，只要把他们的文化灭掉，没有文化载体，这个民族实际上就不存在了。所以就从灭掉物质文化开始，首先语言不许用了，现在的西夏文字是非常罕见的。音乐不许演奏，服饰不许穿戴，民俗礼节通通禁止，寺庙、塔也毁掉，连所有的瓦片都敲碎，这个民族的人找不到凝聚的文化，就改变了民族性。这就说明，一个民族、一个地区如果没有自己的文化，也就没有了根。

文化是城市的神，经济是城市的形，两者只有协调发展，城市才能形神兼备。巴黎、伦敦、纽约、东京之所以成为国际公认的大都会，首先不在于它们的大，而在于它们文化上的包容与渊博。同时，文化能动地反映并积极地作用于经济和政治，促进经济、政治的稳定发展。文化还通过意识形态形成对社会制度的建构，引导城市发展的方向，我们不妨看看在国际舞台上又客串了一回主角的伊拉克，其石油储量全球第七、中东第四，近几年更成了世界第二大石油输出国。但伊拉克的经济发展和人民生活水平却远远落后于其邻国科威特和沙特阿拉伯。卖石油的钱都到哪儿去了呢？可见文化对经济的反作用是如何的巨大。从这个意义上讲，文化是一座城市最基本的支点。

深圳人屡创奇迹，一不留神儿，最近又有人攀上了珠穆朗玛峰之巅。那位"行不惊人誓不休"的万科股份有限公司董事长王石，在接受记者采访时，坦述了他们登上珠峰8650米的"第二台阶"时的一些"非常非常恐惧"的情景，那里有狂风暴雪、高山缺氧、冻伤、雪盲、滑坠、脱水，个别人在极度惊恐下甚至出现了小便失禁，但最后他们登顶成功了。靠的是什么？热爱、追求、毅力。一个人在向上登攀的时候是如此，一座城市在向前发展的进程中，同样需要精神的动力。而文化的作用就是引导、规范、激励和提升人的行为方式和精神境界，实现人的全面发展。文化发展通过对社会共同理想的确立，把社会发展的内在要求转化成为动员和组织人民群众为理想而奋斗的精神力量。深圳人都知道有一个"深圳精神"，现在经过重新归纳后将其定义为"开拓创新，诚信守法，务实高效，团结奉献"。更为具象的是深圳市委门口的那头"开荒牛"，它不是这座城市的生命图腾，却是这座城市的精神注解。20世纪80年代初，广州美术学院教授、著名雕塑家潘鹤先生应深圳市委之邀，精心创作了这座雕塑，起名"孺子牛"。这座雕塑旨在激励深圳的干部"横眉冷对千夫指，俯首甘为孺子牛"，"孺子牛"这三个字便镂刻在雕像的底座。但在随后的岁月里，人们都称它为"开荒牛"或"拓荒牛"，并逐渐成了一种约定俗成的称谓，因为开拓创新、敢闯敢试更适合深圳的精神气质。谁都不敢想象，如果没有当初的那么一股精、气、神，这座城市在短短的20多年间如何能够崛起。

精神动力是一个方面，智力支持是另一个方面，它们都凸显了文化对城市的支撑力。西方学者英格尔斯说："在任何社会、任何时代，人都是现代化进程的基本因素。只有国民在心理和行为上都发生了转变，形成了现代的人格，现代的政治、经济和机构中的行政人员都获得了人格的现代化，这个社会才能称得上是真正的现代社会。"人的素质，包括人的思想道德素质、科学文化素质和身心健康素质在内的综合素质，直接影响到一个地区、一座城市社会经济的发展。全国现在有大大小小4000多座城市，"集资"这个概念我们耳熟能详，而"集智"这个概念在由为数不多的几个沿海城市提出时，却多少有点使人耳目一新。"集资"比"集智"直接，金钱比知识炫目，但人才和知识的基础性作用是毋庸置疑的。在这个意义上，斯宾格勒说："城市是才智。"显然，决定城市发展的终极因素是人，而城市发展的根本目的也是为了人，尤其是在城市现代化的进程中，人才的汇聚、科教的水平、市民的素质是更具决定性的因素。心高气傲的英格兰人当年曾说"宁可放弃一个印度，也不能失去莎士比亚",这也算是一种文化的眼光与胸怀吧。

文化在一座城市中还体现为人文环境,而人文环境与生态环境一样,都是城市整体环境包括投资环境的重要组成部分。人文环境以思想观念、社会价值体系为内核,以各种文化设施、文化活动、文化成果、文化氛围为外部形态。能否以人为本,以民为先,形成良好的人文环境,对于城市社会经济的发展意义深远。绝大部分的深圳人不同程度地正在实现从移民到市民的转变,城市的凝聚力来自于市民对城市文化的认同,在此基础上,人们才能构筑"精神的家园"。再换一个角度,从深层次上讲,如果一座城市的民风不正,诚信丧失,海内外的客商会望而却步。从表层次上看,如果一座城市没有必要的文化科教设施和比较丰富的文化娱乐生活,投资者也将裹足不前。

文化是推动城市社会生产力发展的核心要素。首先,文化和经济、政治相互交融,知识经济实际上是文化经济。包括科技、信息和人才在内的文化因素,正取代自然资源和物质资本,成为决定经济发展潜力和后劲的最重要因素。经济发展越来越依赖于科技创新和人才素质的提高,经济资源越来越向拥有文化优势的城市聚集。其次,在市场竞争日益加剧的今天,文化内涵直接决定着产品的价值,产品中注入的文化内涵越多,品牌的文化含量越大,产品的附加值越高,竞争力就越强,市场占有率就越大。凡是成功的企业,都注意用文化来提高产品的竞争力,通过生产引领时尚潮流的高文化含量产品,拓展市场空间,赚取高额利润。再次,文化产业是城市经济发展的新增长点,对优化产业结构有直接的作用。文化产业的崛起,是当今文化发展的一个世界性趋势,是经济文化加速融合的直接体现,文化产业与国民经济中的其他行业存在着种种联系,其发展会在国民经济体系中产生波及效应。文化产业属于第三产业的范畴,对土地和能源的要求都不大,而且大多是高科技含量、高知识含量和高附加值的产业。文化产业的发展，既可以促进经济、科技与文化的进一步融合，又可以大幅度地提高第三产业的比重，完全符合深圳经济发展趋势，适宜深圳经济发展的环境，将会促进深圳产业结构的调整，成为深圳经济的新增长点。

最后，让我们再看看文化在一座城市现代化进程中的作用。中国人在经历了数千年的农耕文明以后，梦寐以求地追寻小康乃至大同社会，在此过程中又必然地要经历农业化、工业化、现代化。目前，深圳城市发展的目标定位是建设国际化城市，纵观世界，无论是纽约、巴黎、伦敦，还是洛杉矶、法兰克福、东京，没有任何一个现代化的国际性城市不是经济发达、文化繁荣之地。虽然正如对现代化城市的理解有所不同一样，国内外理论界对国际化城市也有不同的诠释，有不同的衡量体系，但其共同点是既涉及经济科技指标，也包含社会文化指标，如城市的恩格尔系数、基尼系数、人均受教育程度、文化娱乐消费支出比重、对外文化交流情况等。西方学者彼德·霍尔1984年在《世界城市》一书中，提出了衡量国际化城市的七条标准，其中便包括了三项文化方面的标准，一是各类专业人才聚集，有众多的大学、图书馆、博物馆、文化艺术机构；二是信息传播快捷，有发达的新闻出版和广播电视业，并具有较强辐射力；三是娱乐业兴盛，成为重要的产业。我国部分专家学者综合了国内外有关国际化城市标准的研究，将其中关于文化的标准概况为："应该拥有具有国际水准的科技、文化、教育设施和研究机构以及相应的人才优势，在国际上有很强的文化辐射力和吸引力，是新技术、新思想层出不穷的地方，并凭借这种优势开展广泛的经济文化交流。"当今世界，城市与城市间的竞争归根到底是文化的竞争，文化是城市综合实力的重要标志，是城市竞争力的重要组成部分。深圳要成为现代化国际性城市，不仅取决于城市的经济规模，更取决于城市的文化实力。

　　20世纪60年代，余英时先生说，香港是个"文化沙漠"，港人哗然。80年代，有人张冠李戴地将这顶帽子甩给了深圳，也引起了深圳人尤其是深圳文化人的困惑与不安。二十多年来，深圳文化建设成就斐然，大家有目共睹。但我们不必急于为自己作"文化绿洲"的彩绘。十年树木，百年树人，文化的积淀有一个较长的历史过程，文化的升华有一个厚积薄发的周期。实施"文化立市"战略，关注文化，重视文化，建设文化，无疑是使深圳文化之木蔚然成林的契机。

"文化立市"战略刍议*

当今世界，以文化论输赢，以文化比高低，关注文化、重视文化、发展文化已经成为历史性的潮流。诚如美国学者塞缪尔·亨廷顿在《再论文明的冲突》中写道："21 世纪是作为文化的世纪开始的……文化成为解释人类的社会、政治和经济行为最重要的因素。"近两年，深圳市委提出要实施"文化立市"战略，实现"文化强市"目标，这标志着深圳文化发展将进入一个崭新的时代，对深圳以提高国际竞争力为核心，努力建设有中国特色、中国风格、中国气派的国际化城市，具有重要的现实意义和深远的历史意义。

一 "文化立市"战略的提出

自从城市出现以后，文化发展一直是与城市发展相依相随的。任何一座城市的历史，既是它的经济发展史，也是它的文化发展史。雅典作为城市的发祥地，反映了公元前 500—前 400 年间的文明观，佛罗伦萨、伦敦、维也纳、巴黎和柏林促成了艺术和科学的繁盛。第一个工业城市曼彻斯特是 1760—1830 年间工业文明的熔炉，洛杉矶和孟菲斯促进了 20 世纪人文艺术和

---

* 本文原载于 2004 年 2 月 16 日《深圳特区报》，编入本书时作了修改。

工业技术的联姻。

对深圳而言，"文化立市"作为一个概念的酝酿和提出由来已久。这座城市在不同的发展阶段，以不同的方式表达着对文化的渴求和重视。从20世纪80年代起，深圳就强调"两个文明"犹如"鸟之双翼，车之两轮"；90年代，深圳提出"经济是城市的形，文化是城市的神，两者只有协调发展，城市才能形神兼备"。

1999年初，时任广东省委书记的李长春同志，提出了"要把深圳建设成为有中国特色社会主义和率先基本实现现代化示范市"的构想，指示广东省有关部门和深圳市一起就这个问题展开专门的调查研究。为此，广东省委宣传部、广东省社科院和深圳市有关部门一起组织了调研组，进行了大半年的研究，并在此基础上撰写了主报告和几个分报告。同年8月，广东省委、省政府在深圳召开了"全省经济特区和珠江三角洲改革开放工作座谈会"。会上，调研组的同志汇报了研究成果，其中文化分报告《塑造"大鹏展翅"的现代城市文化形象》明确地提出了深圳"必须确立文化立市的战略思想"。报告写道："深圳是建设中的区域经济中心城市，经济中心城市的主要内涵虽然是指向经济状况和经济活动的，但它的建设需要有观念文化的指导，科技文化的推动，以及艺术文化提供氛围与张力。"报告还专门对此作了注解：我们认为，深圳提"科技兴市"仍然不够，无论是科技创新还是认识创新，都需要以文化为基础，文化是现代化的深层内容，而"立"比"兴"更加突出了文化实力的重要基础地位。

"文化立市"作为一个战略在深圳确立并实施，是在2003年1月召开的深圳市委三届六次全会上，会议根据党的十六大精神，在进一步明确深圳经济特区的目标定位和发展思路时指出：要确立"文化立市"的战略，树立"文化经济"的理念，把深圳建设成为高品位的文化和生态城市。同年 12 月召开的市委三届八次全会，进一步明确了要坚定地实施"文化立市"战略。

任何观念形态都是在一定的社会历史条件下形成的。党的十六大在规划我国全面建设小康社会的宏伟蓝图时，进一步确立了社会主义文化的战略地位。广东省委、省政府于 2003 年 9 月召开了全省文化大省建设工作会议，要求"深圳要依托对外开放和体制创新示范区的优势，加快建设文化强市"。这为深圳实施"文化立市"战略创造了"天时"；深圳建设国际化城市的内在需要和综合资源，构成了实施"文化立市"战略的"地利"；深圳决策层对文化的重视，社会各界对文化的期盼，有关方面对文化的实践，又形成了"文化立市"的"人和"。

深圳是一座年轻的城市，她告别农业文明走向工业文明，成为真正意义上的城市，也只有二十余年的历史。这座城市无论在人口数量还是经济总量上，都在实现超常规的剧增。然而，在城市化急剧嬗变的过程中，深圳逐步感受到经济社会高速发展后的虚悸，这种后劲乏力首先来自于管理水平的缺位，继而来自于各种人才的匮乏，进而来自于科教水平的制约，最后来自于文化底蕴的不足和文化实力的薄弱。同时，深圳现在人均GDP 已超过了 5500 美元，市民对文化的消费逐步进入一个旺盛期，人民群众的精神文化需要日益增长。所以，深圳实施"文化立市"战略，与其说是一种顺势而为的抉择，不如说是一种内在需求的驱动。而在经济、文化全球化的大背景下，深圳市委、市政府高度重视文化建设，社会各界对文化重要性的认识不断深化，为实施"文化立市"战略提供契机。

近几年来，深圳市委、市政府领导亲自研究和部署文化工作，并组织市宣传文化和体制改革等方面的同志，对深圳文化发展的脉络进行了梳理，对经验进行了总结，对实践进行了提炼，对未来进行了筹划，有关方面研究制订了深圳市文化体制改革与文化产业发展的总体方案，并召开全市"文化立市"工作会议。同时，深圳对文化信息的采集和文化理论的研究也空前活跃，作为其标志之一的深圳文化史上首部《深圳文化蓝皮书》赫然问世。在此过程中，"文化立市"战略的重新酝酿、积极推出，得到了全市文化工作决策层、社科理论工作者和实际工作者的广泛认同，市委、市政府主要领导多次研究，亲自拍板，使"文化立市"战路在一个适当的时机、以适当的方式出现，对深圳今后的发展意义殊深。

二 "文化立市"战略的内涵

"文化立市"中的"文化"概念，是一般意义上的文化，是指除物质活动和政治法律以外的人类各种精神活动及其成果，它涵盖了文化、科学、教育、卫生、体育、新闻出版、社会科学、文学艺术甚至更广的领域。这种深邃的内涵与广阔的外延，显示了文化在城市中的基础性地位。阿基米德说："给我一个支点，我将撬动整个地球。"文化作为支点，又是如何使一座城市立起来的呢？

文化是城市的神，经济是城市的形，两者只有协调发展，城市才能形神兼备。在知识经济日益发展的今天，文化底蕴、文化氛围、文化素质在城市中的作用越来越凸显，文化张扬着城市的个性。建筑是凝固的音乐，但没有文化品位的建筑只能是"噪音"。同样地，一座城市归根到底不是由钢筋水泥的大厦、立体交叉的路网和繁复多变的绿化带或喷水池构成的，一座城市的真正魅力在于它的文化。巴黎、伦敦、纽约、东京这些大城市之所以成为国际公认的大都会，首先不在于它们的大，而在于它们文化上的包容与渊博。同时，文化是城市的社会价值，是城市发展的导向。文化能动地反映并积极地作用于经济和政治，促进经济、政治的稳定发展。文化还通过意识形态形成对社会制度的建构，引导城市发展的方向，如有中国特色、中国风格、中国气派的国际化城市，便是深圳当前最重要的价值取向。从这个意义上讲，文化是一座城市最基本的支点。

文化的发展为城市提供精神动力与智力支持。决定城市发展的终极因素是人，而城市发展的根本目的也是为了人。西方学者英格尔斯说："在任何社会、任何时代，人都是现代化进程的基本因素。只有国民在心理和行为上都发生了转变，形成了现代的人格，现代的政治、经济和机构中的行政人员都获得了人格的现代化，这个社会才能称得上是真正的现代社会。"人的素质，包括人的思想道德素质、科学文化素质和身心健康素质在内的综合素质，直接影响到一个地区、一座城市社会经济的发展。文化的作用就是引导、规范、激励和提升人的行为方式和精神境界，实现人的全面发展。文化发展通过对社会共同理想的确立，把社会发展的内在要求转化为广大人民群众的奋斗目标，使文化成为动员和组织人民群众为理想而奋斗的精神力量。深圳的崛起，靠的是开拓创新、诚信守法、务实高效、团结奉献的深圳精神，这是深圳高速发展的强大精神动力。同时，城市的迅速发展，尤其是现代化进程的不断加快，需要大量人才的集聚。而人才的培养和人的素质的提高，又依赖于教育文化的支持。城市的现代化进程，不仅要"集资"，而且要"集智"，没有智力基础，城市将失去最基本的支撑。

人文环境与生态环境一样，都是城市环境包括投资环境的重要组成部分。人文环境以思想观念、社会价值体系以及人的素质为内核，以各种文化设施、文化活动、文化成果、文化氛围为外部形态，能否以人为本，以民为先，形成良好的人文环境，对于社会经济的发展意义深远。从深层次上讲，如果一座城市的党风、政风、民风不正，诚信丧失，海内外客商就会望而却步。从表层次上说，如果一座城市没有必要的文化教科设施和比较丰富的文化娱乐生活，投资者也会裹足不前。概而言之，文化作为一种"软环境"，已经成为一座城市现代化和国际化的重要条件。

文化是城市综合实力的重要标志，是城市竞争力的重要组成部分。目前，深圳城市发展的目标定位是建设国际化城市，纵观世界，无论是纽约、巴黎、伦敦，还是洛杉矶、法兰克福、东京，没有任何一个现代化的国际性城市不是经济发达、文化繁荣之地。国际化城市有一个衡量体系，其中有许多经济科技指标，也有许多社会文化指标，如城市的恩格尔系数、基尼系数、人均购书量、人均绿化面积，乃至文化经济或"文化工业"的产值等。西方学者彼德·霍尔在《世界城市》一书中，提出了衡量国际化城市的七条标准，其中便包括了三项文化方面的标准，一是各类专业人才聚集，有众多的大学、图书馆、博物馆、文化艺术机构；二是信息传播快捷，有发达的新闻出版和广播电视业，并具有较强辐射力；三是娱乐业兴盛，成为重要的产业。我国部分专家学者综合了国内外有关国际化城市标准的研究，将其中关于文化的标准概况为："应该拥有具有国际水准的科技、文化、教育设施和研究机构以及相应的人才优势，在国际上有很强的文化辐射力和吸引力，是新技术、新思想层出不穷的地方，并凭借这种优势开展广泛的经济文化交流。"当今世界，城市与城市间的竞争归根到底是文化的竞争，深圳要成为现代化国际性城市，不仅取决于城市的经济规模，而且取决于城市的文化实力。

文化是推动城市社会生产力发展的核心要素。首先，文化和经济、政治相互交融，知识经济实际上是文化经济。包括科技、信息和人才在内的文化因素，正取代自然资源和物质资本，成为决定经济发展潜力和后劲的最重要因素。经济发展越来越依赖于科技创新和人才素质的提高，经济资源越来越向拥有文化优势的城市聚集。其次，在市场竞争日益加剧的今天，文化内涵直接决定着产品的价值，产品中注入的文化内涵越多，品牌的文化含量越大，产品的附加值越高，竞争力就越强，市场占有率就越大。凡是成功的企业，都注意用文化来提高产品的竞争力，通过生产引领时尚潮流的高文化含量产品，拓展市场空间，赚取高额利润。再次，文化产业是城市经济发展的新增长点。文化产业的崛起，是当今文化发展的一个世界性趋势，是经济文化加速融合的直接体现，文化产业与国民经济中的其他行业存在着种种联系，其发展会在国民经济体系中产生波及效应。从深圳的情况看，经过 20 多年的建设，其经济实力不断壮大。至 2003 年底，全市国内生产总值达到 2800 亿元，地方预算内财政收入达到 288 亿元，工业总产值达到 5100 亿元。深圳经济腾飞的过程，实际上也是产业结构不断调整和完善的过程。2002 年，深圳第三产业完成增加值 985.72 亿元，三大产业的比例是 0.8：55.2：44.0。文化产业属于第三产业的范畴，而且大多是高科技含量、高知识含量和高附加值的产业，文化产业的发展，既可以促进经济、科技与文化的进一步融合，又可以大幅度地提高第三产业的比重，完全符合深圳经济发展趋势，适宜深圳经济发展的环境，将会促进深圳产业结构的调整，成为深圳经济的新增长点。

三 实施"文化立市"战略，实现"文化强市"目标的对策

深圳实施"文化立市"战略的直接目标，是完成广东省委、省政府提出的任务，建设"文化强市"。"文化强市"的标准是什么？总的来讲，是其各项文化指标在全国大中城市中居

于前列。具体地说，可以从八个方面来体现：一是城市有比较高尚的文化品位与正确的文化导向；二是城市有比较良好的文化机制与文化氛围；三是城市居民有比较高的思想道德与科学文化素质；四是城市有比较完善的文化科教设施；五是城市有比较高水平的文化团体、文化活动和文化成果；六是城市有比较繁荣的文化市场和发达的文化产业；七是城市市民能够比较充分地享受文化权益；八是城市有比较强的文化辐射力。那么，深圳又要如何通过实施"文化立市"战略来实现这一目标呢？创新是深圳的灵魂和永恒主题，深圳要努力做好五个方面的创新。

1. 观念创新

任何一场社会变革都是从观念革命开始的，要充分认识文化在城市现代化进程中的作用以及文化在城市发展中的基础性地位。要坚持全面科学的发展观，明确文化发展既是全面建设小康社会的重要保证，也是全面建设小康社会的重要内容。更重要的是，要把各种先进的文化观念法治化，逐步形成有利于文化发展的政策体系和法规体系。目前，要研究、制订《深圳市文化发展的五年计划（2004—2008 年）与 2015 年的远景目标》，明确今后全市文化发展的指导思想、奋斗目标、发展战略、实施步骤与工作举措。同时，要加强文化立法，在修订、完善原有的文化条例的基础上，制订并推出新的文化政策，如文化产业政策、公共文化设施管理条例，等等。

2. 机制创新

文化的发展，机制是关键。目前，深圳文化体制与社会主义市场经济体制和对外开放的要求不相适应的矛盾仍然突出，如文化生产能力不足、文化资源大量闲置、文化活力没有充分激发、文化市场没有充分拓展等。深圳要以深化改革为突破口，破除束缚文化生产力发展的体制性障碍。要大力实施《深圳市文化体制改革与文化产业发展的总体方案》，在文化管理体制改革、文化事业单位改革、投融资体制改革等方面争取突破。逐步实现政府管理部门的职能从"办文化"向"管文化"和"服务文化"转变，从以管理政府文化机构及设施为主向管理和服务社会文化为主转变，从以行政手段为主向以经济手段、法律手段为主转变，从以直接管理为主向以间接管理为主转变。要努力理顺"三种关系"，实现分类指导和管理，要根据文化单位的性质与功能，把文化企事业单位划分为三种不同的类型，即公益性文化事业、经营性文化产业和介于二者之间的准公益性文化单位三类，实施不同的文化政策。对公益性文化事业的重点是加大投入、转换机制、增强活力、改善服务，促进事业繁荣；对准公益性文化单位，要兼顾两个效益，调动两个积极性，适当扶持，引导发展；对营业性文化产业的重点是创新体制、转换机制、面向市场、增强活力、促进产业发展。要不断拓宽文化投融资渠道，从而逐步打破长期以来"政府在经济领域采取理智的市场经济姿态，而在文化领域采用旧的计划经济姿态"的状况。

3. 产业创新

文化产业作为当代人类社会新的财富创造形态及其所产生的巨大乘数效应，正日益引起世人的关注。到 2002 年底，按照"小文化"的概念（即文化娱乐、广播电视、新闻出版、印刷业和旅游业中的文艺演出部分），深圳文化产业增加值总量规模约为 55 亿元，约占全市 GDP 的 2.5%，高于全国 1% 的平均水平，低于世界上一些发达国家，如美国是 10%、日本是 4.4%、澳大利亚是 3.6%，与上海市文化产业发展的水平大致相同（据《上海市文化产业发展蓝皮书》披露，上海市文化产业的增加值约占全市 GDP 的 2% 到 2.5%）。1997 年，深圳市有关方面作过一个粗略统计，当年全市 GDP 为 1130 亿元，文化产业增加值总量规模为 20 亿元左右，约占全市 GDP 的 1.7%。以此推算，1997 年至 2002 年，深圳市文化产业年均增长 22.42%，这种增长速度高于同期全市 GDP14.5% 的年均增幅。如果按照这种增长速度，到 2010 年，深圳市文化产业增加值的总量规模估计能达到全市 GDP 的 4% 左右。这种发展速度和产业规模，在国内来说，已经相当可观了，但距离文化产业的增加值要达到或超过全市 GDP 的 10%，从而成为支柱性产业的目标，仍然有较长的路要走。因此，深圳文化产业的发展必须寄希望于实现超常规的发展。而实现这种超常规发展的突破口就在于调整文化产业的内部结构。第一，不仅要依赖文娱、广电、报刊、印刷、演出等传统行业，而且要结合深圳的特点，注意发展高科技含量、高知识含量、高附加值的文化行业，如文化信息业、文化制造业、文化娱乐业。同时，要注意物流、商贸、旅游等现代服务业与文化产业的相互渗透，大力发展会展业、广告业、设计业等。第二，提高文化竞争力的关键是增强文化的原创力，要重视原创性文化产品的生产，不要停留在改编、移植或模仿阶段，要注重本地文化产品的原创性、时代性、特殊性，这就如同高新科技发展中要掌握拥有自主知识产权的核心技术一样。第三，要以大型文化节庆和重大文化活动为载体，寻找文化产业发展的新途径。第四，要做大做强文化产业集团。

4. 精品创新

文化精品是城市文化的重要标识，它主要包括标志性的文化设施、标志性的文化成果和标志性的文化活动。深圳在加快福田中心区四大文化设施建设的基础上，要根据城市的布局和发展趋势逐步兴建新的文化设施，如整合深圳大学艺术系和艺术学校的资源，创办深圳艺术大学等。深圳要建立文化成果推陈出新的长效机制，继续在人才机制、资金保障机制、奖励机制、策划机制、评价机制等方面下功夫。深圳要在设立有标志性的文化活动方面采取措施，创办"文化产业博览交易会"和"深圳国际音乐节"等活动。同时，可根据深圳的城市气质与文化消费潮流，注意发挥优势，在流行音乐、歌曲创作、影视制作、摄影、水墨画、平面设计、现代工艺美术、服饰和装潢、音乐教学等领域不断推出新成果，形成深圳现代化的文化时尚。

5. 人才创新

市场经济的一个基本特征是实现人力资源的最佳配置，竞争的实质是人才的竞争，人才队伍是文化发展的核心要素。我们一是要加大高层次文化艺术人才引进力度，以优势产业集聚人才，以重点项目吸引人才，以合作方式招揽人才。二是要加快人才培养步伐，大力培养复合型人才、文化产业经营管理人才和文化艺术各类专门人才。从宣传文化基金中拨出专项经费，通过委托、定向培养、双向交流等多种途径，选派思想政治素质好、业务精的优秀人才，到国内外著名高校、研究机构和文化部门学习、进修，培养一批现代化的文化人才。通过与高校联合办学、集中短期培训和举办文化产业论坛等方式，培养一批营销策划、文化生产和经营管理人才。三是要加快建立新型人才使用机制与激励机制。实行文化产业经营人才和各类文化艺术人才有偿转让和自由流动政策，合理配置人才资源，优化人才组合。按劳分配与按生产要素分配相结合，有效利用人力资本，允许一些拥有特殊才能和自主知识产权的人才拥有文化企业股份。推行人才签约制度和绩效分配制度，并以效益评估的方式，对有突出贡献的经营管理人才和文化艺术专门人才予以重奖。

搭一个舞台，让城市闪亮登场

——文化节庆与深圳的选择

一

节庆是大众文化的重要形式或载体，是文化延续的节点，是文化积淀的结晶，是民俗民风民情的个性张扬。

传统节日，是民族优秀文化传统的遗产，是民族文化价值观和文化心理的集中表现。在中国，春节的辞旧迎新、祈福祝愿，清明节的缅怀凭吊、追思先人，端午节的天人合一、灵物和谐，中秋节的欢聚团圆、丰收吉庆，重阳节的尊老敬长、登高望远，都是国人一个个割舍不断的情结，包含着深刻的文化内涵。在国外，从圣诞节、复活节到感恩节、万圣节，也是多姿多彩。

纪念性节日，如三八、五一、六一、七一、八一、国庆等国家法定节日，大多是为了纪念历史上的某一重大事件而设的，带有浓重的政治色彩和历史意义，对开展爱国主义教育，增强民族的凝聚力和自豪感具有积极的作用。

此外，国内外很多城市为了推动经贸旅游发展、加强地区间的交流合作、打造城市文化品牌，纷纷举办各种节庆活动，节庆的形式和内容不断地繁衍，并被赋予了越来越多的现代意义和文化色彩。在国内，上海国际艺术节、哈尔滨冰雕节、大连国际服装节、长春电影节、潍坊风筝节、青岛啤酒节、吴桥国际杂技艺术节、南宁国际民歌节等，颇具规模和影响。在国外，德国"柏林国际电影节"、英国"爱丁堡国际艺术节"、美国"林肯中心艺术节"、加拿大"蒙特利尔电影节"、奥地利"维也纳艺术节"、巴西"里约热内卢狂欢节"等也独树一帜、深受欢迎。与深圳近在咫尺的香港，每年也定期举办"香港国际艺术节""香港国际电影节"和"香港电影金像奖"等近十个大型艺术节，这使人们对今日香港的文化发展刮目相看。

文化艺术节庆，有成功的范例，也有失败的教训。可见它作为一种文化载体，本身并不具备判断的价值，能体现其优劣的，是每个具体个案的形式、内容以及它的综合效益。总的来说，成功的节庆活动主要有以下作用：一是展示城市文化个性，提高城市文化品位，树立城市的文化形象。捷克布拉格之所以能一度当选"欧洲文化之都"，其重要原因除了文学上的成就以外，就在于举办了"布拉格之春国际音乐节""布拉格国际舞蹈节""布拉格国际爵士乐艺术节""德语戏剧节""莫扎特国际音乐节"等高品质的艺术节。奥地利萨尔茨堡的国际音乐节，使这座城市与莫扎特一样闻名。二是丰富城市文化生活，营造城市文化氛围，提高市民文化素质。如美国纽约每年常设性的艺术节多达30个以上，包括"林肯中心艺术节""大都会歌剧院艺术节""美东艺术节"等。纽约的百老汇差不多就是戏剧的同义词，据美国剧院及戏剧创作者协会的统计，百老汇的一个演出季节，观众超过八百万人次，票房收入近三亿美元。剧场演出的剧目，大多反映美国当代戏剧创作的最高水准，演出的形式大多为大型音乐歌舞剧。数十年来，形成了这么一句话："要看戏，去纽约。"这个世界经贸、商业、金融中心实际上也成为了文化艺术之都，使全球聚居在这里的移民为之骄傲，各国艺术爱好者为之而神往。同时，由于纽约的艺术节庆和艺术活动众多，市民耳濡目染，培养出越来越多的"艺术眼睛"和"音乐耳朵"，纽约市民欣赏水平之高也是颇具盛名的。三是促进经贸旅游的发展，使之成为社会经济发展的新增长点。法国戛纳国际电影节创造或带动的产业增加值，对该市 GDP 的贡献率据说高达 10%。美国格莱美音乐节，有全世界 175 个国家的 200 多家电视台转播，颁奖晚会有 20 亿观众观看，仅电视转播收入就达 32 亿美元。南非东部海角的 Grahamstown 曾是该国最贫困的高失业地区之一，自从举办"南非国家艺术节"以来，带动了各个行业的发展，使当地告别了贫穷。因此，在 2004 年南宁国际民歌节的"节庆文化与城市经济发展"的专题研讨会上，来自 10 个国家和地区的节庆活动组织代表、著名专家学者和政府官员达成共识：城市发展孕育节庆文化，节庆文化推动城市发展。

然而，失败的文化艺术节庆活动也不胜枚举，有的创办时轰轰烈烈，华冠云集，令人惊艳，但举办一两届后，便草草收场，销声匿迹，如昙花一现、过眼云烟；有的摊子铺得太大，花样玩得挺炫，但没有实际的内涵和文化品位，可谓金玉其外，败絮其中；有的由政府大包大揽，盲目投入，铺张浪费，损耗公共资源，浪费纳税人的钱，是可忍，孰不可忍；还有的动机不纯，行为不端，举节庆之名，行捞钱之实，四处"化缘"，到处拉广告，操办者中饱私囊，影响很坏。与此同时，我们国内也存在节庆活动过多过滥的现象，有些节庆内容令人"望名兴叹"，如"鬼文化节""粽子文化节""龙虾节""西瓜节""葡萄节""杨梅节""榨菜节""的士节"等，据说全国各地近些年兴办的各种文化节庆已超过了 5000 个。当然，我们不能据此就起诉节庆的"十宗罪"，节庆是无辜的，节庆是没有"原罪"的。作为一种载体，它仅仅为人们提供了一个平台，你可以从这里走向正极，也可以从这里走向负端。

2000 年，我曾率深圳调研组赴国内及欧美一些主要城市考察，专题研究"艺术节庆与城市发展"问题。当穿行于上海大剧院和维也纳金色大厅之间，游走在北京保利剧场和米兰斯卡拉歌剧院之间时，我对国内外各地举办文化艺术节庆的情况进行了分析比较，思考并归纳出举办文化艺术节庆的几点体会。其一，必须以市场供求为导向，以观众需求为动力。市场经济的基本要诀，就是要以市场为导向，充分发挥市场在资源配置中的关键性作用，社会主义市场经济也概莫例外。没有市场的文化艺术节庆、不受市民欢迎的文化艺术节庆，肯定是没有生命力的。必须避免以主观意志代替客观需求，以行政指令代替市场运作，以个人的爱好代替受众的喜恶。国内一些文化艺术节庆落魄或夭折的症结，往往就在于此。现在我们举办节庆活动的当务之急是政府转变观念，以市场需求为导向，以可持续发展为思路，把举办节庆活动变为经营节庆产业，探索"政府指导、企业经营、社会参与"的多元化办节模式，拓展资金筹措渠道，逐步实现市场化和产业化运作。其二，必须发掘本地文化资源，形成鲜明文化特色。不同城市有不同的文化资源，节庆的选择必须符合城市的文化气质，适宜城市的社会土壤，立足城市的综合资源。如中国的电影城长春举办国际电影节，刘三姐的故乡南宁举办国际民歌节，冰城哈尔滨举办冰雕节都不失为明智的选择。同时，特色就是优势，个性就是魅力。如由美国洛杉矶帕萨迪纳市一个居民社区创办的"玫瑰花车公主选拔"和"玫瑰花车游行"，便成为了全美最为盛大的节日之一，它的电视转播已经覆盖了世界很多地方，我国中央电视台也转播过这个节目。其三，必须开拓思路，锐意创新。一个好的节庆往往源于一个好的创意，而一个好的创意则建立在对国内外节庆的了解、对市场需求的判断、对本地文化资源的分析和对文化艺术规律的掌握上。创新并不是在节庆主题或活动形式上的标新立异,而是在节庆内涵和运作模式上的定位准确、富有创意。如欧洲各国几乎都有音乐节,但奥地利萨尔茨堡的国际音乐节,充分发挥当地是莫扎特故乡的优势,定位在乐坛一流、世界著名上,参演者以维也纳国立歌剧院和维也纳爱乐管弦乐团为主,邀请世界上著名的交响乐团、指挥家、演奏家、歌唱家演出,能够被邀请入列,绝对是音乐家最高的礼遇和荣耀。内容上以演出莫扎特的作品为特色,同时又包含了歌剧、话剧、音乐会、芭蕾舞和电影等。每年在7—9月份举办音乐节时,吸引着数以百万计的观众和游客,广受欢迎,音乐节与市民生活和城市发展融为一体,表明了主办者的创新性思维和创造性劳动。其四,必须注重公众性,提高参与度。节庆的特点就是通过特定的主题活动将公众聚集起来,分享和庆祝在社会生活中发生的重要事件。好的文化艺术节庆应该是举城共庆、万民同欢的"嘉年华",是公众文化生活的重要组成部分。反之,如果艺术节庆曲高和寡,仅仅是圈子内的艺术沙龙,大众文化成了小众文化,它就丧失了节庆的本义。其五,必须注重营销策略,建构良好的运作机制。美国洛杉矶的格莱美音乐颁奖活动,之所以能成为唱片行业中的奥斯卡,成为世界范围内最具影响力的音乐大奖之一,就在于它策略对路、机制完备。格莱美利用了美国是全球流行音乐中心、代表了流行音乐发展水平的优势,一方面树立权威性,颁奖典礼由具有广泛代表性的美国录音学会主办,该会是由众多资深音乐人组成的机构,已在美国各地设置了12个地区分会和一个制作人与工程师分会,目前会员超过万人。歌唱家、演奏家、词作者、作曲家、指挥家、摄影家、解说词作者以及音乐录像片制作人等15类专业人员均可申请担任评委,但只有那些至少已有6件作品出版发行的人才有资格担任此职,没有真才实学和对音乐事业缺乏执着追求的人一般是进不了评委会的。另一方面实现公正性,格莱美音乐奖的评选有一套十分严格的制度和程序，被推荐的作品必须选自当年，作品被推荐后，首先要经过来自音乐界各领域的150多名专家筛选和资格确认，而后进行分类，初选合格的作品要全部送交评委进行第一轮投票。但每个评委只能从其中挑选自己专精的9项进行投票，初评后的名单再交评委进行第二轮投票，每个评委除4个基本奖外，只能选择8个奖项进行投票。此外是它与媒体联姻，通过电视转播，不仅将格莱美原本刻板的颁奖仪式变成了丰富多彩的音乐节目，而且极大地提高了格莱美音乐奖的国际知名度。都说"细节决定命运"，再好的节庆创意，再可行的节庆方案，如果没有定位准确的营销策略和良好的运作机制，都会功亏一篑。而这个问题的本质，是要拥有一批既懂艺术规律，又懂经营的人才。

二

深圳需不需要举办一个大型的国际性艺术节庆？这是深圳在建设现代文化名城进程中的一个课题，也是深圳建设国际化城市所面临的抉择。

国内外正反两方面的经验，使深圳对此积极而又谨慎，而答案实际上已写在深圳通向未来的路标上。一座城市的文化能否对内形成认同，对外产生影响，关键在于是否形成了标志性的文化存在，包括标志性的文化设施、标志性的文艺精品以及标志性的文化活动。从深圳的情况看，前两者已具备了较好的基础，而标志性的文化活动仍捉襟见肘。在深圳，人们可以看到80年代兴建的"八大文化设施"（图书馆、博物馆、体育馆、科技馆、大剧院、电视台、深圳大学、新闻中心），90年代新建的"新八大文化设施"（深圳书城、关山月美术馆、何香凝美术馆、深圳特区报业大厦、商报大厦、画院、华夏艺术中心、体育场）。登临莲花山，眺望福田新中心区，人们还可以指点具有二十一世纪风范的音乐厅、中心图书馆、电视中心、青少年宫等刚刚矗立起来的标志性文化建筑。在国内，人们也熟悉"深圳制造"的文化精品和文化人才，如歌曲《春天的故事》《走进新时代》，电视剧《钢铁是怎样炼成的》，以及风靡一时的"钢琴王子"李云迪等。而深圳有什么具有全国影响的标志性文化活动呢？是前几年的"荔枝节"，还是近几年的"华侨城狂欢节"，人们多少还有点费思量。深圳以"文化立市"为发展战略，以建设国际化城市为目标定位，以建设高品位的文化与生态城市为追求。因此，我们不能想象一座高品位的国际化城市没有高水平的文化活动，没有高水平的艺术节庆，没有高格调的文化氛围。事实上，通过设立一个大型的国际性艺术节庆，整合深圳的各种文化资源，对深圳城市文化的发展，对文化产业的推动作用还是显而易见的。一是可以进一步提高深圳在海内外的知名度和美誉度。当我们跨出国门时，可以发现在国外尤其是在欧美各发达国家的民众中，深圳几乎还是"养在深闺人未识"。有一次出访美国，我们曾闹出如下笑话：同行的陈先生用英语问出租车司机："Do you know shenzhen?（你知道深圳吗？）"司机答："Yes，Yes，in chinatown.（知道，知道，在唐人街。）"而国际性的艺术节庆和广泛的对外文化交流，则是提高国际知名度的有效载体。同时，在国内，深圳曾被讥为"文化沙漠"，被称为"商业之城"，迄今在许多人的潜意识中，深圳是以高楼大厦、立体交叉路网为城市标识的，是以歌舞厅、卡拉OK为文化景观的。通过举办高水平的文化活动，可以展现20多年来深圳文化建设从量变到质变的渐进历程，展现今日深圳文化发展的成效和整体实力，以事实说明：深圳建设高品位的文化城市已不是梦。二是可以促进深圳文化体制改革和文化设施建设。大型的常设国际性艺术节庆的举办，往往是检验一个城市文化管理水平、组织运作能力和文化发展状况的重要标准，它必然对一个城市的文化艺术资源的培育以及对这些资源的优化配置提出很高的要求。通过举办艺术节庆，可以形成更为完善的文化艺术资源配置方式，促进深圳文化设施的建设和艺术力量的成长，如推动设立高等艺术院校。三是可以成为深圳区域性文化产业中心建设的重要内容。深圳已提出了使文化产业成为第四大支柱产业的目标，这就要求深圳文化产业应该寻找新的增长点，实现跨越式的发展。艺术节庆如果运作成功，借助市场经济规律进行产业化运作，强化融资、展示、交易和交流功能，发挥文化的有形和无形资产的作用，将形成具有巨大潜力的文化产业资源，成为深圳文化产业发展的一个重要载体。四是可以进一步丰富市民文化生活，提高市民文化素质。城市是一个具有高度聚集性的生存空间，它不仅要满足居民经济方面的需求，而且要满足文化方面的需求。随着市民生活水平和文化需求的不断提高，提供更多的文化活动空间，展演更多的优秀文艺节目，是营造城市人文氛围、活跃城市文化生活的重要内容。

罗马不是一天能建成的，但罗马必须一天一天地建设。深圳要构筑高品位文化城市和现代文化名城的瑰丽宫殿，就必须一砖一瓦地垒砌，就必须在举办大型国际性艺术节庆方面有所突破。搭一个舞台，让城市闪亮登场！

论文化产业能否成为
深圳的支柱产业？*

伴着新世纪的钟声，深圳的文化在历经烦嚣之后，开始了又一次出发。作为国内市场经济比较发达、市场体制比较完善的地区，面对着我国加入 WTO 的机遇与挑战，深圳的文化产业能否成为支柱产业？人们拭目以待。

一　关于文化产业的几个基本概念

现在是一个"泛文化"的时代，茶文化、酒文化、性文化、服饰文化、饮食文化、厕所文化……我们谈到文化的话题时，往往不得不先对文化的概念作一个界定。

据说各种辞书关于文化的定义有两百多种，广义上的文化是指人类在社会历史实践中所创造的物质财富和精神财富的总和。而通常我们所说的文化，在外延上又有"大文化""中文化"和"小文化"之分。所谓"大文化"涵盖了经济领域以外的范畴，包括政治意识形态、宗教、法律、文化艺术、新闻出版、广播电视、科学、教育、体育、旅游文化等；所谓"中文化"是指广播、影视、书报刊、音像、演艺、娱乐、艺术品等

＊ 本文原载于 2001 年 4 月 15 日《深圳特区报》，编入本书时作了修改。

行业及其相关的制造、服务业等产业群体；而所谓"小文化"是指以往文化局所辖的文娱、演艺、图书、文博等。这种划分方法是否科学规范还值得商榷，但在实践中，已经成为约定俗成的说法。在此必须申明的是，本文所指的文化概念，是个"中文化"的概念。

文化产业可以定义为从事文化产品的生产和经营的行业。其本质是一种经济行为，但其发展客观上能够满足人民群众不同层次的文化需求，促进文化艺术的繁荣与发展。我国现代意义上的文化产业已走过了 10 多年的历程。1984 年，国务院下发的关于产业统计的文件把文化列入第三产业，这在很长一段时间里成为文化单位开展经营性文化项目的理论支点，文化产业逐渐蝉蜕于"以文补文""多业助文"之中。九届人大二次会议的《政府工作报告》和《国民经济和社会发展计划草案的报告》，明确提出"推进文化、体育、非义务教育和非基本医疗保健的产业化"。到了 2000 年 10 月，党的十五届五中全会提出的《中共中央关于制定国民经济和社会发展第十个五年计划的建议》又明确提出要"完善文化产业政策，加强文化市场建设和管理，推动有关文化产业发展"。"文化产业"第一次被明确地写进了中央文件，在我国文化产业发展史上具有标志性的意义。

前不久，文化部政策司的王能宪同志在《人民日报》上发表了一篇文章《简论文化产业与文化的关系》，读后使人深受启发。它使人重新审视一些现在文化界耳熟能详的概念和提法。如人们通常所说的"文化要走产业化的道路""要实现文化的产业化"等。文化与文化产业是种属概念的关系，文化是属概念，其内涵和外延比文化产业更广；文化产业是种概念，它是指文化中可以用产业方式运作的那一部分。由于文化的性质所决定，文化中有一部分，如公众图书馆、博物馆等，在较长的历史条件下是不可以用产业方式运作的。在中国社会主义国家是这样，在西方许多发达的资本主义国家也如此。如美国政府就明确地将文化划分为营业性文化和非营业性文化，前者完全按市场规律运作，走产业化的道路。后者则予以扶持，除了对非营业性文化机构免征财产税（Property Tax）、销售税（Sales Tax）外，联邦、州和市三级政府都对有关文化机构予以资助（1998年资助金额约为10亿美元），如联邦政府对美国艺术基金会一年便资助9900万美元。因此，笼统地要求文化产业化，或者将文化事业与文化产业混为一谈，显然是有失偏颇的。

二　关于深圳文化产业发展的有利条件

发展文化产业也是我国实行改革开放政策的产物。在较长一段历史时期，尤其是在计划经济的年代，政府对文化事业往往只投入不产出，各地领导"一谈文化都说重要，一抓文化就叹没钱"，"勒紧裤腰带搞文化"成了豪言壮语，也成了一种意味深长的嘲讽。改革开放以来，特别是近十年来，文化产业迅猛发展，人们似乎一夜间惊讶地发现：文化不仅是"花钱的无底洞"，也是能赢取经济效益的"摇钱树"，发展文化产业日益显示出其必要性与可能性。

2000年10月，笔者到长沙参加第18届中国电视金鹰奖颁奖活动。湖南省广电厅按照"大变化、大竞争、大调整"的思路，剥离出电视行业中具有产业化功能的业务，聚合旗下6家电视传媒的广告经营权注入湖南电广传媒股份有限公司，该公司到2000年10月止，已经成了总资产30亿元、净资产20亿元的"中国传媒第一股"。电视"湘军"已经认识到了"传媒业是我国一个有着持续高速增长速度和高额稳定投资回报率的行业"。随后，笔者参加了第二届中国上海国际艺术节，观摩超大型室外景观剧《阿依达》，该剧动用了 3000 多人的庞大队伍，包括 500 人组成的合唱团、1000 人组成的巡游队伍、160 多人的交响乐队，甚至还包括了大象、骆驼、狮子、老虎等动物，规模空前，而更让我惊叹的是，现场观众达数万人，1500 元一张的场内票被订购一空，主办单位投资 1000 万元，演出两场后回收 1500 万元。上海国际艺术节开创了国家不拨款，政府不投资，运用市场化方式运作大型文化节庆活动的先河。

将文化产业发展为支柱产业是深圳经济、社会、文化发展的内在要求，也是深圳率先基本实现现代化的战略需要。较之国内各大城市，深圳发展文化产业应该说有较好的条件。

其一，深圳经济的快速发展，为文化产业的发展奠定了坚实的社会经济基础。经过 20 年的建设，深圳的综合经济实力已进入国内各大中城市中前列。1980 年至 2000 年，全市 GDP 年均增长 30.3%，2000 年 GDP 达 1665 亿元，居全国大中城市第四位，人均 GDP 达 4 万元，居第一位。这为文化产业的发展奠定了坚实的社会经济基础。同时，随着经济实力的增强，人民生活水平不断提高，城镇居民人均可支配收入已达 2.2 万元，居全国大中城市首位。恩格尔系数下降到 31.2%，人们的消费结构逐步发生质的变化，消费的重心逐步从衣食住行等基本物质需求转向对文化艺术等精神产品的追求，这无疑为深圳文化产业的发展提供了现实和潜在的市场。经济强势必然会带来文化强势，过去国内学术界对此曾忌讳莫深，最常援用的例证是美国的经济繁荣与文化颓落。今天，当我们面对着好莱坞"大片"席卷全球（美国电影的国内外票房收入占全世界的 74%），当我们目睹美国传媒覆盖大半个世界（美国控制了全世界 75% 的电视节目和 60% 以上的广播节目的生产与制作），我们不得不调整一下思路，从一定意义上讲，当今各个国家、各个地区的文化实力实际上是其经济实力的一种体现。

其二，深圳的文化市场已颇具规模，文化产业的主体框架已初步形成。目前，深圳的文化产业已初步形成了以新闻出版、广播电视、文化娱乐为三大先导的产业主体框架。

——新闻出版。1999 年，全市公开发行的报纸 12 家，期刊 33 家，全年出版报纸 56025 万份，杂志 2465 万册。报纸部分全年的经营收入 10.7 亿元（广告收入 84896 万元），利润 6189 万元，上缴利税 8023 万元。其中全国 7 家报业集团之一的深圳特区报业集团，总资产达 13.21 亿元，1999 年利税 8411 万元，广告额 4.52 亿元。出版业方面，深圳市 1999 年图书出版 342 种，总印数 379 万册，音像制品 272 个品种，发行 141 万片（盒）。图书批发零售市场投资额约 5500 万元，营业收入约 1.5 亿元。

——广播电视。深圳电视台、有线广播电视台和广播电台总资产达 8.25 亿元，1999 年经营收入 2.8 亿元（其中广告收入 21013 万元），全年利润 3698 万元，上缴利税 522 万元。

——文化娱乐。1999 年全市 6 个区文娱市场九大门类共有经营单位 3655 家，其中歌舞厅娱乐场所 832 家，电子游戏机室 161 家、桌球室 322 家、录像影场 730 家、录像租赁点 117 个、音像制品零售单位 190 家、书报刊零售点 714 个、书刊二级批发单位 29 个、字画拍卖行（含艺术品拍卖公司）3 家、文艺培训单位 11 家、电影放映场所 221 家，此外还有 1000 多家中餐厅附设卡拉 OK 厅。全市娱乐场所投资额约 26 亿元，营业收入约 20 亿，上缴利税 1.85 亿元。

其三，深圳文化产业发展的"软环境"相对较完善。文化产业所依赖的主要资源是知识资本。得益于毗邻港澳、处于中西方文化交汇处的区位优势和市场经济比较发达的特点，深圳发展文化产业的意识较早觉醒，实践比较先行，经验也相对丰富，加上已制订了一些文化法规，拥有了一批在文化产业方面的经营管理人才，只要政策、机制、市场等方面调整到位，蓄势而上的文化产业会进入良性循环的轨道。同时，就文化产业的特性而言，对高新技术具有较强的容载力和吸附力，产业中的广播影视、新闻出版、文化娱乐既能成为高科技成果的终端载体，亦能依托高新科技扩张自身的市场优势，深圳高新技术的迅猛发展，必然会为文化产业的发展提供有利的条件。

三　关于深圳文化产业发展所面临的主要问题及对策

到目前为止，深圳文化产业的地位尚未真正凸显。世界盖洛普组织 1999 年的最新一轮调查表明，中国十大城市居民的年文化娱乐消费与娱乐支出合在一起约占家庭总开支的 6.7%，名列 8 项总开支中的第 7 位，而储蓄率则高达 16%，仅次于 39.3% 的食物消费。据深圳市统计局的统计，1999 年深圳城镇居民人均消费性支出为 14754 元；另据有关方面的抽样调查，深圳城镇居民 1999 年在文娱休闲和教育方面的人均消费性支出约为 1180 元，约占 8%，远低于现代化要求的 20% 左右的标准。我们再综合有关数据匡算一下，1999 年深圳市文化产业（不含旅游、体育、教育）增加值的总量规模约在 35 亿元左右，加上区、镇一些未统计的项目，约占全市 GDP 的 2.5%（美国是 5.68%，我国上海市是 2%—3%），距离支柱产业的目标尚有一定的距离。

深圳文化产业的地位尚未凸显，原因很多，有外部条件的制约，也有内在因素的羁绊。我想，其中主要的原因应该有下述几方面，我们必须针对这些问题采取相应的措施。

1. 文化产业的观念仍未牢固树立。

如"文化是事业而不是产业""经济部门赚钱，文化部门花钱""经济搭台，文化唱戏"等说法仍颇有市场。很多人仍强调文化的事业属性，而忽视文化的产业作用，尚未充分认识到文化产业只有形成了一定的规模，才能在市场经济条件下生存与发展的道理。最近，有学者提醒我们："政府应该警惕在经济领域与文化领域的双轨制，也就是说，在经济建设领域采取理智的市场经济姿态，而在文化建设领域却采取旧的计划经济姿态。"由于观念滞后，有的同志在实际工作中存在"等、靠、要"的依赖思想，开展文化工作，动一下都指望着财政拨款。目前，国内各艺术表演团体的演出收入已占事业收入的60%—70%（《中国文化报》的统计则高达82.2%），深圳的艺术表演团体创收占总开支的比例仅有30%左右。对此，除了加强文化产业意识的宣传教育，使有关文化单位痛下决心走向市场外，更重要的是在政府宏观调控的推动下，以政策为导向，转换机制，推动文化产业上台阶，并由此带动观念的转变。

2. 文化政策与体制要进一步调整与理顺。

在这方面我市存在的主要问题：一是文化经济政策在总体上尚未跳出"事业"框架。经济特区建立20年来，各级党委和政府高度重视文化工作，对文化事业的投入逐年增加，文化经济优惠政策陆续出台，对促进深圳文化事业的发展起到了重要的作用，在一定的历史阶段中，这是非常必要的。但随着深圳文化建设已粗具规模，"造血功能"逐步加强，市场需求日益扩大，政府对文化的投入，要把握好"文化事业"与"文化产业"之间的界限，对属于政府资助的，如大型的公益性基础文化设施、文化艺术人才的培训与引进，公共图书馆、博物馆、高雅艺术等，要继续按计划按比例加大投入。对能够实现产业化的，要调整有关政策，逐步从财政支持向政策扶持转变，促其走向市场，形成良性循环。二是一些文化机构的产业化步伐仍然缓慢。目前，市委有关领导已经提出了重要的思路，在已经成立报业集团的基础上，进一步酝酿成立广播电影电视集团、新闻出版集团、文艺演出集团，实现"四个轮子一起转"，走集约化规模经营之路，这是深圳文化产业发展的战略性举措。但是，组建产业集团，是以资产为纽带、按市场导向进行资源优化配置的"强强联合"，是机制的转化与职能的转变，而绝不是拉郎配式的机构拼凑。

3. 文化消费市场的潜力亟待拓展。

当我们时常慨叹北京、上海等地艺术表演的票房"爆棚"的同时，不能不面对深圳文化消费市场的现实。到 2000 年底，深圳全市总人口为 433 万，其中户籍人口为 124.9 万，暂住人口为 308 万。而暂住人口中约 80% 是外来劳务工，真正有文化消费能力的人口不超过 200 万人。加上流动人口的因素，真正有文化消费能力的人口约为 300 万。据话剧界的人士称，话剧观众与城市人口的比例是千分之五，其他艺术门类的观众也大致如此。所以，现在深圳再好的高雅艺术演出，一般不可能超过 3 场（每场以 1200 人计），再轰动的通俗文艺演出一般不可能超过 2 场（每场以 2 万人计），如此小的市场规模，是制约深圳文化产业发展的一大问题。

但是，我们也应该看到，除了随着本市人口素质与消费水平的提高，市场能量可能会逐步释放外，深圳还面对着香港和珠江三角洲两大市场。1998 年，上海举办首届国际艺术节，其中仅日本宝塚 V 歌舞团的演出便为上海引来了 4000 名日本游客。由此可见，拓展外部市场是深圳文化产业发展的重要途径。香港有 600 多万人口，每年有 500 多万国际游客，深圳对外国游客还有 144 小时免签证的便利；珠江三角洲有 1000 万人口，高速公路网使城市间交通十分便利。"酒香不怕巷子深"，如果深圳的文化产业形成"品牌效应"，宣传推介及相关服务工作到位，加上有高水平、高效应的演出或文化项目，是可以吸引香港与珠三角的观众，形成一个广阔的"文化消费圈"的。同时深圳还可以通过举办国际艺术节等手段，寻求刺激文化产业加速发展的新增长点。如由戛纳国际电影节创造或带动的产业增加值已占本市 GDP 的 50% 以上。

再论文化产业能否成为
深圳的支柱产业*

当文化产业作为当代人类社会新的财富创造形态并产生巨大乘数效应的时候，文化产业已成为一个巨大的诱惑。"敢为天下先"的深圳，对将文化产业打造为本市国民经济的支柱产业跃跃欲试。或许，深圳作为我国对外开放的窗口和改革的实验地，作为国内市场经济比较发达、市场体制比较完善、文化产业起步较早的地区，提出并探讨这个命题是颇有意义的。

一

文化产业的概念是由英文 culture industry 翻译而来的，亦称"文化工业"或"文化经济"。德国学者阿多诺（Adorno）与霍克海穆（Hockheimer）在 1947 年出版的《启蒙的辩证法》一书中首先使用这一名词，该书于 20 世纪 80 年代从日本传入中国，随后逐步流传开来。根据联合国教科文组织的定义，文化产业是指按照工业化标准生产、再生产、储存及分配文化产品和服务的一系列活动。在我国，关于文化产业的内涵与外延的界定，一直有不同见解，目前应该说尚未达成完全的共识，但按照现

＊ 本文原载于 2005 年 1 月 17 日《深圳特区报》，编入本书时作了修改。

在国内比较权威的解释，文化产业一般是与公共文化事业相对应的概念，它可以定义为从事文化产品生产和提供文化服务的经营性行业。本文所指的文化产业范畴，主要是文化创意、新闻出版、广播电视、艺术娱乐，印刷复制、旅游业中的文艺表演部分等。

文化产业的崛起，是当今文化发展的一个世界性趋势，是经济文化加速融合的直接体现，是当今文化竞争、经济竞争和综合国力竞争的一个重要方面和新特点。文化产业借助高新科技手段，通过工业化生产和市场化运作，获得了高速发展的驱动力，产生了前所未有的影响力，在某种程度上甚至改变了社会生产方式和人们的生活方式。在这种大背景下，深圳对发展文化产业的抉择，与其说是大势所趋，不如说是客观需要。

深圳城市发展的目标定位是建设国际化城市，纵观世界，无论是纽约、巴黎、伦敦，还是洛杉矶、法兰克福、东京，没有任何一个现代化的国际性城市不是经济发达、文化繁荣之地。虽然人们对国际化城市也有不同的诠释和衡量体系，但其共同点都是既涉及经济科技指标，也包含社会文化指标，如城市的恩格尔系数、基尼系数、人均受教育程度、文化娱乐消费支出比重、对外文化交流情况等。西方学者彼德·霍尔1984年在《世界城市》一书中，提出了衡量国际化城市的七条标准，其中便包括了三项文化方面的标准：一是各类专业人才聚集，有众多的大学、图书馆、博物馆、文化艺术机构；二是信息传播快捷，有发达的新闻出版和广播电视业，并具有较强辐射力；三是娱乐业兴盛，成为重要的产业。我国部分专家学者综合了国内外有关国际化城市标准的研究，将其中关于文化的标准概况为："应该拥有具有国际水准的科技、文化、教育设施和研究机构以及相应的人才优势，在国际上有很强的文化辐射力和吸引力，是新技术、新思想层出不穷的地方，并凭借这种优势开展广泛与频繁的国际科技文化交流。"无论如何，深圳如果不大力发展文化事业与文化产业，实现文化繁荣，综合竞争力会大大下降，国际化城市也难以形成。同时，深圳作为对外开放的窗口，面对着经济与文化全球化的趋势，面对着日益激烈的国际竞争，如果没有一定的文化实力，也就无法与世界直接对话。

任何一座城市的历史，既是它的经济发展史，也是它的文化发展史。在经济基础与上层建筑、生产力与生产关系的相互促进和良性互动中，城市完成着它的一个又一个进程。当城市发展到一定程度时，便越来越感受到对文化的需求，这种需求应该是两方面的，一是城市必须通过提高文化品位、充实文化内涵来加快现代化的进程；二是城市必须大力发展文化事业和文化产业来满足人民群众日益增长的精神文化需要。尤其是像深圳这样的城市，人均收入逐步接近中等发达国家水平，人们对文化的消费逐步进入了一个旺盛期，城市的发展也正寻找新的突破口，文化的作用日益突出。

文化产业与国民经济中的其他行业存在着种种联系，其发展会在国民经济体系中产生波及效果。根据"克拉克定理"，随着一个国家和地区的经济发展和人均国民收入的增长，GDP中第一产业所占的比重会逐渐减少，第二、第三产业的比重会逐步提高。文化产业对土地和能源的要求都不大，而且大多是高科技含量、高知识含量和高附加值的产品，文化产业的发展，既可以促进经济、科技与文化的进一步融合，又可以大幅度地提高第三产业的比重，完全符合深圳经济发展趋势，适宜深圳经济发展的环境，将会促进深圳产业结构的调整，成为深圳经济的新增长点。

二

人类在物质生产和生活具备一定的条件以后,自然而然地会产生精神文化需求,这种需求促使了文化产品的诞生,文化产品的生产和流通又形成了文化产业。文化产业的发展需要具备一定的条件,而文化产业在一定的区域中要逐步发展成为支柱产业涉及多方面、多层次。从可能性来看,深圳在这方面具有较大的优势和巨大的潜力,突出体现在观念优势、资源优势和地缘优势等方面。

观念优势。任何一场社会革命首先都是从观念变革开始的。我国在较长一段历史时期,尤其是在实行计划经济的年代,政府对文化领域往往是只考虑投入,不注重产出,各地领导"一谈文化都说重要,一抓文化就叹没钱"。"文化搭台,经济唱戏",这种文化对经济的附庸关系也一直被强调。"抓经济是硬任务,抓文化是软功夫"的观念在一些领导干部的头脑中根深蒂固。"勒紧裤腰带搞文化"成了一句豪言壮语,也成了一种意味深长的嘲讽。20 世纪 80 年代以来,文化产业的迅猛发展,使人们对文化的产业功能刮目相看。美国文化产业增加值已占GDP 的 10% 左右,其中影视业已成为全美居于前列的创汇产业,可与航天航空业和现代电子业并驾齐驱。英国文化产业的年产值在 20 世纪 80 年代便已达到 170 亿美元,仅次于汽车工业,近几年文化产业发展的平均速度更是经济增长速度的两倍。在日本,仅文化娱乐业的经济收入,就与汽车工业的产值不相伯仲。不仅是发达国家文化产业发展的经验向人们展示了文化巨大的经济潜能,而且中国国内许多文化产业发展的实践也证明:文化不仅仅是"花钱的无底洞",也是能赢取巨大经济效益的"摇钱树"。根据国家新闻出版总署的统计,我国出版、报业集团中有 31 家进入我国企业 500 强。在深圳这块产生过"时间就是金钱，效率就是生命""实干兴邦，空谈误国"等新观念的热土上，文化的产业功能较早地被人们所认识，"文化经济"的理念较早地在部分有识之士中树立，社会资本较早进入文化领域，并取得了良好的效益。1980 年，深圳西丽湖畔便有了全国首家只允许外商进入的歌舞厅。80 年代中后期起，各种文化企业便如雨后春笋般在深圳涌现，如"博雅画廊"、深圳书店等。面向全国的"文稿拍卖"等创新性文化经营行为也引人瞩目。深圳"世界之窗"、民俗文化村等旅游景点分别成立了五洲艺术团和锦绣中华艺术团，他们以"大投入、大制作、大产出"为理念的大型文艺演出和广场表演也风靡一时。今天看来，这些行为虽然还主要停留在自发的发展阶段，缺乏政府部门的宏观调控与政策引导，但较早起步的文化产业体现了深圳人较早地认识到了文化的产业功能和经济效益，文化产业观念较早形成。跨入新世纪，深圳将"建设高品位文化城市"作为城市目标定位的组成部分，将"文化立市"作为发展战略，将"文化经济"作为发展理念，所有这些，都标志着深圳人关于文化产业的认识已逐步升华到理性认识的阶段，文化产业的发展已逐步走入了自觉发展阶段。

资源优势。文化资源是一个综合性范畴，是文化产业发展的基础，深圳拥有较丰富的综合资源和先发优势。首先是深圳的综合实力在国内各大城市中已名列前茅，为文化产业的发展奠定了坚实的社会经济基础。如果说，在一座城市里，文化产业是船的话，那么，经济实力就是水，水涨才能船高。其次是深圳的文化市场已颇具规模，初步形成了以新闻出版、印刷复制、广播影视（含动漫设计和制作）、文化娱乐和旅游业中的文艺表演为五大先导的产业主体框架。再次是高新科技成为了深圳的先导产业，目前深圳的科技研发能力与制造水平在国内处于领先地位，已成为深圳经济的一大特色。2004 年，全市高新技术产品的产值已达 3266 亿元，增长 31.57%，占工业总产值的 50.18%。而就文化产业的特性而言，其对高新技术具有较强的容载力和吸附力，文化产业中的广播影视、新闻出版、印刷复制、文化娱乐，乃至旅游业中的文艺表演，既能成为高新科技成果的终端载体，亦能依托高新科技扩张自身的市场优势。

地缘优势。地缘是市场的核心要素之一，也是产业发展的必要条件之一。深圳毗邻香港，同时处于珠江三角洲的大经济圈中，市场潜力可观，内外辐射力强。泛珠三角地区文化消费量的结构性缺口，对深圳文化产业的发展提供了十分有利的契机。

三

任何事物的发展，归根到底取决于其生存与成长的客观条件，而不是人们的主观愿望。综上所述，深圳具有发展文化产业的诸多优势和条件，尤其是人们对文化的产业功能认识较早，市场经济体系发育和形成较早，经营性文化企业进入市场较早，社会资本进入文化产业领域较早，而且产生了一定的效益。所以，深圳文化产业的发展已经具备了一定的基础，形成了一定的实力，呈现了较好的前景。

但是，深圳发展文化产业的局限性也显而易见，根本原因与国内其他主要城市一样，在于社会经济发展的整体水平还不高，人口的总体素质参差不齐，文化消费市场的潜能还没有得到充分的释放，文化产业发展还存在机制性的障碍。具体分析起来，深圳目前发展文化产业存在的问题表现在下述几个方面。

其一，管理体制还不顺。一是在整个大的政策环境上，我们在某些方面仍然过于强调文化属于意识形态范畴的观念，在文化领域的"准入门槛"、投融资体制等方面多少还有一点"足将进而越趄"，需要进一步解放思想，转变观念。二是深圳的文化经济政策在总体上尚未跳出"事业"的框架，政府在政策导向上对"文化事业"与"文化产业"之间的政策界限仍比较模糊，各级政府对文化的投入不同程度地存在随意性大、不注重投资回报、运作过程缺乏必要的监督等情况。诚如一些专家学者所提醒的："政府应该警惕在经济领域采取理智的市场经济姿态，而在文化建设领域却采取旧的计划经济姿态。"三是政策法规仍然不健全，对文化产业的结构、布局、重点项目缺乏系统的研究，包括质上的规定与量上的分析。

其二，结构还不太合理。现在，全市印刷复制等文化制造业产值占文化产业的比重高达 47.68%，几乎占据了半壁江山，文化产品和文化服务中的文化含量仍然不高。由此造成真正有影响、能打出去的文化产品还不多。究其原因，在于我们在文化艺术方面的原创能力还不强，而如果仅仅依靠文化制造业的做大做强，深圳在全国乃至海外文化产业界的地位和影响就很难确立。

其三，文化企业的整体实力还不强，真正取得较好经济效益，能走上自我良性发展道路的并不多。大量的文化企业还处于小规模状态，产业关联度低，科技含量低，名优品牌产品少，产业规模效益差，市场竞争和抗风险能力不够。一些文化企业政企不分、职能不清、产权单一等问题也比较突出。

其四，消费市场还存在隐忧。世界盖洛普组织在 20 世纪末的调查表明，中国十大城市居民的年文化娱乐消费约占家庭总开支的 6.7%，名列 8 项总开支中的第 7 位；而储蓄率则高达 16%，仅次于 39.3% 的食物消费。另据深圳市有关方面统计，现在深圳市居民人均消费性支出为 19570 元；深圳市居民在文娱休闲和教育方面的人均消费性支出约为 2640 元，约占 13%，低于现代化要求的 20% 左右的标准，更远低于美国和西欧发达国家 30% 的水平。实际上，在深圳城市人口构成中，外来劳务工占了相当大的比例，暂住人口远远大于户籍人口，"蓝领阶层"大大多于"白领阶层"，他们在城市中虽然不是处于主导地位，但处于主体地位。这些群体的文化消费能力不高，文化欣赏水平也较低。而对那些所谓的"中产阶层"来说，其中不少人虽然收入不菲，但由于受制于文化素质和生活习惯，他们更热衷于上酒楼泡茶馆。有话剧界的人士称，话剧观众与城市人口的比例是千分之五，也就是说每 1000 人中，只有 5 个人会掏腰包买票去看戏，其他艺术门类的观众也大致如此。所以，目前深圳文化产业的市场规模亟待扩容挖潜。

其五，文化产业的策划与经营人才还匮缺。人才资源是第一资源，是目前深圳文化产业发展的重中之重。文化产业是一种高文化含量、高科技含量的智能产业，文化产品是以文化为内涵的产品，具有前沿性、创新性的性质，它对人才有特殊的要求，需要高素质的人才，尤其是懂得经营管理的复合型管理人才。更进一步说，文化作为一种产业是一种市场行为，文化产品的价值实现，要依靠成功的市场交换才能完成，这就需要对社会的文化需求进行预测，对文化产品的策划、设计、生产、销售过程进行经营，对生产的投入产出进行计算，对人、财、物进行组织和协调，这都需要文化产业经营人才。但是，深圳在这方面目前仍然呈现出捉襟见肘的状态，尤其是既熟谙文化发展内在规律，又了解世界文化艺术发展趋势，既掌握 WTO 游戏规则，又懂得经济全球化条件下经营之道的优秀管理人才十分匮缺。这个问题如果得不到很好解决，必将成为制约深圳文化产业发展的最大"瓶颈"。

四

综上所述，从发展的眼光看，文化产业成为深圳的支柱产业，无论是潜在的可能性还是现实的可能性都是具备的，深圳文化产业的发展具有广阔的前景。同时，把深圳文化产业打造成继高新技术、物流和金融业之后的第四大支柱产业，也是大势所趋、客观所需，是符合深圳实际的战略抉择，目标完全正确。

至于深圳文化产业何时能够成为深圳国民经济的支柱产业，我们不仅要有质的判断，而且要有量的分析。其中一个关键的数据，就是目前深圳市文化产业增加值的总量规模，及其在全市 GDP 中所占的份额，它是推断深圳文化产业发展趋势的重要参照系。

由于目前全国统计部门还只有行业统计，没有产业统计，关于文化产业的统计指标体系尚没有统一建立，各地在这方面的统计口径各异，统计方法也有所不同，甚至同一个城市也有不同的说法。根据深圳市有关方面公布的数字，2004 年全市文化产业实现增加值 163.4 亿元，同比增长 0.8%，占全市 GDP 的 4.77%。2005 年全市文化产业实现增加值 300 亿元，同比增长 16.2%，占全市 GDP 的 6.1%。但这种统计口径包括了所谓的"核心层""外围层"和"相关层"。如果按照本文界定的文化产业的内涵和外延，以及国外通常认定的范畴，2005 年深圳市文化产业增加值的总量规模约为 100 亿元，约占全市 GDP 的 2.5%—3%。但无论是哪一种统计口径，深圳文化产业在国内都处于领先地位，明显超出了全国的平均水平（据国家文化部的数字，1998 年全国文化产业增加值仅占全国 GDP 的 0.26%，近两年全国文化产业增加值约占全国 GDP 的 1%），实现了超前发展。

　　鉴于此，笔者建议：深圳在文化产业发展上可以采取三步走的战略：第一步，2005 年到 2010 年打基础，使政策法律体系建立，一批大型文化产业集团基本成型，市场规模形成，文化产业的增加值占全市 GDP 的比重达到 4% 以上；第二步，2010 年至 2015 年大发展，使文化产业的发展全面提速，文化竞争力大大提高，文化产业的增加值占全市 GDP 的比重达到 6% 左右；第三步，2015 年以后上水平，出效益，见规模，力争到 2020 年，使文化产业增加值超过 GDP 的 10%，实现文化产业更大规模、更高质量、更可持续发展。

修炼文化的"点石成金术"
——兼谈加快深圳文化产业发展的对策

"忽如一夜春风来，千树万树梨花开。"随着国内"文化产业热"的逐渐升温，人们津津乐道于文化的"点石成金术"，热衷于分析预测文化产业何时能够成为当地国民经济的支柱产业，笔者对此也发表过"宏篇大论"。但近日反思，觉得文化有"大文化""中文化"和"小文化"之分，文化产业在统计上也有"大口径""中口径"和"小口径"之别，全世界迄今都没有一把统一的尺子，不同媒体的不同报道也只能使人"眼花缭乱"，不同专家的不同诠释实际上也都只是概念或范畴之争。文化产业对现代社会经济发展的推动作用，归根结底并不在于它在GDP中所占的份额的大小，而在于它对城市财税收入的实际贡献率，以及它能否为公众提供更多的文化产品和文化服务，满足人民群众日益增长的精神文化需求。在文化的产业功能愈来愈受到人们重视、发展文化产业已越来越成为人们共识的今天，我们与其临渊羡鱼，不如退而结网，多下点功夫修炼文化的"点石成金术"，再花点心思研究如何从实际出发寻找适合自己特点的文化产业发展之路，从而使文化产业成为城市可持续发展的一种助推力。

风靡全球的美国好莱坞影片《哈利·波特》系列，曾被作为文化产业发展的一个典型例证。该片的票房收入，加上小说、动画片、玩具、儿童服装等相关产业的收入，总规模达到 2000 多亿美元。该片的原作者——英国的小说家 J. K. 罗琳（Rowling），1994 年还是一位 34 岁的单亲母亲，她与葡萄牙的一名记者婚姻失败以后，经济窘迫，申请破产，每天要挨饿养活四个月大的婴儿。后来她创作了小说《哈利·波特》系列丛书，该书被翻译成 35 种语言，发行 115 个国家，销量达到 3000 万册。1999 年，作者各种收入共计达 4000 万美元，被美国《财富》杂志列入百名富豪排行榜第 24 位，仅次于篮球飞人迈克尔·乔丹。《哈利·波特》在向青少年展现一个扑朔迷离的传奇的同时，也为成年人讲述了一个引人入胜的神话，它的"发财秘籍"，听起来就像片中的魔杖一样，似乎真有"点石成金"之术。事实上，文化产业作为一种知识经济，其发展有着特殊的规律性，它既要符合文化发展的内在法则，又要契合经济增长的必然要求，而且对文化的自主创新能力有一定的依赖性，有一个厚积薄发的发展过程。得其道者道道相通，识其法者法法可用。

文化产业在一些发达国家被称作"文化工业"（Culture Industry）。经过多年的积累，这些国家的文化产业已在国民经济中占据了一定的地位。据有关资料显示，从 20 世纪末到 21 世纪初，美国文化产业的增加值在国民生产总值中的占比已达 10%，其中影视业已成为全美居于前列的创汇产业，可与航天航空业和现代电子业并驾齐驱。文化产业的高速发展，使美国得以实现文化扩张。目前，好莱坞影片席卷全球，全世界电影市场年销售额为 200 亿美元，美国电影就占 85% 的份额，高达 170 亿美元；美国传媒覆盖大半个世界，控制了全世界 75% 的电视节目和 60% 以上的广播节目的生产与制作，在许多国家的电视节目中，美国的电视节目占到了 60%—70%，有的占到了 80% 以上。在英国，文化产业的年产值在 20 世纪 80 年代便已达到 170 亿美元，仅次于汽车工业，近几年文化产业发展的平均速度更是经济增长速度的两倍。在日本，仅文化娱乐业的经济收入，就与汽车工业的产值不分伯仲，1995 年文化娱乐业收入就高达 35 万亿日元。这些发达国家文化产业发达的原因，主要有几个方面：一是经济强势带来了文化强势，美国等西方发达国家是世界经济的"巨无霸"，经济总量占全球的半壁江山。目前，我国人均国民生产总值仅相当于美国、日本的 2.5%，德国、新加坡的 3.4%。2000 年，我国第三产业仅占国内生产总值的 33%，而发达国家已达到了 60% 以上。尤其是其高新技术和信息业的发达，为文化产业的发展创造了良好的条件。二是文化观念的开放形成了文化产业的先发优势，发达国家比较重视文化的产业功能，一直把它列入整个工业经济的范畴，作为第三产业的重要组成部分，并在整个国民经济的规划中加以统筹。三是文化机制的灵活促进了文化产业的兴旺，发达国家一般把文化分为公益性文化和营业性文化，对前者进行适度资助和政策扶持；让后者进入市场，自主经营，自主管理，自主发展，政府只抓住依法调控与依法征税两大环节，从而为文化企业的发展提供尽可能广阔的空间。四是西方发达国家由于经济比较发达，生活水准较高，人们的受教育程度较高，素质良好，文化消费能力较强，从而为文化市场的拓展创造了条件。

发达国家的成功经验，对深圳乃至全国做大做强文化产业，是极具启示的。与其相比，我们不仅有"时间差""空间差""观念差"，而且还有基础薄、资源缺、素质低等诸多"瓶颈"的制约。我们必须寻找一条具有中国特色的文化产业发展道路，制定切合实际的对策和举措。从深圳的情况看，我觉得关键是要以市场为导向，以机制为重点，以创新为动力，以人才为关键，努力实现文化产业的跨越式发展。

以市场为导向。市场经济的基本要诀，就是要以市场为导向，充分发挥市场在资源配置中的决定性作用，社会主义市场经济也概莫例外。文化产业的发展直接面对市场，面对消费者，没有市场需求，不受消费者欢迎的文化产品或文化服务，肯定是没有生命力的。现阶段我们发展文化产业，尤其要避免以主观意志代替客观需求，以行政指令代替市场运作，以个人的爱好代替受众的喜恶，不要搞揠苗助长或劳民伤财的工程，不能做违背市场规律的事情。据有关专家估计，目前中国的文化市场有一个庞大的、潜在的空间，是一个发育中的市场，全国的文化消费量存在一个 5000 亿元左右的结构性缺口。然而，我们在文化市场的开拓方面却存在许多问题：如市场的准入、知识产权的保护、法律的依规。又如，在文化产品的产供销各个环节，还没有真正遵循市场流通的规律，行政指令和行政垄断造成供求脱节、市场错位。一方面是大量的文化产品严重积压，公众文化资源巨大损耗，另一方面是群众日益增长的文化需求无法满足。因此，我们要逐步开放文化市场领域，降低文化产业的准入门槛，大力鼓励与扶持民营企业和外资企业进入文化产业市场，促进文化投资主体多元化，形成多渠道、多形式的文化产业投入机制。

以机制为重点。文化市场的培育和成长主要依赖于一个好的产业机制，包括政策与法规环境。首先，要把深化文化体制改革作为加快文化产业发展的突破口。政府文化管理部门要改变计划经济体制下的文化管理体制、运行机制和领导方式，依法行政，提高行政效率；要转变文化管理职能，改变管办不分、政事不分、政企不分的现象，着力发展文化事业，宏观引导文化产业，努力构建公共文化服务体系，逐步实现政府文化管理职能的三个转变，即从"办文化"为主向"管文化"为主转变，从以管理政府文化服务机构及设施为主向管理全社会文化为主转变，从以行政手段、直接管理为主向以经济法律手段、间接管理为主转变。要实现分类管理，根据文化机构的性质、地位、作用、社会效益和经济效益等指标，将文化单位分为公益性、准公益性和经营性三类，进行分类管理和改革。其次，文化产业政策和法规对文化产业发展有关键性作用，是宏观调控的基本手段之一，要完善政策法规管理体系。国外文化产业政策有许多做法值得我们借鉴，如法国对文化企业实行税收优惠政策，非文化企业增值税是 18.6%，文化企业为 7%，对高雅艺术减税 70%。法国政府每年还拿出 50 亿法郎，扶持新闻、文学、艺术、音乐、电影、电视等行业，并以法律形式规定法国 1300 家电台和电视台在全部节目中必须按 40% 的比例播放本国的歌曲或电影。我们要充分运用全国人大授予深圳经济特区的立法权，加快文化立法进程，对深圳文化产业发展中急需用法律规范调整的难点、重点问题进行立法。要像扶持高新科技产业发展一样，加紧制订出台促进文化产业发展的若干政策。再次，要综合运用财政、税收、信贷等经济杠杆，支持和鼓励多种经济成分投资经营文化产业及其基础设施，培育和扶持一批具有市场竞争力和发展前景的文化企业和文化产业。同时，要促进文化中介组织的培育和发展，新建一批文化经纪机构、代理机构、仲裁机构和债务代理公司等，并强化行业协会的职能，依法确定政府文化行政管理部门与中介组织的关系，逐步将一些不适合由政府行使的职能转变给行业协会。要成立文化艺术专家委员会，其职责是受党委及政府有关部门的委托，对全市的重大文化决策、重大文化项目、重大文化投资、重要文化活动进行咨询研究，提供决策参考，提高文化决策的科学化和民主化水平。

以创新为动力。创新是一个民族进步的灵魂，也是文化产业发展的动力，只有秉持创新精神，才能实现文化产业跨越式发展。首先，要调整文化产业结构，寻找新的经济增长点。一个城市文化产业结构的定位,是与城市的经济特点、经济结构和城市的文化资源、文化需求相联系、相匹配的。目前,经过多年的建设,深圳的文化产业门类较为齐全,对全市经济增长的贡献率稳步上升。但大多数文化企业规模小,产品的高科技含量不高,产业结构需要优化升级,整体实力和竞争力亟待加强。针对这种情况,深圳要着力抓好以下工作:第一,不仅要依赖文娱、广电、报刊、演出等传统行业,而且要结合深圳的特点,扶持研发和生产具有高科技含量、高知识含量、高附加值文化产品的产业,如创意产业、动漫产业、网络产业等。要注重文化产业与物流、商贸、旅游的相互渗透,加快发展新的文化行业,如文化信息业、文化服务业、文化制造业等。第二,要重视原创性文化产品的生产,不要停留在改编、移植或模仿阶段,要高度注重本地文化产品的原创性、时代性、特殊性,这就如同高新科技发展中要掌握拥有自主知识产权的核心技术一样。如果我们在文化产业方面的原创能力、自主创新能力不强,仅仅依靠文化制造业做大做强,深圳在全国乃至海外文化产业界的地位和影响就很难确立。第三,要以大型文化节庆和重大文化活动为载体,寻找文化产业新的增长点。这些活动可采用政府推动、市场运作、社会参与的办法,通过适当的载体,汇聚信息、人才、资金、项目、技术,带动深圳会展、广告、交通、旅游等行业的发展,使深圳成为国内外文化产业展示、交易、咨询、投融资和文化研讨的平台,形成文化与经济相结合的新增长点,为深圳的文化产业发展抢占先机。其次,要抓好文化资源的优化配置,做大做强文化产业集团。要充分发挥文化产业对文化资源配置的决定性作用,可搞兼并、联合、重组、跨业、跨地区发展,打造文化品牌,重点发展大型文化产业集团,实行人、财、资源开发的"三统一",走集约化规模经营的道路。美国的时代华纳集团与美国在线合并后,其资产规模达到了 3000 多亿美元，营业额高达 300 亿美元；截至 2000 年 3 月，起步于澳大利亚、占领了欧美相当大市场份额的默多克新闻集团净资产已逾 400 亿美元，年收入达 140 亿美元。中国加入 WTO 以后，境外传媒及文化产品的大举"入侵"，使得我们必须进行文化资源的优化配置，组建自己的文化"联合舰队"，这样才能在经济全球化的海洋中搏击风浪。

以人才为关键。发展文化产业一旦进入操作层面，人才不足往往是制约发展的瓶颈。如近年来包括深圳在内的许多城市，都希望排演出媲美《猫》《西贡小姐》《芝加哥》和《歌剧院的幽灵》那样的音乐剧，但我们缺乏这方面的编导、演员、美工和灯光师，因而迄今没有一部真正经得起市场检验的音乐剧。事实上，市场经济的一个基本特征是实现人力资源的最佳配置，竞争的实质是人才的竞争，人才队伍是文化产业发展的核心要素。我们要走人才带动之路，用人才推动深圳文化产业特别是核心版权产业的发展，提高深圳原创文化的竞争力，提高深圳文化品位和产业形象。大力培养懂文化、懂科技、懂经营的复合型人才，通过造就一大批文化企业家，推动文化产业的发展。

国际化城市的人文环境

一

20世纪八九十年代，建设"两头在外，大进大出"的外向型经济特区，一直是深圳的追求。深圳国际机场候机楼上曾赫然矗立着一个大型霓虹灯标语："让世界了解深圳，使深圳走向世界"。深圳本身就置身于世界之中，所谓"走向世界"，应该是加强与国际社会对话和融通的意思。

国际化（International）指的是一种国际间的关联度、依存度或互动性。由于全球化进程的快速推进，各国城市都获得了更多的机会参与国际事务或进行相关合作，城市日益成为区域性经济文化重合的节点。国际化城市（International Metropolis）的核心是国际竞争力与辐射力，表征是国际间的人流、物流、资金流和信息流的流量。纽约是一座最典型的国际化都市，哈德逊河畔高39层的联合国大厦，以及其门口的157面各国国旗，便是其鲜明的标志。1994年我第一次出访纽约，住在57街的Park Inn Hotel，服务台接待员是爱尔兰人，行李生是捷克人，售纪念品的老头是犹太人，卖邮票的妇女是日本人，而清洁工则是墨西哥人……从这个角度看，纽约已不能用国际间人员"往来频繁"之类的词来形容，她已经是你中有我，我中有你，成为名副其实的"Melting Pot"（民族熔炉）。法国著名作家霍华德·法斯特在他的畅销书《第二代》中，通过其中一个法国人之口说了这么一句话："美国人真怪，他们都是外国人！"

纽约是一座具象化了的国际化城市，理论上的国际化城市应该也有它的标准。曾在沙特、新西兰、马来西亚和北京工作的澳大利亚驻广州总领事寇俊升先生，就认为国际化城市有十个标准：一是要有干净整洁具有吸引力的自然环境，这包括空气质量是否优良、公园占地面积是否能满足城市居民的休闲使用等；二是城市中要有一定数量的教育、科研机构，提高城市的知识水准；三是城市应有富有活力的文化生活环境；四是要具备既有本地传统特色，又与国际接轨的购物环境；五是城市内要有相当数量的户外公共艺术，包括城市雕塑和标志性建筑；六是城市要有快捷舒适的交通网络；七是要有符合国际标准的商务活动机构和设施，提供的商务服务包括法制、金融、会计、知识产权等方面，而且是双语服务；八是城市要有具备国际水准、与外界能进行有效快速连接的通讯系统；九是要有高质量的信息网络服务设施，保证与全球的沟通；十是要有独特的城市身份标志，可以是在中国文化基础上的标识，不一定古老，关键是要个性特色鲜明。寇先生的话虽说是一家之言，但涵盖面还是比较广的。深圳社科院杨立勋教授曾经承担过深圳率先实现现代化城市指标选择的研究课题，他认为，如今"国际化"是"现代化"的一种升位，深圳城市国际化指标应包括7个方面：第一，城市基础设施国际化指标，包括国际航空吞吐量和国际航线覆盖面、国际航运吞吐量和国际航线覆盖面、国际通信业务量和国际通信覆盖面；第二，城市经济国际化指标，包括驻国外公司数与资本输出量、引进跨国公司数与资本输入量；第三，城市贸易国际化指标，包括进出口总额及其占 GDP 的比重、国际贸易对象国及其覆盖面、对外贸易总额及其占世界贸易的份额；第四，城市金融国际化指标，包括外资金融机构数及其占城市金融总业务量的比重、驻国外金融机构数与业务量、在岸金融业务量与比重、离岸金融业务量与比重；第五，城市第三产业国际化指标，包括出境出国旅游人数、入境入国旅游人数与创汇、国际信息业务量及覆盖面、国际咨询业务量及覆盖面、国际展览业务量及覆盖面；第六，城市教科文国际化指标，包括市民国际化意识和国际化知识、公务员国际化服务与国际化管理水平、高校外国留学生人数与比重、每年承办国际会议次数、每年接待国际组织次数；第七，城市外语环境国际化指标，包括外语人口比重、外语出版物数量与比重、外文媒体数量与比重、外文公共标识率。

诚然，正如国内外学术界对"现代化"的衡量标准一直有不同看法一样，衡量"国际化"也不太可能有一个标准答案，而人们对国际化城市的判断与认同，也往往是约定俗成的，并不拘泥于某个量化精确的指标体系。但无论如何，我们应该关注的是，在人们对国际化城市的认同点上，在各种衡量国际化城市的参照系中，人文环境占据了越来越重要的位置。纵观世界，一座没有良好人文环境的城市，都不能称之为国际城市，人文环境的营造在建设国际化城市的进程中愈来愈受到人们的重视。

国际化城市的产生主要源于经济动力，但单纯的经济增长并不能导致社会的良性发展。20 世纪中叶以前，人们片面重视经济发展，忽视人的感受和需要，使城市成为"钢筋水泥的丛林"，人的需要和发展被挤占，过度的工业污染也导致环境的极度恶化。因此，在经济快速持续增长的同时，人们开始注意到自身的基本需求和满足，注意到发展与环境、当代和后代的关系，对国际化城市的理解日益超出单纯经济的范畴而延伸到社会整体，由对"物"的重视发展到对"人"的高度关怀。这一变化反映在国际化城市的发展中，不管是老牌的，如纽约、伦敦、东京，还是后起之秀，如新加坡、首尔，都十分重视经济增长与环境的高度协调，重视全面满足人的多方面需要，体现深厚的人文关怀。因此，已经把建设国际化城市作为目标定位的深圳，在大力推动经济科技发展的同时，一定要着力营造国际化城市的人文环境。

二

"人文"，旧指诗书礼乐等，今指人类社会的各种文化现象。"人文精神"作为一个概念，是20世纪90年代出现的，但作为一种思想却源远流长。欧洲文艺复兴时期，在经历了中世纪漫漫长夜之后，人们要挣脱宗教神权与思辨哲学的羁绊，追求个性解放与人性复归，因此涌现了像但丁的《神曲》这样一大批充满"人文精神"的作品。19世纪，德国哲学家费尔巴哈（Ludwig feuerbaeh）等提出了"人本主义"的哲学思想，认为人是自然界的一部分，天上的神是幻想出来的，因此要将理性与"神性"还原为人性，将人"从他沉陷的泥坑中拯救出来"，主张以人作为一切社会活动的出发点，把人放在第一位。随着历史的推移和社会的发展，"人文精神"被赋予了更多的时代意义，它要回答"人如何对人，人如何对物，人如何对自我"的问题，其核心就是在高度工业化、科技化、现代化的今天，在高扬科学理性精神的同时，要充分尊重人、关心人、爱护人。"人"作为社会发展的驱动者和受益者，其本身的发展被提到一个前所未有的高度，甚至有人直言"国际化城市的前提就是人性化"，"以人为本"成为国际化城市的一个重要特征。

我们通常讲的"人文环境"是指一定社会系统内外文化变量的函数。文化变量包括共同体的态度、观念、信仰系统、认知环境等。营造人文环境的关键在于处理好"人、自然、经济"的三元关系。因为人类是环境的主题,自然则是人类赖以生存的必要条件,而经济又是改善环境的物质基础,三者应该是一个和谐的统一体。从其核心要义来说,我们所要营造的"人文环境",就是体现以人为本、充满人文关怀的社会文化环境。国际化城市的人文环境,应该是一个政治经济文化协调发展、人与自然和谐相处、人与人之间各得其所的和谐社会。

传统的观点认为,人文环境是社会本体中隐藏的无形环境,主要是指形而上的东西。但笔者认为,作为以人为中心的人文环境,应该也有"硬环境"和"软环境"之分。这里,"硬环境"主要是指为市民提供服务的文化教育卫生机构与市政基础设施,这是"人文环境"的基础性载体,也是"人文环境"的表层次部分。在这方面,深圳是有条件和潜力的。

人文环境中的"软环境",以法治秩序、道德水准、观念形态、文化氛围和人员素质等为主要内容,是人文环境的核心层次。从深圳的实际看,与人文环境中的"硬环境"相比,人文环境中的"软环境"建设任务更为艰巨。河水污染可以投巨资治理,交通堵塞可以修建地铁疏通,路牌上没有英语可以增加,但深圳"人文环境"中的"软环境",包括作为一座移民城市的归属感,作为一座国际化城市的认同感,作为一座商业城市的文化感,作为一座科技城市的人情感,作为一座宜居城市的舒适感,却并非一日之功可以建成,必须竭力打造。

深圳团市委、市义工联组织等有关方面曾在社区、学校、商店等12个地点进行抽样调查,在关于"深圳人在深圳国际化城市进程中最需要提高"的多项选择中,排名由高到低分别是:社会公德65.5%,环保意识63.8%,外语能力56.7%,法制观念46.7%,文明礼仪46.6%,生活理念24.5%,消费观念15.9%,饮食观念15.0%。而在"最期待深圳哪方面改进?"

的多项选择中，排序是：廉政 53.5%，交通 52.5%，法制 52.4%，新闻监督 37.5%，效率 20.7%，信息 9.9%。数据表明，深圳目前在建设国际化城市的进程中，市民最希望的还是改善城市人文环境。深圳万科集团董事长王石曾深有感触地说："我想硅谷之所以是硅谷，一个很重要的原因是它的环境，包括自然环境，也包括人文环境；轻松、自由，能够激发人的想象力和创造欲。硅谷就像个大公园，点缀其中的高科技公司就像一个个精品花园。置身其中，怎能不令人热爱生活，焕发创造的欲望！"

三

近些年来，深圳的国际化进程不断加速，高新技术、金融、物流业的崛起，使这座城市的国际竞争力与辐射力进一步增强，国际间的人流、物流、资金流和信息流大幅增量。2005 年，出入深圳口岸的海内外人士超过了 1.5 亿人次，出口总额达到 1300 亿美元，世界 500 强企业已有 120 多家落户深圳，常住深圳的境外人士有 3 万多人。与此同时，营造国际化城市人文环境的任务显得更为重要。

为此，我们首先是要在人文观念上作深度拓展。一是要进一步树立以人为本的发展观。人文环境的现实意义在于创建人格化和人性化的城市，达到城市发展的终极目标，实现人的全面发展。坚持以人为本是科学发展观的实质和核心，很好地体现了国际化城市建设的发展趋势和本质特点，要实现城市国际化，首先要实现人的国际化。发展是硬道理，但发展如果以牺牲环境、浪费资源、偏废文化、影响人的全面发展为代价，势必为城市的人文环境带来众多"硬伤"。在查理·卓别林的《摩登时代》里，人成了机器的零件，生命在生产线上转瞬即逝，那是资本原始积累阶段对人性的反动。卓别林在晚年时曾感慨地说："我们的头脑用得太多了，感性用得太少了。我们需要的不是机器，而是人性。"已进入经济高水平发展阶段的深圳，一定要挣脱这种"悖论"。深圳应该把发展的指导思想从单纯追求经济增长，转向追求社会的整体发展，尤其是要转向以人为本的发展上。国际化城市要满足投资者和消费者的利益，必须一切以人的需求和利益为根本出发点。让老百姓喝上干净的水，呼吸新鲜的空气，吃上放心的食品，安居乐业，善莫大焉！

二是要进一步树立海纳百川的人才观。著名学者、清华大学原校长梅贻琦先生曾有一句名言："大学者，非大楼之谓也，乃有大师之谓也。"同样地，国际化城市并非仅仅是广厦林立之处，更应是海内外人才荟萃之地。美国"硅谷"作为美国电子技术研发中心和计算机生产基地，不仅聚集了3000多家高新技术企业，更荟萃了世界上数以万计的高科技人才，包括大量的华人、印度人、犹太人和日本人。素称"艺术之都"的巴黎，不仅本土艺术家出类拔萃，而且是全世界的"艺术家之家"。无论是生于荷兰农村的现代派代表画家凡·高，还是来自波兰的音乐家肖邦，他们青少年时代便移居巴黎，并在巴黎缔造了艺术创作的辉煌。深圳素来也重视引进人才，制订了各种人才政策，人才在深圳找到了施展身手的用武之地，但作为一座"移民城市"，如何使五湖四海的人才增加对城市的向心力、凝聚力或归属感，是深圳市人文环境营造的重点。

三是要一步树立开放兼容的社会观。要注意发展深圳多元性的城市文化和人文理念，形成有自身特点的、不同于内地的、开放的价值体系、人文精神和城市文化，这种文化的本质在于其先进性、开放性、兼容性。包括在城市发展格局、服务设施与消费导向等广义文化方面保持多元化，使各种文化习俗、传统和生活方式共冶一炉。"人文环境"的概念或许有点抽象，但川渝人能在这里吃到地道的重庆火锅，西北人能在这里尝到美味的孜然羊肉，江浙人能在这里品味醇正的黄泥螺，却是实实在在的。深圳作为毗邻香港的国际化城市，要注意营造适合香港人、外国人休闲、消费、工作、营商的环境。同时要在学术研究、文艺娱乐等狭义文化方面注重兼容性。由于地域的特点，深圳可以保留"岭南文化"的底色，同时也由于"窗口"的优势与新兴移民城市的特点，又必须注重现代文化的张扬，包括创意设计、现代美术、流行音乐、现代舞、音乐剧、摄影等，保持深圳文艺与学术适当的先锋性或前卫性，真正做到"百家齐放，百家争鸣"。同时，深圳在区域及国际文化交流方面要狠下一番功夫，设立国际性艺术节庆，举行经常性的文艺演出，全方位开展对外文化交流，对一座国际化城市而言，都是必不可少的。

四是要进一步形成诚信公平的道德观。人文环境主要有两大体系：法律体系和道德体系。公平是人类社会一直追寻的理想，人文精神所提倡的尊重人、关心人、爱护人，只有在诚信公平的环境下才能得以实现。早在18、19世纪，英国社会学家欧文在他的《新社会观》和《新道德世界书》中就设想过建立一个公平合理的理想社会，他甚至于1824年到美国办了一个带有浓厚理想主义色彩的农场。到了21世纪，诚信公平不再是空想，它应该是深圳最靓丽的一张名片。反过来说，一座城市人文环境的劣化首先是诚信的丧失，一座城市的坠落首先是公平的失衡。东南亚及非洲一些国家之所以被评为世界上营商环境最差的国家，投资者望而却步，主要是由于诚信度的不断下降以及由于腐败而引起的缺乏公平竞争环境。以此为鉴，诚信与公平可以说是深圳这座城市最重要的人文环境。

五是要不断提高深圳的国际知名度和美誉度。根据国务院有关研究机构的分析，深圳的综合经济实力已经进入了国内前五名，但深圳的国际知名度不仅不如北京、上海、西安、广州，而且不如杭州、桂林、昆明、西藏，可以说是在前十名之外。当我们跨出国门时，可以发现在国外尤其是在欧美各发达国家的民众中，深圳几乎还是"养在深闺人未识"。几年前我们在德国纽伦堡搞展览，外国人不相信那么多高楼大厦是矗立在中国深圳的土地上的，认为我们是在香港拍的照片，然后"移花接木"。认同是从认识开始的，没有外界的了解，国际化只能是我们关起门来的孤芳自赏。

发现深圳之美 *

　　二三十年前，许多香港人和外国人看深圳，是站在香港新界落马洲的山头上眺望。他们透过深圳湾畔的红树林，看到的是成片成片的荒草、零零落落的鱼塘、无人耕作的田野和荷枪实弹的边防哨兵。深圳河上的水鸟，鸣唱的是千年不变的曲调。

　　今天，当他们和来自天南海北的游客一起跻身深圳街头的人流中时，他们的身心或许会被一种激情所裹拥着。这座曾经有6000多年的人类活动史、1700多年的郡县史、600多年的南头城和大鹏所城史、300多年的客家人移民史、近30年经济特区发展史的城市，正发生着沧海桑田般的变化，城市的色调和音质也显得绚丽而丰富。深圳不再是一把委婉凄美的二胡，它时而像明快激越的钢琴，时而像悠扬悦耳的小提琴……

　　连接深港两地的皇岗口岸，在车辆入口处曾竖着一块巨大的宣传广告牌，上面写着："深圳旅游——近在咫尺，远超想象。"这句宣传语的对象显然是一河之隔的香港人。事实上，无论是这座城市的匆匆过客，对深圳投来惊鸿一瞥；还是这个家园的繁忙居民，有身在此城中不识真面目之惑，发现深圳之美，感受深圳之魅，不仅需要眼睛，而且需要心灵。

---

　　* 本文是作者2008年担任深圳市旅游局局长时，为《发现深圳之美——深圳最值得推荐的100个去处》所写的序。

深圳不大，面积为 1997 平方公里，空间不及她东北面的邻居惠州（面积为 1.13 万平方公里），不及她西北面的邻居东莞（面积为 2465 平方公里），也不及她的兄弟城市广州（面积为 7434.4 平方公里）。您在深圳旅游，没有舟车劳顿、长途跋涉之苦，一小时车程内，便可以纵横驰骋，信马由缰。但是，深圳是中国改革开放和现代化建设的"窗口""试验田"和"示范市"，"要看银山拍天浪，开窗放入大江来"。深圳又是世界城市发展史上工业化、现代化的一个奇迹，在不到三十年的时间内，从一座边陲小镇变成一座现代化大都市。从这个角度看，新加坡资政李光耀先生所说的"小就是美"，颇有意蕴。李光耀先生当年还说过一句话："深圳是中国胸前的一枚勋章。"因此，多年来深圳旅游的最大"卖点"，是这座城市崛起的传奇。登临国贸大厦的旋宫，俯瞰市区的琼楼玉宇、通衢大道，曾是游客的热线；升上地王大厦的顶楼，眺望深圳河两岸的沧桑巨变，也是访深者的一种时尚。两年前，深圳召开了一个"国际化视野下的国际旅游城市研讨会"，来自德国汉堡的旅游专家苏迪德先生，曾是联邦德国地理学会的会长，但是他到深圳之后，却不羡山水名胜，不游景点景区，自己租了一辆"的士"，沿着深南大道、滨海大道走了一圈，又到东门老街转悠了半天，甚至在罗湖区桂园路附近叩开了一户寻常百姓的家门，喝着他称为"中国咖啡"的普洱茶，比比划划地与退休赋闲在家的一位老教师神侃了一通。

提起深圳旅游，蜚声海内外的当然有众多的"主题公园"，由于深圳的主题公园多而且好，开中国主题公园的先河，有人甚至给深圳冠以"主题公园之都"的美誉。无论是"你给我一天，我给你一个世界"的世界之窗，还是"一步走进历史，一天游遍神州"的锦绣中华和民俗文化村；无论是"繁华都市开心地"的欢乐谷，还是承载过光荣与梦想的明斯克航空母舰，不仅是深圳旅游的一次次精彩亮相，而且是中华文明与世界文明交融的一个个生动缩影。游深圳的主题公园，别错过其中的几场大型文艺演出，世界之窗的音乐史诗《千古风流》、民俗文化村的歌舞盛会《龙凤舞中华》、欢乐谷的都市情景剧《欢乐无极》，都是这几个主题公园的魂所附、美所在。

深圳的地形是狭长带状，一头是深圳湾，一头是大鹏湾，有海的儿女，有海的故事，有海的梦想。沿着西部的深圳湾，从红树林自然保护区，到南山十五公里的滨海休闲带，再到赤湾的古炮台，南望伶仃洋不再叹伶仃。从东部的"中英街"往东走，大梅沙、小梅沙的绮丽沙滩，海洋世界的蓝色风韵，大鹏半岛的亲水生活，都令人不辞长作海边人。大鹏半岛曾被《中国地理杂志》评为"中国最美的八大海岸线"，从南澳的东冲披着降临深圳的第一缕晨光穿越到西冲，是深圳"驴友"乐而忘返的线路。目前，大鹏半岛已被深圳市政府定位为滨海休闲旅游度假区，旅游规划与开发正在有序推进，在山海之间将会出现一个度假天堂。

了解一个人的个性，尚且需要逐步深入的时间；体味一座城市的神韵，当然需要探幽寻秘的过程。美，有时是在举足抬头、蓦然回眸间扑面而来的，有时又需要踏破铁鞋、寻寻觅觅地去发现。据我所知，迄今许多国内外游客心目中的深圳旅游图像，还只是扶摇直上的高楼、飞旋穿梭的过山车和红男绿女的盛大歌舞。事实上，就像深圳的滨海旅游可以让人怦然心动一样，深圳的自然生态旅游也别开生面。就在深圳盐田区三洲田的山海之间，2007 年夏天悄然崛起了中国首个"国家级生态旅游示范区"东部华侨城，在近 9 平方公里的青山绿水上逐步建成了"大侠谷""云海谷""茶溪谷"三大景区，无论是在茶翁古镇茂林修竹的木栈道上飘然欲仙，还是在湿地公园花团锦簇的园圃中怡然自得；无论是在云中部落凭眺山海大观，还是在地标球场感受云雾缭绕，自然与美、自然与人、自然与城，都会使人感动。仙湖植物园也是我诚意推荐的一个好去处，里面有 12 个门类的植物园区，尤以荫生植物园、苏铁园、化石森林最具观赏价值。站在八面来风的揽胜亭上，前方是海拔 900 米的珠三角最高峰梧桐山，山峦怀抱的是金顶闪烁的弘法寺；目光顺山而下，丛林郁郁葱葱、灌木青青翠翠、草地像无边的柔毯；及至近处，波光粼粼的仙湖开阔舒展，湖水纯净得像天地间的绿翡翠，而几叶轻舟却使禅境变得生动起来……深圳虽然没有黄山、张家界那样的名山大川，但亚热带温润的海洋性气候为这片土地带来了长青的四季和 22.3 摄氏度的年均气温，依山傍海的地势又孕育了许多自然生态的毓秀精华。智者乐水，仁者乐山，深圳的红树林自然保护区、青青世界、西部田园风光、光明农场乃至梧桐山、七娘山、马峦山、凤凰山等也会使人感受这座喧嚣都市恬静的一面。

现代旅游，早已超越了观光看景的视觉审美阶段，逐步凸显其体验性，旅程的妙处甚至已经演化到唇齿留香的美食等更广阔的范畴。在这方面，深圳永不令人失望。深圳是一座移民城市，如今的"深圳人"包括了全国 32 个省、市和自治区的新移民，而且随着两年前一位洛巴族的小伙子落户民俗文化村，深圳成为继北京之后第二个聚齐了全国 56 个民族的城市。因此，深圳美食已经不是什么荟萃全国八大菜系那么简单了，北京王府井"东来顺"的涮羊肉、西安"老孙家"的羊肉泡馍、江西九江的蒌蒿炒腊肉、河南洛阳老城的"水席"、重庆"陶然居"的酸菜鱼、湖南攸县的辣椒炒蛋、福建沙县的小馄饨、广东汕头长平路的鱼皮粥、香港铜锣湾的"阿一鲍鱼"应有尽有。作为一座国际化城市，韩国料理的石锅饭、日本料理的刺身寿司、法国的煎鹅肝、巴西的烤肉、泰国的冬阴功汤、越南的酸橘鱼露，也都有比较正宗的口味。众多酒吧街也是深圳夜幕降临后的迷人风景线，去蛇口海上世界喝一杯自酿的鲜啤，沐着微微的海风，听一段意乱情迷的萨克斯风演奏；或到世界之窗酒吧街点一杯鸡尾酒，泡在斑斓的彩灯里，唱一首亦梦亦真的经典名歌，也都是不错的选择。

中国的城市据说已经达到4000多座，北京有大气的美，西安有古典的美，杭州有秀丽的美，青岛有浪漫的美，扬州有精致的美，成都有悠闲的美，喀什有风情的美，拉萨有神秘的美……那么，深圳呢？我觉得，深圳有现代的美和青春的美。在深圳生活了近三十年，我与这座城市慢慢地有了一种血脉相连的感觉，不经意间我已经把自己的情感融入了对这座城市的认知中，就如同在夜阑人静的午夜，当这座城市卸下了华彩浓妆的时候，我驱车在深南大道上便时常有由衷的赞美一样。对海内外广大游客而言，深圳已经赢得了许多关注的目光，但深圳之美还需要大家有更多的发现。

文艺精品，城市文化的重要标识[*]

1601 年，莎士比亚的《哈姆雷特》诞生了。该剧先是在英国、继而在西欧各国上演，名噪一时，使欧洲乃至世界都对英国文化注目。英国人说："宁可放弃一个印度，也要一个莎士比亚。"大约 400 年后，中国南方新城深圳，在 1999 年夺得国际大奖 2 项、国家级大奖 69 项。随着歌曲《春天的故事》《走进新时代》和 20 集电视连续剧《钢铁是怎样炼成的》风行神州，人们开始对文艺界"深圳制造"的现象感兴趣。1999 年夏，深圳市的主要负责人接见第 17 届全国电视"金鹰奖"评委，在谈到深圳一举夺得该奖项 7 项大奖时，意味深长地说出了"经济是城市的形，文化是城市的神"这句如今在深圳脍炙人口的话。

一 文艺精品是指那些思想精深、艺术精湛、制作精致的优秀作品，是思想性、艺术性、观赏性"三统一"，领导、专家、群众"三满意"的佳作

文艺精品有其客观的价值，但不同历史阶段、不同利益立场的人们对文艺精品的诠释是不同的，其社会评判体系各有差

＊ 本文原载于 2000 年 8 月 24 日的《文学报》。

异。南北朝的文学作品以华丽浮艳为美；隋及初唐推崇齐梁形式主义诗风，粉饰太平的宫廷诗受到青睐；晚唐五代的文学作品以绮靡为时尚，片面追求声律的谐协和词句的华美。古希腊的史诗和悲剧曾以亚里士多德的"程序、对称、明确"以及悲剧"动作与情节的合一"为规范与准则，中世纪的文艺作品必须隐喻宗教的教义才不是异端邪说，而到了文艺复兴时期，人们认为优秀的文艺作品要再现自然，表现人性。

今天，在21世纪的瑰丽曙光在望之际，在中国的社会主义现代化建设新时期，文艺精品被赋予了特殊的思想内涵与鲜明的时代特征。衡量文艺精品的标准是思想精深、艺术精湛、制作精致，是思想性、艺术性和观赏性的"三统一"，是群众、专家和领导的"三满意"。所谓思想精深，就是要代表先进文化的发展方向，体现人类优秀文化的精华，深刻反映我国改革开放与现代化建设的伟大实践，生动体现真善美的理想情怀，引导人们奋发向上。所谓艺术精湛与制作精致，有其具有普遍意义的评价标准，现在尤其强调要为人民群众所喜闻乐见，把群众喜欢不喜欢、满意不满意、欢迎不欢迎作为一个重要的艺术检验标准。

为了树立楷模，引导示范，经中央批准，中宣部从1991年起组织实施了精神文明建设"五个一工程"。"五个一工程"奖是国内文化类的最高奖，迄今举办了七届。在去年颁发的全国第七届精神文明建设"五个一工程"奖中，深圳组织创作的歌曲《走进新时代》、大型现代舞剧《深圳故事·追求》、电影故事片《花季·雨季》和广播剧《抬头一片天》榜上有名。"五个一工程"奖的获奖作品，从一定程度上体现了新时代文艺精品的评价标准。

二 文艺精品折射出一座城市的人文精神，体现了
　　一座城市的综合文化实力，代表着一座城市
　　所倡扬的文艺创作风尚

　　从城市文化的构成来看，人文精神是其内核，群众文化、市场文化、精品文化等是其外在形态。而在群众文化、市场文化和精品文化三者的关系中，前两者是后者的基础，后者又体现了前两者的发展趋向，文艺精品成为了城市文化的重要标识。

　　首先，文艺精品折射出一座城市的人文精神。文艺作品植根于现实生活的土壤，同时又是现实生活的反映。它往往凸显出一个时代、一个民族、一个地区的精神风貌。1999 年，诺贝尔文学奖得主、德国作家君特·格拉斯在血色黄昏中敲响了《铁皮鼓》，这部小说的奇诡故事深刻地展现了 20 世纪 30 年代德意志民族的生存状态与文化心态，是反映特定时空里独特人文景观的一面镜子。深圳的大型现代舞剧《深圳故事·追求》，讲述了三位外来青工到深圳追寻理想的故事，一种共同的追求，两种文明形态的碰撞，三个性格与历程迥异的人物，人们在舞剧中感受到的是这座新城不断追求、勇敢开拓的精神。电影故事片《花季·雨季》再现了深圳经济特区中学生斑斓多彩的生活，观察了经济特区的社会变化对教育及青少年的深刻影响，以特区少年的纯洁心灵和青春墨色绘出这片神奇土地上的青春画卷，洋溢着这座年轻城市的青春气息。

　　其次，文艺精品是一座城市文化实力的综合体现。"石蕴玉而山辉，水怀珠而川媚。"文化精品往往能显示出一座城市文化发展的进程。回顾我市参评全国"五个一工程"奖的情况，从 1995 年第五届"五个一工程"奖实现"零的突破"，

首次夺得两大奖项（歌曲《春天的故事》、电视剧《琴童的遭遇》），到 1997 年第六届"五个一工程"奖夺得了 3 大奖项（小说《花季·雨季》、粤剧《情系中英街》、广播剧《水暖香港》），再到 1999 年第七届"五个一工程"奖一举夺得 4 项大奖。这种逐年增加、不断发展的趋势，实际上也说明了深圳文化经过多年积累，文化实力不断增强的现实情况。这种文化实力涵括了文化资源、文化机制、文化人才、文化氛围等多方面的因素。而就具体的文艺精品而言，去年首届中国国际高新技术成果交易会开幕式文艺晚会，在资金投入、演员阵容、科技手段运用等方面所显示的气势，的确是现今深圳市文化实力的一个新标志。诚如首都文艺界的一位朋友说的："要举办像深圳这样的文艺晚会，在国内的城市中，真正有实力的，恐怕是屈指可数。"

再次，文艺精品代表了一座城市所倡扬的文艺创作风尚。弘扬主旋律，提倡多样化，是今天文艺创作的基本原则。在文艺创作中，从内容到形式，从思想意识到审美情趣，我们提倡什么，反对什么？文艺精品是一种生动的体现，它们昭示着这座城市文艺创作的方向。前不久，深圳市有关部门为纪念经济特区建立 20 周年，举办了一次征歌活动，参选的词曲竟逾千首，写词作曲者，上至市委领导、企业老总，下至离退休老人、打工者，甚至连一位出家人也捧着认真创作的歌曲找到主办单位。而且，这些歌曲都着力歌颂党、歌颂祖国，反映现实生活与伟大时代。可见《春天的故事》《走进新时代》的成功，对社会各界的影响之深远。现在深圳这种关注时代、直面现实的文艺创作主流和多方参与、热情高涨的格局，与文艺精品所起的示范导向作用是密不可分的。

三　要使文艺精品不断涌现，认识是前提，
策划是基础，人才是关键，机制是保障

　　要充分认识到文艺精品在深圳文化前进方向中的示范导向作用，是促进文艺精品不断涌现的前提。经过 20 年的建设，深圳正向着经济繁荣、社会安定、环境优美、布局合理、设施完善的园林式、花园式现代化国际性城市的方向大步迈进。经济的快速发展，必然对文化发展提出更高的要求。深圳市第三次党代会，把"文化繁荣发达"作为深圳市面向新世纪的奋斗目标之一，尤其强调了"要使文艺精品不断涌现"。经济是城市的形，文化是城市的神，经济外延的不断扩展只有与文化内涵的逐步丰富相协调，才能形神兼备。抓好文艺精品的创作与生产，在不断创造一流的物质产品的同时，努力创造一流的精神产品，产生"深圳创造"的文化品牌，对扩大深圳的文化影响，丰富深圳的文化内涵，提升深圳的文化层次，意义殊深。同时，在深圳特殊的地理区位和社会经济条件下，更要坚持先进文化的发展方向，发挥文艺精品的教育功能、审美功能和娱乐功能，"以优秀的作品鼓舞人"。

　　精心策划，抓住选题、论证、推介三个环节，是促进文艺精品不断涌现的基础。电视剧《钢铁是怎样炼成的》，被中央有关部门领导誉为"红色经典"，它的成功充分说明了策划在文艺精品生产中的关键作用。选题上，它适应了国内正在大力加强以理想信念教育为核心的思想政治工作的焦点，抓住了社会各界呼唤革命的理想主义和英雄主义精神的热点。论证上，我们不仅评审了该剧的思想性、艺术性，召开了多次论证会，请教了有关专家学者，并向中央有关领导同志作了汇报，明确了拍摄该剧的思想原则与艺术要求。而且，对收视率也预先进

行了分析评估。在推介上，我们借鉴了现代传播的先进手段，制订了系统的宣传推介方案，邀请乌克兰的主要演员到国内宣传，召开了各种形式的新闻发布会、研讨会、座谈会、见面会、表演会，并注意充分借助首都传媒的力量，分步骤、分阶段、分重点地加大宣传力度，使"钢铁"在社会上逐步升温。为了使策划工作制度化、规范化，深圳每年还召开全市文艺创作规划会议，并正酝酿成立艺术评审委员会。

在加强自身文艺队伍建设的同时，充分利用海内外文艺人才资源，是促进文艺精品不断涌现的关键。深圳作为一座年轻的新兴城市，文化积淀较浅，文化人才较少，这曾是制约深圳文艺事业发展的"瓶颈"。近几年来，深圳在文艺精品生产的实践中，以海纳百川的胸怀，逐步形成了自己的"人才模式"：以深圳的现实生活为创作题材，以深圳本土的文艺队伍为基本依托，充分利用海内外文艺人才资源，从而将人才劣势转变为人才优势。现代舞剧《深圳故事·追求》，除了以深圳歌舞团的班底为基本力量外，顾问是文化名人余秋雨，导演是新加坡籍的舞蹈编导应萼定，作曲是中央音乐学院教授叶小钢，舞美灯光设计是香港著名舞台设计师王志强。电影故事片《花季·雨季》由深圳电影制片厂具体操作，聘用了国内一批名导演、名演员。而电视剧《钢铁是怎样炼成的》，开创了我国影视片在外国拍摄、演员全部用外国人的先河。深圳这种不拘一格用人才的模式，曾使人们感叹："深圳没有一流的大学，但有一流的大学生；没有一流的科研机构，但有一流的科技产品；没有一流的文艺人才，但有一流的文艺精品。"同时，深圳也把培养本土的文艺人才、壮大当地的文艺力量摆到了重要的议事日程上，正筹划在全国公开招聘引进一批文艺创作与文化管理人才，并将选送一些年轻的文艺骨干到国内外进修。

完善机制，夯实基础，形成氛围，是促进深圳文艺精品不断涌现的基本保障。文艺创作能否可持续发展，保持强大的后劲，归根到底取决于其内在机制的形成与否。近几年来，深圳市先后设立了"深圳市宣传文化事业发展专项基金"和"深圳市文化事业费"，用以资助和扶持文艺精品创作，形成了资金保障机制；设立了"深圳市宣传文化精品奖"和"大鹏文艺奖"，分别对获得国内外文艺大奖或创作上取得佳绩的作者与作品给予嘉奖，形成了表彰激励机制；加强文艺评论，成立"市文艺评论家协会"，并精心策划文艺精品的舆论宣传，形成了宣传推介机制；酝酿成立"深圳市文艺创作中心"，逐步完善创作生产机制。

笔墨当随时代 [*]

　　美术是人类文化的瑰宝，是深受人们喜爱的艺术门类。繁荣发展美术事业对提升城市文化品位、提高市民文化素质、丰富群众文化生活、推动城市文化发展有着重要的作用。改革开放近40年，深圳历届市委、市政府高度重视和积极支持美术工作，深圳美术事业和美术产业取得了长足发展，展现了生机和活力：美术馆集群初具规模，美术人才不断涌现，美术佳作硕果累累，创作水准不断提升，美术产业独树一帜。深圳美术发展呈现出这么几个特点：一是主题创作活跃，在重大历史题材、改革开放题材上形成了优势。二是艺术风格创新，深圳的"都市水墨""写意油画"以及创意设计、当代艺术等因风格创新而处于引领地位。三是品牌活动众多，全国（大芬）中青年油画展、深圳国际水墨画双年展、中国当代艺术邀请展、"城市双年展"、设计周和中国设计大展等活动影响日增。四是入选国内外美术大展的作品较多，获奖作品的数量在国内城市中跻身前列。五是对外交流频繁，美术创作的国际化程度不断提高。六是人才机制灵活，探索建立了"客座画家""签约画家"制度，初步形成了老中青的人才方阵。七是表现手段多样，美术与科

　　* 本文是作者2017年9月15日在深圳市美术工作座谈会上的讲话，编入本书时作了删节修改。

技结缘，衍生了一批新的美术样式。八是美术产业壮大，产生了大芬油画村、观澜版画基地、山水田园国画产业基地、华侨城 OCT 当代艺术中心、鳌湖艺术小镇等美术产业园区。

但是，与国内一些美术根基深厚的城市相比，深圳美术发展的差距仍显而易见，与深圳的城市地位和文化目标相比也不适应，存在的问题与面临的挑战不容忽视。主要体现在美术创作中，在全国画坛站得住、叫得响、留得下的精品力作还很少；名列全国美术创作第一方阵的画家还不多；美术理论研究和美术评论相对薄弱；缺少大型的综合美术展馆；缺乏配套完善的美术教育基地；美术创作队伍的管理体制和机制有待完善；美术品的市场化程度仍不高，与收藏、拍卖市场的联动机制并未形成；政府对艺术品征集、购买、收藏、使用和管理需要进一步加强；等等。

不忘初心，方得始终。站在新的历史起点上，深圳美术界如何贯彻落实习近平总书记在文艺工作座谈会和全国文代会上的讲话精神，适应形势发展的新要求，在美术工作的思路和方法上进行创造性转化、创新性发展，构建促进美术发展的体制机制，营造促进美术发展的良好氛围，是需要我们认真思考并积极探讨的问题。

一 坚持正确导向，创作无愧于时代的美术精品

习近平总书记指出："实现中华民族伟大复兴需要中华文化繁荣兴盛。"并要求广大文艺工作者："不断推进文艺创新、提高文艺创作质量，努力为人民创造文化杰作、为人类贡献不朽作品。"衡量一个时代的文艺成就最终要看作品，时代成就精品、精品彪炳时代。文艺精品是思想精深、艺术精湛、制作精良的作品，是思想性、艺术性、观赏性相统一的作品。古往今

来，文艺巨制无不是厚积薄发的结晶，文艺魅力无不是内在充实的显现。凡是传世之作、千古名篇，必然是笃定恒心、倾注心血的作品。人类文艺发展史表明，急功近利，竭泽而渔，粗制滥造，不仅是对文艺的一种伤害，也是对社会精神生活的一种伤害。文艺精品能够折射城市的人文精神，构成了城市文化的重要标识和城市发展的软实力。多年来，深圳市一直在为文艺精品创作进行不懈的努力。今年全省"五个一工程"奖评选中，深圳有 14 件作品获奖，占全省四分之一强，在已经公示的中宣部"五个一工程"奖评选中，深圳有 3 件作品获奖，占全省四分之三。深圳美术也要筑牢"高原"，勇攀"高峰"，创作出无愧于伟大民族、伟大国家和伟大时代的精品。

美术创作要把握正确的方向。要坚持以人民为中心的导向，牢记为民族铸魂的社会责任，牢记为人民抒怀的文化担当，扎根人民、扎根生活，做到胸中有大义、心里有人民、肩头有责任、笔下有乾坤。深圳是改革开放的前沿和先行地、排头兵，是美术创作题材的"富矿"，要开发利用好深圳独特的精神文化资源，把文化的"原生矿"变成有用的资源和素材。要接触生活、深入基层，在群众的火热实践中汲取题材主题、表现内容，不断进行美的发现和美的创造，画出深圳特有的时代精神和城市风貌，创作具有浓郁深圳特色，有筋骨、有气度、有温度的优秀美术作品。

"笔墨当随时代"，文艺创作要因时而兴，乘势而变，随时代而行，与时代同频共振。深圳美术工作者要立时代之潮头，绘时代之宏图，聚焦大主题，讴歌大时代，唱响主旋律，成为时代风气的先觉者、先行者、先倡者。我们即将迎来党的十九大召开，明年是改革开放 40 周年，后年是新中国成立 70 周年等，这是美术创作的重要时间节点，我们要紧扣时代脉搏，着力抓好重大题材美术创作。明年，我们计划在深圳和北京举办

"深圳市纪念改革开放40周年美术大展",一方面通过作品展示改革开放的风貌,另一方面也展示40年来深圳美术的实力。

在实现"中国梦"的伟大实践中,深圳正努力建设现代化国际化创新型城市和国际科技、产业创新中心。与此同时,深圳正在全面实施《文化创新发展2020(实施方案)》,努力建设与现代化国际化创新型城市相适应的文化城市。文化的发展是全方位、多层面的,也包括了推动美术事业和美术产业的大发展、大繁荣,这是全市美术工作者共同的历史使命。

二 遵循艺术规律,提升深圳美术的水平和影响

繁荣发展深圳美术是大家共同的心愿,也是我们今天一起探讨的问题。习近平总书记在文艺工作座谈会上指出:"加强和改进党对文艺工作的领导,要把握住两条:一是要紧紧依靠广大文艺工作者,二是要尊重和遵循文艺规律。"总书记的讲话为我们指明了方向。首先,要紧紧依靠全市广大美术工作者,集思广益,出思路、想办法、定措施、抓落实。同时,要认真听取海内外美术界专家学者的意见建议,取得各方面的支持。其次,要尊重和遵循美术工作的规律,美术的发展需要一个积累的过程,需要内在动因和外部条件,需要"天时、地利、人和",我们要从体制机制入手,循序渐进,因势利导,厚积薄发,逐步实现突破性的提升。

有些同志向我们提出,深圳要敢于亮出"深圳画派"的旗帜,我想,这是我们努力的方向、奋斗的目标。从城市美术史发展的经验来看,我们要打造"深圳画派",不可能预先设定一个标准,构思一种模式,提出一个参照系,而是要在实践中不断地探索和积累,同时还要取决于本地经济文化等各种条件。如上海"海派美术"的形成,是在19世纪中叶上海经济繁盛之

际出现的。画传《寒松阁谈艺琐录》指出："自海禁一开，贸易之盛，无过上海一隅。而以砚田为生者，亦皆于于而来，侨居卖画。"上海开埠之后，工商业的发展使这里成为新的绘画市场，吸引了江浙一带专业画家以及在海外学习的画家。云集在上海的画家师承不同、各有专长，虽有受"小四王""后四王"影响的名家，但是居于主流地位的画家，则是被称为"海派"的群体。"海派"善于把诗书画一体的文人画传统与民间美术传统结合起来，又从古代刚健雄强的金石艺术中吸取营养，描写民间喜闻乐见的题材，将明清以来大写意水墨画技艺和强烈的色彩相结合，形成雅俗共赏的新风貌。志存高远、心怀谦卑，只要我们不断努力，加上深圳具备的条件，再过十年、二十年，甚至更长的时间，我们回过头来加以梳理、总结、提炼，"深圳画派"或许就会应运而生。关于这个问题，我谈几点想法：

首先，打造深圳画派，要扬长避短、与时俱进，要与深圳的城市文化气质相吻合。深圳是一座现代化国际化创新型城市，也是一座年轻的城市，与北京、西安、成都、广州等城市相比，深圳的文化积淀相对较浅，文化底蕴明显不足，这是劣势和短板，同时也是优势和潜力，这说明深圳的文化负担不重，创新潜力很大。深圳的《文化创新发展2020（实施方案）》提出了要建设国际创意文化先锋城市的目标，深圳美术创作也要着眼于现代与未来，表现都市与社会，凸显创新与创意，形成独树一帜的现代美术风格。

其次，打造深圳画派，要坚持传承与创新。传承是文艺发展的血脉，创新是文艺发展的生命。深圳是"移民城市"，95%以上的居民来自全国各地，美术工作者也来自五湖四海。深圳美术一定要植根于中国文化深厚的土壤，吸收岭南画派的风采神韵，在继承中创新、在创新中扬弃。如深圳的"都市水墨画"既保留了中国绘画中的笔墨写意，又表现现代都市的现代风格，在过去与未来、技法与题材上选取了很好的结合点。费孝通先生二十年前提出了"文化自觉"的观念以及"各美其美，美人之美，美美与共，天下大同"的思考，深圳美术创作也会因开放而多彩，因互鉴而丰富。中华优秀传统文化是中华民族的精神命脉，深圳画派要以礼敬和自豪的态度对待传统美术，尊重传统、珍视传统，同时，要凭借"窗口"区位，借鉴和吸收古今中外美术发展的有益成果，要关注和重视国画、油画、版画、雕塑等传统艺术门类之外的非传统美术领域，引导推动综合材料绘画、公共艺术、新媒体艺术乃至实验艺术等符合时代潮流的当代艺术形式健康发展。

第三，打造深圳画派，要秉承"海纳百川、开放包容"的理念。艺术最钟情开放多元的文化环境，全国各地许多画家来深圳，就是认为深圳有比较包容的环境。深圳多年来形成的宽松包容的文艺创作氛围和毗邻港澳的"窗口"区位，已经成为深圳文艺繁荣发展的重要条件。从1980年代开始，深圳不仅吸引了大批创业者、建设者，也吸引了许多艺术创作者。吴作人、蒋兆和、朱屺瞻、程十发、关山月、吴冠中、唐云、启功、华君武等画坛名家陆续来到深圳采访写生、创作办展。在全国具有影响的大家王子武、李世南等更是选择定居深圳。1985年3月，刘海粟先生在深圳银湖度假村举办九十大寿庆祝会，我有幸参与，当时场面十分感人，各界名流纷纷挥毫泼墨，以墨宝为刘老庆贺。刘老为银湖山庄七座庭院命名并题写，他在深圳的巨幅国画《大鹏展翅图》也是这个时候创作的，成为一段佳话。深圳正是因为有着包容开放的气质、丰厚肥沃的土壤，才能够吸引众多艺术家在此驻足，汲取滋养、不断成长。独特的风格是一种流派，多元的风格也是一种流派。深圳是一座海滨城市，要打破各种门槛壁垒，消除各种成见偏见，在美术创作上展现海一般的胸怀。既要为本土成长的美术家提供好的创作

条件，让他们走向全国、走向世界，也要为全省、全国乃至全
世界的画家提供一个创作、展示、交流、提升的平台。要鼓励
海内外的美术家到深圳创作、生活、定居。

三　实施人才战略，建设名家荟萃的
深圳美术工作者队伍

人才是一切工作的基础。繁荣文艺创作、推动文艺创新，
必须有大批德艺双馨的文艺名家，繁荣发展深圳美术事业的关
键在于培养美术人才。

要大力实施美术领军人物培养工程，尊重规律、优化政策，
造就名家大师。现在深圳美术取得的成就，与王子武、李世南
等美术大师的带动是分不开的。要继续有重点有选择地引进美
术名家大师、高端美术人才，通过提供优惠的经济政策和便利
的创作条件，建立引进优秀美术人才的"绿色通道"。要用全
国乃至全球的视野吸纳人才，不求所有，但求所用，使深圳成
为富有吸引力的美术人才高地。组织开展美术人才传帮带活动，
以老带新，帮助中青年优秀美术人才成长。邀请国内外名家到
深圳办班讲学、"结对子"，选送优秀中青年美术工作者到国内
外重要的美术机构学习深造。充分发挥民间美术爱好者的潜能，
调动和引导民间美术人才创作的积极性。对在全国重要美术展
览、重大美术比赛中取得优异成绩的艺术家，要大力表彰奖励
和宣传推介。要研究设立与"中国美术奖"相衔接的深圳美术
奖项，等等。

深圳广大美术工作者要自觉坚守艺术理想，克服浮躁情绪，
"十年磨一剑"，静得下心、沉得住气，不断提高学养、涵养、
修养，加强思想积累、知识储备、文化修养、艺术训练。要强
化精品意识，以对艺术高度负责的精神潜心贯注地钻研创作。

四 形成社会合力，壮大深圳美术产业集群

艺术市场的兴起，使得市场的要素与力量不断地参与到艺术价值的构筑之中。美术繁荣发展需要名家名作，而产生名家名作一个很重要的力量就是市场。政府的鼓励表彰很重要，市场的推动力量也很重要，要重视市场，完善从美术创作到市场的完整链条。美术创作的价值观不能为市场所左右，要正确引导，合理通过市场实现美术作品的价值；优化服务，促进美术产业健康发展。

要着力推动美术产业集群和部落等基地建设。创新美术产业发展之路，坚持政府扶持引导和企业自主发展相结合，整合金融、科技、物流、教育、电商及行业组织等各种资源，培育壮大一批美术产业集群。支持美术集聚区建设，包括深圳大学三号艺栈、大望文化高地、梧桐山艺术区、鳌湖艺术村，要继续办好深圳大芬油画村、观澜版画基地等一批有影响力的美术部落。要支持建立美术家创业平台、美术产业孵化基地，建立画家村、美术一条街。要促进美术与艺术设计联姻，将设计作为重要的产业发展方向，从全世界来看，设计学院和美术学院都是建在一起的，设计的基础是美术。要推动美术与新技术、新媒体有机融合，提炼雅昌文化集团在艺术数据、艺术全产业链方面好的经验与做法，大力发展网络美术。充分利用深圳文博会、深圳文交所、中国文化产业投资基金、深圳国家对外文化贸易基地等国家级文化平台，推进美术与金融的对接，鼓励银行及各种投资基金参与美术的创作生产，支持企业通过上市、发行债券等形式直接融资，实现"美术＋资本"的核变效应。

要进一步强化对外美术交流合作。以"一带一路"和粤港澳大湾区建设为契机，搭建和巩固两岸四地艺术交流平台。借

鉴法国蓬皮杜艺术中心、香港嘉德拍卖公司等世界级艺术机构的经验做法，加强艺术合作，注资并盘活深圳博雅艺术公司等艺术品交易经纪公司。继续做好与香港的美术交流，在深港水墨交流展的基础上，加强深港西洋绘画和设计界的学术交流。引导鼓励深圳画院等机构与西班牙、德国等国外主流艺术家、主流美术机构建立交流合作的长效机制，推动互建美术大师工作室。

五 加强组织领导，为繁荣发展深圳 美术提供坚强支撑

繁荣发展深圳美术是一项长期的综合性工作。宣传部、文体旅游局、文联等部门的同志，要善于学习，了解熟悉美术工作的规律，尊重和支持艺术家们的创作个性和创造性劳动。一方面要持续加强对美术创作的引导和扶持，倡导符合社会主义核心价值观、符合时代精神的优秀美术创作，另一方面要充分尊重艺术规律，努力为美术创作和活动营造更加宽松、更加健康的生态环境。关于支持美术事业繁荣发展，要加强以下几方面工作。

一是要加强美术场馆和基础设施的阵地建设。深圳已经有关山月美术馆、何香凝美术馆等一批在全国领先的美术场馆，但是随着城市美术事业的发展，现有美术场馆及硬件设施逐渐暴露出展线太短、面积太小的问题，在承办一些大型美术展览时显得捉襟见肘。要推动美术馆新馆建设，研究新建综合性的大型美术展览和美术交流中心，重大美术设施、艺术设施要集聚在一起以便于参观。深圳美术展览的市场非常活跃，关山月美术馆每年展览的排期都达到饱和，说明现在美术展览的市场很大，需求旺盛。要研究建设美术作品收藏调剂库，实现深圳

美术藏品集中入库、分头管理、资源共享。同时，要遴选并建设一批深圳本土优秀美术家的个人馆、专业馆，既促进美术家创作也丰富美术场馆的品类。

二是要打造在全国乃至世界具有影响力的美术品牌活动。深圳的中国设计大展、国际水墨画双年展等美术活动质量上乘、广受认可，现在需要着眼在更高层次更高平台展现深圳美术的形象。要紧扣重要时间节点办好主题性美术展览，借助国家力量，积极承办全球和全国性大型美术活动。全世界、全国的一流美术展多在深圳举办，深圳美术就有地位、有影响。

三是要整合全市美术资源组建深圳美术馆联盟，搭建一个集创作、研究、展示、交流于一体的大型平台。充分发挥美术场馆在引领先进文化、提供公共文化产品和服务人民大众方面的作用。各美术场馆要努力提升展览水平、收藏质量和学术研究能力，实现对公众审美趣味的引导。要提高策展能力，集中力量办好精品大展，策划具有深圳风格和特色的品牌美术活动。强化深圳画院在美术创作、理论研究、人才培养、对外交流等方面的职能。关山月美术馆、深圳美术馆等国有美术场馆要致力于打造精品馆，策划重大美术展览，其他展览分流到各区和民营馆，实现差异化办展。原特区外地区美术场馆要夯实基础、提升品质。鼓励各区开展有特色的美术创作和展览活动，服务大众并从中发掘优秀作品和人才。

四是要鼓励和支持民间美术馆的发展。深圳华侨城的华·美术馆是国内首家以先锋设计为主题的优秀民营美术馆，以关注和推动设计、当代艺术为业务专长。我们要充分调动民办美术馆、画廊、画院以及民间团体、艺术机构的积极性，在美术创作、美术评奖、美术活动、职称评审等方面，对民办美术单位和个体美术工作者一视同仁，给予政策上制度上的保障，进行必要的引导，促使其规范有序发展，努力形成政府与民间力量、公益性美术单位和民办美术单位双轮驱动、比翼齐飞的生动局面。

五是要重视深圳美术的宣传推广工作。坚持德艺双馨标准，加大对美术名家的宣传推介力度，实施"深圳美术名家"出版工程，拍摄美术、文艺终身成就奖纪录片，建设深圳美术名家视频库。支持创办一份国内一流并具有国际影响力的美术刊物。加强美术评论，报纸要办好美术栏目，以专业批评和理论研究引导美术实践。对改革开放以来深圳涌现的优秀美术作品进行系统梳理，结合改革开放40周年，组织《深圳美术40年》编撰工作。开展关于深圳美术的系列主题研讨活动，汇编成册出版。明确将"都市水墨"作为美术学科和深圳画派建设的重点加以深入研究推广，支持相关重点艺术家、重点选题的创作。

六是要加大对深圳美术的财政投入。近年来国内艺术品市场价格逐步上扬，促使我们逐步加大收藏经费投入。各主要美术场馆要明确收藏定位，在既定的收藏方向上多收好作品，形成体系并更好地利用。要对产生较大影响的著名老艺术家的作品进行系统收藏，以做好深圳美术史的梳理和研究工作。收藏入选省级以上展览并获优秀奖的作品，实行以收藏代奖励。对本市举办的重要展览，除展览经费以外再以适当比例配套收藏费，做到收藏研究一体化。

这次座谈会之后，我们将根据各方面的意见，修改完善并出台《关于繁荣发展深圳美术工作的意见》，作为今后一个时期推动深圳美术工作的重要文件。

用"新时代深圳精神"凝聚
先行示范区建设的强大正能量

每一种精神的产生，都铸造了这座城市的品格；每一种精神的传承，都带有全体市民的共同记忆。四十载春华秋实，经济特区建立以来，深圳精神赓续传承、历久弥新，始终激励着深圳人民团结奋进、开拓创新，显示出强大的生命力和创造力。在新的历史起点上，大力培育和弘扬"敢闯敢试、开放包容、务实尚法、追求卓越"的新时代深圳精神，必将进一步激发深圳人民锐意进取、团结拼搏，续写城市传奇，创造美好生活。

一 不断与时俱进的"深圳精神"

城市精神是城市文化的核心，是城市发展的灵魂。习近平总书记在 2015 年 12 月的中央城市工作会议上指出："一个民族需要有民族精神，一个城市同样需要有城市精神。城市精神彰显着一个城市的特色风貌。要结合自己的历史传承、区域文化、时代要求，打造自己的城市精神，对外树立形象，对内凝聚人心。"

作为改革开放的先锋城市，深圳不仅创造了举世瞩目的物质财富，也积累了宝贵的精神财富。深圳历来重视对城市精神的提炼概括，先后三次提炼概括"深圳精神"：1987 年为"开拓、创新、奉献";1990 年为"开拓、创新、团结、奉献";2002 年为"开拓创新、诚信守法、务实高效、团结奉献"。此外,2010 年深圳经济特区建立 30 周年之际,市第五次党代会总结了七个方面的"特区精神",评选出了"时间就是金钱,效率就是生命""空谈误国,实干兴邦"等"深圳十大观念"。这些精神和观念,与深圳 40 年来所创造的物质财富一起,成为深圳对全国改革开放和现代化建设作出的重要贡献,凝练了特区人民的共同记忆,引领和激励了深圳人意气风发走进新时代,推动了深圳改革开放各项事业蓬勃发展。

"深圳精神"之所以历久弥新,就是因为这一精神始终立足时代、引领时代,随着时代发展而发展,随着实践丰富而丰富。与时俱进是马克思主义的理论品质,也是深圳精神的内在要求。当前,中国特色社会主义进入了新时代,深圳也迎来了建设粤港澳大湾区和中国特色社会主义先行示范区"双区驱动"的重大历史机遇,开启了中国特色社会主义伟大实践的新征程。在这个重要历史节点,以庆祝经济特区建立 40 周年为契机,提炼概括"新时代深圳精神"十分及时,也很有必要,有利于进一步增强城市的凝聚力和影响力,动员和激励特区干部群众继续不忘初心、牢记使命、砥砺前行、干事创业,为深圳朝着建设中国特色社会主义先行示范区的方向前行,努力创建社会主义现代化强国的城市范例,提供坚强的思想保证和强大的精神动力。

二 "新时代深圳精神"是全市各界智慧的结晶

党的十九大报告指出,要更好构筑中国精神、中国价值、中国力量,为人民提供精神指引。2018 年 4 月,习近平总书记在庆祝海南建省办经济特区 30 周年大会上强调,发扬敢闯敢试、敢为人先、埋头苦干的特区精神，始终站在改革开放最前沿。2019年8月出台的《中共中央、国务院关于支持深圳建设中国特色社会主义先行示范区的意见》提出，进一步弘扬开放多元、兼容并蓄的城市文化和敢闯敢试、敢为人先、埋头苦干的特区精神，大力弘扬粤港澳大湾区人文精神。

2015年底出台实施的《深圳文化创新发展2020（实施方案）》，明确提出要丰富"深圳精神"新内涵，组织开展市民大讨论和理论研讨，提炼与时俱进的新概括，塑造特色鲜明的城市气质。2019年10月，经上级批准，"新时代深圳精神"提炼概括工作正式启动。提炼概括工作，坚持以社会主义核心价值观为引领，以"敢闯敢试、敢为人先、埋头苦干的特区精神""开放多元、兼容并蓄的城市文化"和"粤港澳大湾区人文精神"为基础，以"深圳十大观念"为参照，力求提炼出的"新时代深圳精神"既与中央有关精神保持高度一致，又能反映深圳鲜明的城市特色，既对深圳过去40年形成的精神气质进行"精准画像"，又为深圳未来的改革发展树立"市训"、作出期许。

"新时代深圳精神"提炼概括工作，采取了务实平和的办法推进，重在内容、不拘形式，大致经过了酝酿研讨、论证完善、征求意见、集中提炼、审定发布五个阶段，历经近半年时间。先后召开多次提炼概括工作专题会、提炼专家组研讨会，形成"新时代深圳精神"候选词句共10个版本。通过各种形式广泛征求各方意见，包括召开人大代表和政协委员、企业界代表、市民代表、社科理论界代表四个界别座谈会，向全市99家单位发放征求意见函，拜访有关领导和文化名人，书面征求曾在深圳工作的20名副省级以上老领导意见等，最终形成"新时代深圳精神"备选版本。2020年3月16日、30日，经深圳市委常委会会议两次审议研究，最终原则同意将"新时代深圳精神"提炼概括为"敢闯敢试、开放包容、务实尚法、追求卓越"。

三　"新时代深圳精神"是深圳城市
人文气质的生动彰扬

城市精神是千千万万个市民以自己日复一日的行为、奋斗、坚守，以每个人在种种挑战面前的思考和选择最终凝聚而成的。"新时代深圳精神"是时代精神的一面鲜明旗帜，是新时代特区继续前进的冲锋号，是深圳价值体系的系统提炼和总结，是深圳人干事创业的深情赞歌。"敢闯敢试、开放包容、务实尚法、追求卓越"的新时代深圳精神，全面贯彻了习近平总书记提出的"敢闯敢试、敢为人先、埋头苦干"的"特区精神"，融合了《中共中央　国务院关于支持深圳建设中国特色社会主义先行示范区意见》提出的"开放多元、兼容并蓄"的深圳城市文化，与中央精神高度对标；展示了全市干部群众闻鸡起舞、日夜兼程、风雨无阻的精神状态和时不我待的拼劲干劲；包含了深圳最为鲜明的"创新""包容""务实""法治"等特质，是深圳城市人文精神和市民气质的生动刻画，民意基础非常广泛；集中凸显了深圳建设先行示范区，在新时代勇担新使命、实现新作为、开创新局面的精神状态，具有十分鲜明的新时代特征。

"敢闯敢试"既是对深圳过去40年为改革开放先行探路的真实写照，也是深圳未来建设先行示范区的不懈追求。1979年，邓小平同志创造性地提出建立特区，明确要求"杀出一条血路来"。1992年，邓小平同志视察深圳时指出："深圳的重要经验就是敢闯。没有一点闯的精神，没有一点'冒'的精神，没有一股气呀、劲呀，就走不出一条好路，走不出一条新路，就干不出新的事业。"2012 年，习近平总书记离京视察"第一站"就来到了广东深圳，要求深圳"充分发挥特区敢为天下先的精神，敢于'做第一个吃螃蟹的人'"。2018 年，习近平总书记在广东、深圳考察时，强调"要弘扬敢闯敢试、敢为人先的改革精神"。

据不完全统计，40 年来深圳共创造了 1000 多项"全国第一"。从特区建立之初仅有 3 名工程师，到每万人拥有发明专利 93.4 件；从"三来一补"，到"中国硅谷"；从边陲小镇到现代化国际化大都市，成为全球闻名的创新之都，崛起了华为、腾讯、比亚迪等一批世界领先企业，走出了一条从跟随模仿式创新迈向源头创新、引领式创新的跃升之路。过去 40 年，深圳作为改革开放的"试验田"和"排头兵"，以"杀出一条血路"的魄力，以闻鸡起舞、日夜兼程、风雨无阻的精神状态，勇当建设中国特色社会主义的探路先锋。新时代改革开放再出发，推进先行示范区建设，是前无古人的开创性事业，深圳将继续大力传承老一辈特区建设者的"拓荒牛"精神，以舍我其谁、当仁不让的强烈责任感、使命感，切实扛起沉甸甸的主体责任，率先探索全面建设现代化强国的新路径，勇做驶向中华民族伟大复兴光辉彼岸的第一艘"冲锋舟"，在新时代创造让世界刮目相看的新的更大奇迹。

"开放包容"彰显了"深圳与世界没有距离"的开放视野、"来了就是深圳人"的宽广胸襟和"鼓励创新、宽容失败"的恢宏气度。深圳是时任广东省委第一书记习仲勋同志主政广东期间向中央提出建议、改革开放的总设计师邓小平同志亲自决定建立的第一个经济特区，自诞生之日起，就肩负着为中国改革开放和现代化建设先行探路的使命。2018 年，习近平总书记在广东、深圳视察时强调："党的十八大后我考察调研的第一站就是深圳，改革开放 40 周年之际再来这里，就是要向世界宣示中国改革不停顿、开放不止步。"深圳因改革开放而生，因改革开放而兴，"开放"既是时代赋予深圳的历史使命，也是深圳奇迹般成长的力量源泉。深圳经济外向度高，是全国口岸数量和出入境人数最多的城市，2019 年，深圳实现外贸出口 1.67 万亿元，连续 27 年居全国大中城市首位。

开放的市场环境孕育了包容的社会氛围。"包容"体现在深圳作为一座移民城市对外来人口的慷慨接纳上，自 20 世纪 80 年代起，深圳率先打破僵化的人事政策，自由的劳动力市场引来前所未有的移民潮。一千个人来深圳或许会有一千种理由，但他们的共同目标是靠自己的奋斗实现人生的转机和生活的改善，"来了就是深圳人"是这座城市发自内心的诚挚邀请。"包容"也体现在深圳开明对待各种新生事物的社会氛围，改革创新是一种探索行为，没有经验可遵、前路可循，深圳在长期实践中形成了"鼓励创新，宽容失败"的社会理念和价值导向，向勇于挑战的失败者致敬，极大激发了干事创业、创新创造的活力。

"务实尚法"是深圳人埋头苦干、务实高效、崇尚法治、遵从规则的集体群像。1992 年，邓小平同志发表了重要的"南方谈话"，强调"发展才是硬道理，……空谈误国，实干兴邦！""深圳发展这么快，是靠实干干出来的"。"南方谈话"之后不久，"空谈误国，实干兴邦"的标语牌在深圳蛇口竖起，旗帜鲜明地倡导一种新的价值观和发展观：减少争论、多干实事，"堵饶舌者之利口，壮实干家之声色"，呼应了"发展才是硬道理"的时代主题。改革开放 40 年来，深圳人一直秉承"空谈误国，实干兴邦"的理念，埋头苦干、求真务实，紧紧抓住经济建设不动摇，创造了世界工业化、现代化、城市化发展史上的奇迹。

在一心一意谋发展的同时，深圳坚持改革的"破"与法治的"立"并举，积极推进法治建设。习近平总书记强调："'改革与法治如鸟之两翼、车之两轮'，要坚持在法治下推进改革，在改革中完善法治。"改革与法治相伴而生，改革总是一马当先，冲破束缚生产力发展的旧的体制和制度；法治则紧随其后，建立适应生产力发展的新的体制和机制。比如，1987 年深圳敲响了新中国土地拍卖"第一槌"，开创了土地使用权有偿出让使用的先例，这一改革在一定程度上对 1988 年修改《宪法》产生了重要影响，直接推动了《中华人民共和国土地管理法》的修订。自 1992 年被授予"特区立法权"以来，深圳充分发挥立法"试验田"作用，率先建立了较为完善的服务社会主义市场经济的法律体系，成为全国地方立法最多的城市，为坚持和完善中国特色社会主义制度、推进国家治理体系和治理能力现代化做出了积极探索。2019 年《中国营商环境与民营企业家评价调查报告》显示，深圳法治环境指数位居全国第一，法治已成为深圳闪亮的名片和最好的营商环境。

"追求卓越"体现了新时代深圳走在前列、勇当尖兵的创新实践，也体现了"先行示范区"的战略定位和"全球标杆城市"的远大追求。追求卓越，表现为各个阶段、各个领域、各项环节都对标全球最高最好最优，精益求精推进各项工作。经济特区设立之初，"三天一层楼"的深圳速度让世界惊叹。在发展过程中，深圳较早遇到了土地空间、环境容量、资源能源、劳动力成本等各种挑战，迫切需要以质量型增长冲破要素成本制约，打造"深圳质量"成为构建长远竞争力的战略抉择。近年来，深圳大力推动文化创意产业发展，"深圳设计"逐步成为新的城市品牌和增长极。从"深圳速度"到"深圳质量""深圳设计"，深圳坚持不断提升城市能级和核心竞争力，构筑面向未来的战略优势，实现高质量发展、创造高品质生活。

新时代，推进先行示范区建设，深圳坚持着眼全国"一盘棋"、跳出深圳看深圳，放眼全球识大势、立足全局谋长远，聚焦高质量发展高地，率先建设体现高质量发展要求的现代化经济体系；聚焦法治城市示范，率先营造彰显公平正义的民主法治环境；聚焦城市文明典范，率先塑造展现社会主义文化繁荣兴盛的现代城市文明；聚焦民生幸福标杆，率先形成共建共治共享共同富裕的民生发展格局；聚焦可持续发展先锋，率先打造人与自然和谐共生的美丽中国典范。深圳在对标全球最高最好最优最强过程中，努力成为最高最好最优最强；在与领跑者、顶尖者比高低过程中，努力成为领跑者、顶尖者。

四 用"新时代深圳精神"凝聚先行示范区建设的强大正能量

"新时代深圳精神"承载着深圳人高度的情感认同、价值认同、文化认同，既是深圳人共同的精神标识，也是深圳发展的支撑力量。弘扬践行"新时代深圳精神"，是每个深圳人义不容辞的责任。要通过深入学习宣传研究"新时代深圳精神"，鼓励动员全市广大干部群众担当新使命、展现新作为，努力创造属于新时代的光辉业绩。

以高度的政治自觉，把加强"新时代深圳精神"阐释研究，作为学习宣传习近平新时代中国特色社会主义思想的具体行动。"敢闯敢试、开放包容、务实尚法、追求卓越"的"新时代深圳精神"，是在习近平总书记提出的"敢闯敢试、敢为人先、埋头苦干"的"特区精神"的基础上，结合深圳建设先行示范区的生动实践，对深圳精神核心内涵作出的最新概括，是深圳学习宣传贯彻习近平新时代中国特色社会主义思想的精神成果，是社会主义核心价值观的深圳表达。要从争当学懂弄通做实习近平新时代中国特色社会主义思想排头兵的政治高度，广泛发动社科理论界加强对"新时代深圳精神"核心内涵的研究阐释，编写《新时代深圳精神》，依托各级党委中心组学习和"市民文化大讲堂""百课下基层""深圳读书月"等平台载体，组织"新时代深圳精神"进机关、进社区、进学校、进企业等系列宣传活动，切实将"新时代深圳精神"的核心内涵讲清楚讲准确、价值意义讲全面讲透彻。

以庆祝深圳经济特区建立40周年为契机，广泛开展宣传教育活动，推进"新时代深圳精神"家喻户晓、深入人心。今年是深圳经济特区建立40周年，全市上下将开展丰富多彩的庆祝活动，要把"新时代深圳精神"作为系列宣传庆祝活动的重中之重，充分利用新闻宣传、文艺宣传、社会宣传、对外宣传等各种形式，全面持续开展宣传教育活动，推动"新时代深圳精神"家喻户晓、深入人心。认真做好新闻报道和网络宣传，全市报纸、电台、电视台、新闻网站、客户端要充分利用新闻、评论、综述、专访等形式，对"新时代深圳精神"的内涵进行深入解读、广泛宣传，制作一批通俗易懂、喜闻乐见的融媒体传播产品。切实开展文艺宣传，围绕"新时代深圳精神"，精心创作推广一批文艺精品。积极做好社会宣传，在机场、口岸、车站等重要位置悬挂"新时代深圳精神"宣传标语，制作系列宣传片，营造浓厚社会氛围。深入开展对外宣传，利用城市英文门户网站等平台大力宣传"新时代深圳精神"，树立鲜明的国际化城市形象，扩大深圳的对外影响力。

从"新时代深圳精神"中，汲取破解发展难题、推进高质量发展的思想方法和精神动力，凝聚推进新时代改革开放的强大共识。城市精神的生命力，在于每位市民的躬身践行。当前，深圳正在抢抓建设粤港澳大湾区和先行示范区"双区驱动"的重大历史机遇，努力到2025年，建成现代化国际化创新型城市；到2035年，建成具有全球影响力的创新创业创意之都，成为我国建设社会主义现代化强国的城市范例；到本世纪中叶，成为竞争力、创新力、影响力卓著的全球标杆城市。这些目标，绝不是轻轻松松、敲锣打鼓就能实现的，需要从“新时代深圳精神”中汲取力量。我们寄望全市上下大力弘扬践行“敢闯敢试”精神，进一步唤醒敢闯敢试、奋勇争先的文化基因，坚持用好改革开放关键一招，大胆地闯、大胆地试，敢于啃硬骨头，敢于涉险滩，在新时代创造出更多可复制可推广的经验；我们寄望全市上下大力弘扬践行“开放包容”精神，在更大范围、更广领域、更高层次上参与国际国内合作与竞争，以全局视野抢抓机遇、以世界胸襟推进发展，进一步凸显深圳张开臂膀迎接每一个寻梦人的开放姿态，宣示深圳“改革不停顿、开放不止步”的信心和决心；我们寄望全市上下大力弘扬践行“务实尚法”精神，坚持实事求是、一切从实际出发，不畏艰辛、艰苦创业，继续巩固法治在城市治理中的基础性、规范性、保障性地位，用法治为一流营商环境保驾护航；我们寄望全市上下大力弘扬践行“追求卓越”精神，与最优者“对标”、与最强者“比拼”、与最快者“赛跑”，在先行中当好示范，朝着建设先行示范区的方向前行，努力创建现代化强国的城市范例。

四十载东方风来满眼春，新时代南海潮头又春风。“敢闯敢试、开放包容、务实尚法、追求卓越”，既是深圳人民对昨天的总结与传承，更是对今天的推动和对明天的引领。让我们将“新时代深圳精神”内化为深圳人民共同的价值追求，进一步激励广大市民在奋斗中创造新生活、在新生活中继续奋斗，共同书写新时代深圳发展的壮丽篇章！

让城市的每扇窗户都透着阅读的灯光[*]

——深圳推广全民阅读活动的实践与思考

进入 21 世纪，随着生产力水平的提高和经济社会的发展，城市发展进入了以文化为主题的竞争阶段。以文化创新作为城市发展的核心动力，探索如何通过文化来增强城市竞争力和发展后劲，推动城市战略的"文化转向"，成为世界城市发展的共同趋势。

阅读作为人类获取知识、积累文化的基础，愈发受到前所未有的重视。早在 1972 年，联合国教科文组织即向全世界发出了"走向阅读社会"的号召，要求社会成员人人读书，让读书成为人们日常生活中不可或缺的部分。党和政府高度重视全民阅读工作，2014 年以来，"全民阅读"已连续四年写入政府工作报告。今年的政府工作报告明确提出，要"大力推动全民阅读，加强科学普及"，全民阅读已经上升为国家战略。

深圳领全民阅读风气之先，自 2000 年起就开展了以读书月为代表的全民阅读活动。十七年来，无处不在的阅读文化活动正改变着深圳，人文气质充盈着鹏城。阅读已经成为深圳一个重要的文化标识和精神符号，为涵养城市文明、激发创新潜能注入了活力。

---

* 本文原载于 2017 年 4 月 23 日《深圳特区报》。

一 深圳对推广全民阅读活动的战略认识

深圳作为中国改革开放的排头兵，是国家创新型城市试点和国家文化体制改革试点地区，文化要素已渗透到经济社会发展的全过程和各领域，文化资源日益成为城市建设发展的基础资源，文化"软实力"日益成为城市竞争力的关键因素。相较国内其他城市来讲，深圳尤其需要阅读。

——倡导全民阅读是深圳转型发展的必然选择。经过 30 年的快速发展，深圳在经济上取得瞩目成绩的同时，也面临着前所未有的挑战。土地空间限制、能源资源短缺、环境承载有限、人口急剧膨胀等多方面约束，使得深圳较早摒弃了粗放式发展模式，创新和创意正在成为深圳转型发展最重要的动力。而阅读正是激发创新、凝聚智慧、开启未来的必然选择。因此，必须倡导全民阅读，开展一系列阅读活动，致力打造尊重知识、崇尚智慧的社会风尚，在市民中间形成谈论知识、谈论科学、研讨学术、享受人文的良好习惯和风气。通过知识获取力量，通过创意获得发展，激发创造创新热情，让城市发展更加注重内涵式质量型增长，依靠知识资源和创新创意力量实现可持续发展，走出一条科学的发展创新之路，为城市的转型发展注入新的活力。

——倡导全民阅读是深圳增强文化软实力的有效途径。深圳是一个建市仅三十余年的新兴城市，经济科技发达、金融商业繁荣，但和北京、上海等文化名城相比，文化底蕴相对较浅，文化软实力亟待增强。因此，为了积累城市的文化厚度，增强城市的文化软实力，深圳早在 2003 年就在全国率先实施"文化立市"战略。"十三五"期间，深圳进一步提出要推动文化创新发展。而开展全民阅读活动，正是我们建设与现代化国际化创新型城市和国际科技、产业创新中心相匹配的文化强市最基础的工作。我们越来越认识到，只有不断倡导读书求知、奋发好学、蓬勃向上的文化观念，才能让深圳这座城市变得温暖、变得书香浓郁、变得更有文化内涵。

——倡导全民阅读是深圳提高城市文明的客观要求。一座文明的城市不仅需要繁荣的经济，更需要昌盛的文化。作为移民城市的深圳，如何进一步增强城市的凝聚力、向心力，让市民和谐、诗意地栖居？只有造就深层次的和谐文化，形成共同的理想信念、良好的道德规范、和谐的人际关系、较高的文化素养，才能构建以社会主义核心价值观为引领的城市精神体系，构建充满活力、安定有序的和谐社会。而倡导阅读正是深圳这座移民城市构建文化认同、提升人文精神的重要抓手。通过阅读可以提升城市每个市民的精神境界，让文明的生活方式和社会风尚成为主流；通过阅读，可以改变稍显浮躁的市民心态，使每个人举止得体，知书达理，使文化生活更加丰富、城市文明进一步提高。

二 深圳推广全民阅读活动的相关探索

在中央和省有关部门领导的关心指导下，深圳全民阅读工作起步较早。2000 年起就开始密集举办相关活动，集中兴建了大量阅读设施，并逐步形成了从政府到民间、从企业到社会，多层次、多主体的阅读组织群落，阅读文化在全社会生根开花。2013 年 10 月 21 日，联合国教科文组织授予深圳"全球全民阅读典范城市"称号，以表彰深圳在推动全民阅读方面的创造性实践。深圳不遗余力地推动全民阅读，大幅提高了深圳市民的阅读率，2016 年深圳居民年均阅读纸质图书 8.94 本，年阅读电子图书 10.47 本，都远远超过全国平均值；持图书证读者数量占全市常住人口比重、年人均借书量、家庭藏书量、人均购书量均稳居全国前列。

——在全国首创读书月，推动全民阅读。深圳读书月迄今已成功举办 17 届。17 年来，读书月共举办各项读书文化活动 6600 多项，形成了一系列具有全国乃至国际影响力的阅读品牌活动，每年吸引近千万人次参与其中，成为深圳市民高度关注、积极参与的文化盛事，得到了中央和省有关部门的充分肯定和市民的广泛参与。人民日报、新华社、中央电视台等各类媒体累计刊播报道近 4 万篇（条），为读书月点赞。中宣部、国家新闻出版广电总局有关领导多次出席深圳读书月活动，认为"深圳读书月有力地促进了全国性读书热潮的形成"。如今，深圳读书月已成为深圳重要的文化名片，在提升市民素质、打造城市文明、扩大城市影响力等方面，发挥着越来越重要的作用。

——成立阅读联合会，培育和聚合民间阅读力量。全民阅读必须要成为全社会的文化自觉，才能永续发展。深圳倡导并推动全民阅读，催生了众多的民间阅读组织，它们已经逐步成为不可取代的全民阅读支撑力量。2012 年 11 月，我们推动成立了国内第一个跨行业全民阅读民间组织——"深圳市阅读联合会"。目前，该会拥有 99 个团体会员，致力于培育和聚合民间阅读力量，为全市各种民间阅读组织建机制、搭平台，促使全民阅读活动制度化、常态化、普及化。民间阅读组织的不断壮大和广泛参与，为全民阅读注入了新的活力，将深圳全民阅读引向基层、引向深入。如第十七届深圳读书月，深圳读书会、三叶草故事家族、南都读书俱乐部等民间阅读组织纷纷策划参与了各种读书活动 89 项 300 余场，参与市民 200 多万人次。

——加强阅读主阵地建设，拓展和丰富阅读空间。一是全力打造"图书馆之城"。对于城市居民而言，图书馆不仅是吸收知识实现文化权利的地方，更是"精神憩园"，是当代都市人实现"诗意地栖居"的重要路径。2003 年，深圳市政府提出建设"图书馆之城"的设想，经过十余年的建设，目前，全市共有公共图书馆 623 个、城市街区 24 小时自助图书馆 245 台，形成了覆盖全市的公共图书馆网络体系，并且馆际之间实现了通借通还和资源共享。深圳因此被誉为"生活在图书馆中的城市"。二是加强书城、书吧建设。从"深圳人的文化公园"深圳书城罗湖城、"深圳西部文化 MALL"深圳书城南山城、国内首家"城市文化生活空间"深圳书城中心城到"文化创意书城"深圳书城宝安城，四大书城逐渐成为了推崇全民阅读，构建公共文化服务体系的重要阵地。市委、市政府还鼓励经营适应区域环境的特色书吧，目前，简阅书吧、学苑书屋等 150 多家特色书吧以个性化、全方位的服务方式，深入社区、校区等，形成全市书城、书吧星罗棋布的格局，成为城市的精神地标。图书馆和书城、书吧的高密度布局，共同构成深圳的阅读主阵地，拓展和丰富了深圳人的公共阅读空间。这里每年举办上万场高品质公益性文化活动，形成了巨大的阅读文化磁场。

——顺应"互联网"潮流，推动阅读载体创新。近几年来，互联网技术，尤其是移动互联技术的高速发展和广泛渗透，极大地改变了人们的阅读方式和阅读习惯，阅读的新载体、新手段层出不穷。我们因势利导，充分发挥作为高新技术先锋城市在运用新媒体、数字化产品推动全民阅读方面的先发优势，不断推动阅读载体创新。2015 年读书月的主题就是"互联网 + 读书"，取得了很好的效果。自 2015 年起，读书月专设"互联网"板块，扶持、推广和运用有利于促进全民阅读的技术创新，提升全民阅读数字化水平。比如，去年 7 月，深圳书城推出了"深圳书城 APP——掌上书城"，市民可以在手机上订制私人书单，随时随地购买图书；"全民阅读 APP"于去年读书月期间正式上线，它是服务于全民群众的数字阅读终端产品，以听书、影像、图文三重媒介承载全方位阅读资源，真正做到了立足深圳文化资源，促进深圳全民阅读的发展；懒人在线科技公司推出了"好书留声——聆听读书月好书"活动，开辟了有声阅读体验区，通过扫描二维码免费收听精选读物，感受有声阅读的魅力；连续举办七届手机阅读季，推出新阅读相关活动等。"互联网"作为一种全新的力量，使传统阅读与网络阅读紧密结合，丰富了市民的阅读体验，展现了深圳全民阅读的勃勃生机。

——出台系列公共文化政策，将全民阅读引向深入。正是基于全民阅读在增加城市文化积累、提高城市创新活力和综合竞争力中的战略地位，深圳近年来出台了《关于深入开展全民阅读活动、加快学习型城市建设的若干意见》《深圳读书月发展规划（2010—2020 年)》等系列文件。在《深圳文化创新发展 2020（实施方案)》中，倡导全民阅读也占据了重要的分量，为推动全民阅读尤其是深圳读书月的科学、深入和可持续发展提供了指导和保障。倡导全民阅读已经成为深圳公共文化政策的重要内容，成为深圳努力建设与现代化国际化创新型城市和国际科技、产业创新中心相匹配的文化强市的重要手段和目标。

——率先实现阅读立法，开启全民阅读法治化进程。建立全民阅读长效机制，阅读立法是根本。深圳在这方面率先做出了探索。经过反复调研论证，《深圳经济特区全民阅读促进条例》于 2015 年 12 月 24 日经市第六届人民代表大会常务委员会第四次会议审议通过，于 2016 年 4 月 1 日开始实施。这是国内城市阅读推广领域首部运用地方立法权制定的法规，目的是以法律形式为全民阅读做一个顶层制度设计，一方面可以把这些年来深圳全民阅读的优秀做法和经验用制度巩固下来，为以后全民阅读持续发展提供法律保障；另一方面通过相关法规以及创新政策，更好地推进全民阅读工作。《条例》明确和规范了政府及相关部门在全民阅读活动中的行为和义务，保护每个市民的阅读权利，为市民阅读提供更多更好的资源、产品和服务，从而推动公共阅读服务水平的提升。

三 深圳推广全民阅读活动的未来设想

深圳的全民阅读，取得了一定的成绩，但仍有不足。比如，目前深圳居民年均阅读纸质图书的数量为 8.94 本，以色列居民年均阅读纸质图书数量为 64 本，俄罗斯为 55 本，日本为 40 本，法国为 20 本，而匈牙利每 500 人就有一座图书馆。深圳在提高市民文化素质、优化城市阅读条件、扩大阅读人群范围等方面，需要绵绵发力、久久为功。

——进一步推动民间阅读的培育发展。对民间阅读组织给予更多的关注，加强文化导向管理，从资金、场地上给予更多支持，推动民间阅读组织健康成长；充分发挥民间阅读组织作用，夯实城市阅读的基石，通过阅读组织的自觉带动，使广大市民在阅读活动中能各得其所，各取所需。同时，阅读组织的发展使全民阅读逐步实现由政府倡导向社会自觉推动的转变。今后，可考虑评选最佳阅读企业、最佳阅读学校、最佳阅读社区等，让全民阅读活动不再是少数人的小圈子活动，而是全民的阅读活动。

——进一步加强阅读场馆建设。深圳市委、市政府制定了文化战略发展规划新蓝图，并且通过《深圳文化创新发展 2020（实施方案）》这一纲领性文件贯彻实施。将书城、书吧建设作为实现公共文化服务均等化的重要载体，积极推进"一区一书城、一街道一书吧"规划建设的落实，对原特区外书城在培育期内每年给予 500 万元专项补贴，并确定了在深圳原特区外 5 个区分别兴建书城，市政府总共投资 20 亿元，由出版发行集团再出 20 亿元。同时，我们要进一步完善"图书馆之城"建设，健全市级中心馆、区级总馆、街道分馆和社区图书馆四级网络体系，推进公共图书馆服务全覆盖。大力实施数字图书馆工程等，推动公共服务数字化，实现文化"一站式"服务，力争到2020年，阅读场所遍布全市，阅读资源便捷获取，让城市到处弥漫书香。

——进一步开展系统科学的阅读研究。为加强全民阅读研究与推广，深圳于2015年1月专门成立了"深圳市全民阅读研究与推广中心"。该中心是深圳首个全民阅读理论研究及成果推广机构，目前该中心已编写国内首个城市年度阅读蓝皮书，连续两年对外发布"深圳阅读指数报告"。在此基础上，我们还将陆续开展城市阅读的各种专题研究，特别是加大对数字阅读、亲子阅读等的调研。同时，启动全民阅读基金的科研认证。努力使阅读推广活动更加科学、系统，更具战略眼光。

——进一步关注未成年人及留守、流动儿童阅读。未成年人是城市的未来和希望，我们要积极推动全社会都来关注未成年人读书，只有这一批人都热爱读书，我们这个城市才有未来和希望。"少儿阅读是全民阅读的基础"已经成为全社会的共识，很多国家都将青少年阅读提升到战略高度，让孩子从小养成爱读书、读好书的习惯，从下一代开始实现全民阅读的目标。个人阅读习惯、阅读兴趣、阅读能力是从小养成的，并且影响终生。所以，读书要从娃娃抓起，只有这样，才能培养出更多的读书种子。此外，要着力保障特殊群体、困难群体的基本阅读需求，包括着力保障农村留守儿童、城市流动儿童的基本阅读需求。要通过赠书献爱心、组建阅读志愿者组织、建设阅读活动室等活动，以阅读传递温暖，引领未成年人健康快乐成长。

——进一步发挥全球全民阅读典范城市影响力。加强与深圳国际友好城市、全球创意城市网络、"一带一路"国家和国际华文地区城市的阅读交流与合作。邀请国际友城等参与读书月活动，形成城际阅读交流。我们要争取与联合国教科文组织合作成立全民阅读的二级机构，探索建立全民阅读国际平台。同时积极推动深圳阅读文化走出去，推动已经形成比较优势的深圳书城、书吧模式外溢发展。

——进一步培育深圳全民阅读的长效机制。全民阅读日渐成为全社会的共识，各地都在开展，现在需要的是走向深入，因此，长效机制的建立尤为关键。深圳全民阅读活动要走向深入必须从建立长效的运作机制和支持系统着手。一是资金保障上，不仅政府财政要加大投入，更重要的是要调动社会资本，如建立阅读基金等。二是深圳的全民阅读工作已进入了法治化的新阶段，硬件方面要加快阅读空间、场馆设施建设，软件方面要尽早出台落地一系列配套文件和相关措施，包括组织拟定全市全民阅读发展纲要、推动民间阅读组织建设、组织指导我市全民阅读活动等。三是引导部分市民先形成阅读自觉，逐步带动更多的群体和组织参与阅读，继而推动整个社会形成浓厚的阅读氛围。

在深圳中心书城，有一间24小时书店，夜幕下，总有读书人惬意地徜徉在书海中。从2006年11月1日开业至今，这家中国内地坚持了最久的24小时书店已有10年"不打烊"的纪录。阅读之灯，永不熄灭，是文化的价值，阅读的价值，烘托出城市的光荣与梦想。但愿深圳的阅读之灯，永远璀璨明亮；期盼深圳的全民阅读，走向更为宽广的未来，为全国全民阅读活动的开展继续探路。

阅读永恒，载体创新[*]

——互联网时代的全民阅读

自古至今，"阅读"对于个人、社会乃至一个国家、民族而言，其深远意义已无须多言。但"阅读"本身的演化，也见证了人类的技术发展、社会进步以及历史的曲折，尤其是技术突破所能拓展的社会阅读空间，是值得深究的一个重要命题。而探讨互联网时代的全民阅读，于此也获得了其理论意义和实践价值。

一 技术与阅读

在现代社会，我们往往将阅读看作一种权利，或者说，阅读权成为公民的文化权因而也是人的基本权利的重要组成部分。然而，回顾历史可知，人的阅读权的获得及其普泛化，并非"自然"赋予的产物，而是"人为"争取的结果，它既取决于世界政治发展和社会进程，也取决于技术突破、技术进步及其空间扩散的维度。事实上，在人类的早期文明史上，文字与阅读更多地是作为一种被少数人所掌控的"权力"（特权）而非现代意义的"权利"，比如说，所谓"仓颉造字，而天雨粟，

---

* 本文原载于 2016 年 5 月 4 日《人民日报海外版》，编入本书时作者修改。

鬼夜哭"，指的是文字被创造后，人们可以经由文字交流思想，致使老天及其代理人（如巫师）的秘密已守不住，于是"天雨粟，鬼夜哭"。而在文字出现以后，人们开始寻找文字的书写工具和载体，比如古代中国的甲骨、苏美尔人的芦苇秆、古埃及人的麻布、欧洲人的羊皮纸、印度人的棕榈叶等，这其中当然涉及了书写技术的进展，但一直到中国汉代发明造纸术为止，这种技术进展是缓慢的。而造纸术发明的划时代意义，就在于它极大地改进了书写工具和降低了书写成本，它与后来发明的印刷术，使得新的媒介——印刷书应运而生。

可以说，造纸术和印刷术的发明，对人类文明的深刻影响，是怎么强调都不过分的。如在中国，书写载体的发达催生了中华文明的早熟，也由此形成了极为深厚的阅读传统和文化积淀；在西欧，古登堡印刷革命不仅有利于社会识字率和知识传播速度的普遍提高，也直接推动了宗教改革、启蒙运动的兴起，所谓的"印刷资本主义"对现代民族国家的形成和社会大革命的发生也产生了深刻影响。从阅读权的角度看，其最深远的影响就在于，造纸术和印刷术所代表的技术突破性进展成为冲破阅读特权藩篱的强有力手段，也有效地打破了巫师、教士和贵族阶层对教育、文化资源以及阅读权的社会垄断，知识的传播可以经由书写文字的发展进入千家万户，作为"权力的象征"的阅读权由专业化向大众化转变成为一种历史趋势，也即文化由垄断向共享转化——技术由此成为打破垄断、增进自由的重要工具。

进入近代以来，伴随科学革命和工业革命，人类的科技发展更是一日千里，其对人类信息交流、知识积累和文明扩散的影响也更为直接与迅猛。如 19 世纪以来陆续发明的光缆、电报、电话、照相机、留声机、传真机、摄像机、复印机等光电技术以及图书、报纸、杂志、电视、电影等现代媒体的大量涌现，同时伴随着现代政治的发展和经济社会的进步，不仅极大地便利、拓展了人类信息传播和知识交集的渠道，而且也极大地推动了文化和信息的普泛化和民主化进程，从而也为人们以阅读权为表征的文化权利的普遍实现，提供了技术基础。

二 互联网使"全民阅读"成为可能

如果说以造纸术和印刷术为中心的技术发展代表着人类阅读历史的一个里程碑，那么随着"可与瓦特的蒸汽机相提并论的伟大发明"和"人类过去半个世纪取得的最大成就"的互联网于1969年的出现以及TCP/IP协议于1983年的达成，一个全新的互联网时代降临了。尽管在早期阶段，互联网掌控在专业人士手中，与普通公众天高地远，但此后30年，随着新的信息技术革命的持续酝酿和狂飙突进，继互联网将所有电脑连接起来之后，1991年htpp超文本传输协议（万维网）的签订，使电脑连接了所有人：网页出现了，所有人的登录开始了，新时代的门打开了，人类由此进入了一个以信息为基础的社会。这一方面驱动了互联网向世界范围的扩展和个人电脑的普及，另一方面则随着2007年第一款苹果智能手机的面世而向移动智能终端延伸。在万维网诞生的1991年，接入互联网的计算机只有二十万台，而在今天，据权威机构最新数据，全球互联网用户超过30亿，也就是说有将近一半的地球人口成为网络人口，其结果就是信息的超大规模和速率的膨胀：一家大型微博网站发布的信息，就可以超越《纽约时报》六十年的信息量；全球最大视频网站一天上传的影像，可以连续播放近一百年；互联网两天积累的信息总和，相当于人类历史留下的全部记忆。伴随海量信息几乎无成本的全球流动，以及人与人、人与物、物与物之间的无限连接，人们有理由相信，著名社会学家曼纽尔·卡斯特所说的一个无处不在的"网络社会"已经诞生。① 在中国，同样的事实也正在发生。自 1994 年实现与互联网的全功能连接以来，中国网民数量迅猛增长，目前已成为互联网的泱泱大国，截至 2015 年 6 月，中国整体网民规模达到 6.68 亿，也就是说目前有一半的国人是网民。

那么，互联网时代的来临，对于阅读或全民阅读而言，将意味着什么？

第一，我们将看到，互联网所改变的首先是"阅读"本身。在互联网时代，我们首先需要对"阅读"进行重新定义。传统的阅读形态主要是指纸质的文字阅读，比如图书、杂志和报纸等，它往往不包括影像内容，更不包括电子文本。但这一切，随着互联网时代的来临，都被颠覆了。换言之，互联网时代的阅读，不仅包括传统的纸质阅读，更包括一切基于互联网或电子设备的文字、影像、图片等内容，阅读的内涵和外延都大大丰富和扩展了，而且其对象和内容都处于一种边界日益模糊和不断延伸变动当中。

第二，互联网极大地改变了阅读的渠道、条件与环境。在传统阅读中，我们依赖于容量有限的单一渠道，即图书报刊等纸质阅读形态或图书馆等物理空间，但互联网的出现，不仅使得阅读的渠道变得更加多元化，而且其海量信息也使个人阅读的自由度得到极大提高，尽管现实世界中可能还存在"数字鸿沟"问题，但相比于图书报刊等的购买，kindle 等电子阅读设备、手机等移动智能终端和互联网的多维链接，极大地降低了阅读的成本，提高了阅读的可达性，改变了阅读的习惯和提升了阅读的技术条件，从而也优化了整体的社会阅读环境。

第三，更重要的是，互联网真正使全民阅读成为可能。近

---

① 曼纽尔·卡斯特：《网络社会的崛起》，社会科学文献出版社 2007 年版。

年来，在学界、业界等社会各界，关于"阅读率"的讨论一直是个热门的社会话题，甚至有人认为阅读率下降是个历史趋势。表面看来，这有一定的道理，也有一定的调查数据支撑。但事实上，说阅读率下降，在传统阅读的意义上可能是成立的，但在互联网时代，随着电脑尤其是智能手机的普及，不仅催生出版业的颠覆性变化，而且也可能导致新的阅读革命的出现。如在互联网逐渐普及的 2005 年，我国传统图书阅读率为 48.7%，比 1999 年下降了 11.7%；而与之相反，网上阅读率却从 1999 年的 3.7% 增加到 2005 年的 27.8%，7 年间迅速增长了 6.5 倍，年平均增长率达到 107%。① 这表明，数字技术和互联网的发展正在改变着人们的阅读习惯，尤其是随着数字终端的普及，通过网络在线、手机、电子阅读器、光盘、PDA/MP4/MP5 等设备看书的人正在迅猛增加，2013 年的调查数据显示，有 50.1% 的受访者使用过数字化阅读，人数首次过半。② 如今，在 6.68 亿中国网民中，通过手机等移动终端上网的用户规模达 5.94 亿，占网民总数的 88.9%。在"上网即阅读"的意义上，互联网不仅让全民阅读成为可能，而且正在使全民阅读成为一种现实。

三 依托互联网拓展"全民阅读"空间

全民阅读是提升国民素质和国家综合竞争力的重要途径。在当今竞争日趋激烈的全球化时代，深入开展全民阅读活动、推进学习型社会建设对于我国未来转型创新发展的意义，尤为

---

① 《中国读者传统图书阅读率下降　网上阅读率增 6.5 倍》，《中国新闻网》2007 年 4 月 23 日。

② 《中国人去年人均读书 7.25 本　数字化阅读率暴涨》，《新快报》2014 年 4 月 22 日。

重大。而要推动全民阅读发展，其途径和方式当然有很多，比如在美国，从总统到作家，从出版社到书店，其阅读推广活动形式之多样、内容之丰富，值得充分借鉴。① 在我国，要推动全民阅读，在依托传统出版和实体书店之外，必须立足于读书活动由传统阅读向网上延伸的现实和趋势，高度重视和充分利用互联网这一阅读的重要载体和平台，从加强数字出版和引导网络阅读两个主要方面着眼，全面促进我国全民阅读的更大发展。

首先，在数字出版方面，目前出版业的主要趋势之一，就是市场日益由出版社主导转向大众阅读主导，出版与阅读、读者与作者之间的界限日益模糊，而其契机就是互联网的迅猛发展。作为一场信息技术革命的产物，互联网不仅极大地改变了传统的阅读形态，为全民阅读的实现创造了无限的可能，而且也对传统的出版形态带来革命性的影响，数字出版将成为未来出版的主流和趋势。

其次，在网络阅读方面，随着网络在线、手机、电子阅读器、光盘、PDA/MP4/MP5 等阅读方式的日益流行，尤其是手机移动智能终端已经成为用户连接互联网的绝对首选，数以亿计的用户每天通过移动互联网发布自己的作品，海量内容通过移动互联网传播、流动、阅读、使用，再衍生出新的作品，移动互联网俨然已成为现阶段最重要的知识传播媒介与阅读渠道和平台之一。因此，我们的全民阅读推广活动必须适应这种社会阅读方式的显著转变，有效调整阅读推广的方式和手段，这将是我国未来全民阅读推广的主要方向。

最后，值得提及的是，传统出版和新兴出版、传统阅读和

---

① 张佳伊：《美国怎么做阅读推广》，《阅读推广理念·方法·案例》，国家图书馆出版社 2013 年版。

新阅读应是并行不悖、相辅相成、融合发展的。中国新闻出版研究院 2014 年公布的第十一次全国国民阅读调查数据显示，中国人的图书阅读率在 2005 年曾降至 50% 之下，2007 年后才逐年回暖，2009 年重新回到 50% 以上，2013 年中国成年国民的纸质图书阅读率为 57.8%，比 2012 年提升了 2.9%，是连续第七年上升。[①] 这说明，尽管在互联网时代，数字出版对传统出版、新阅读对传统阅读造成了越来越大的冲击，但由于两者各具自身的优点和缺点，在可见的将来，它们不会成为完全的相互取代关系，而呈现"分众化、分类化"、线上线下结合的发展趋势。比如手机阅读虽然有便捷的显在优点，读者可利用碎片时间随时随地阅读海量内容，从而为越来越多的人所喜爱，新阅读更是成为年轻人的主流阅读方式。当然，也由于手机阅读"短平快"特点，它很难完全取代纸质书刊的经典深度阅读，而且与纸质阅读相比，手机阅读在阅读体验方面也存在一些不足。

总之，在互联网时代，新技术、新媒体的层出不穷，对我们传统的出版和阅读造成了空前的冲击，但人们阅读方式的转变和新阅读方式的流行，也为传统出版的转型发展提供了难得的契机。尤其是对于社会阅读而言，由于阅读的推广以及阅读权的广泛获得，在相当程度上是基于技术发展之上的，互联网技术的日新月异及其应用的普及推广，又为处于崭新时代的我们创造了前所未有的技术和社会条件，从而也为全民阅读的真正实现提供了无限的可能。

---

① 《中国国人纸质图书阅读率连续 7 年回升》，《海南特区报》2014 年 4 月 23 日。

新 时 代，新 阅 读 *
——深圳全民阅读的思考与探索

文化是一个国家、一个民族的灵魂，是驱动高质量、可持续发展的力量之源。党的十九大报告强调，文化自信是一个国家、一个民族发展中更基本、更深沉、更持久的力量，彰显出党和国家以高度的文化自信，推动文化繁荣兴盛，实现中华民族伟大复兴的决心。

深圳是一座热爱学习、崇尚文明、充满活力的年轻城市，市委、市政府较早提出文化立市、文化强市战略，积极开展文化创新和全民阅读，取得了丰硕的成果，为深圳贯彻落实中央"五位一体"总体布局与"四个全面"战略布局，建设现代化国际化创新型城市奠定了坚实的文化基础。党的十九大召开不久，第 18 届"深圳读书月"提出"新时代，新阅读"的年度主题，贯彻落实党的十九大精神，进一步倡导与新时代要求契合、与新时代发展同步的新阅读，力求为深圳在新时代走在前列、在新征程勇当尖兵，高质量全面建成小康社会，率先建设社会主义现代化先行区提供更加强大的智力支撑和精神动力。

---

* 本文原载于 2018 年 4 月出版的《深圳全民阅读发展报告》，编入本书时作者修改。

一 新时代：全民阅读新使命

全民阅读作为坚定文化自信、推动文化繁荣的重要手段与基础工程，在提升文化素养、推动创新发展等方面正发挥着愈加重要的作用。迈入新时代，全民阅读必须凝聚新力量、开拓新格局、书写新篇章，更好地肩负起不断满足美好生活需要、持续助力文化强国建设的新使命。

（一）全民阅读是美好生活不可或缺的文化构成

阅读是人类获取知识、增长智慧的重要方式，是人民群众美好生活不可或缺的文化构成。全民阅读是新时代完善公共文化服务体系、深入实施文化惠民工程、丰富群众文化活动的重要方式，必须在全面、持续、深入发展的过程中体现出更加强烈的惠民性、社会性，为满足人民过上美好生活的新期待提供更加丰富的精神食粮。

坚持惠民性，意味着要将阅读视作人民群众基本的文化权利。2016 年 12 月，我国首个国家级全民阅读规划《全民阅读"十三五"时期发展规划》正式发布，明确提出"以满足人民群众精神文化需求为出发点和落脚点"的指导思想与"坚持公益普惠，深入基层"的基本原则，为"面向基层、面向群众，保障全民平等享有基本阅读权益"的新时代全民阅读奠定了基调。深圳自开展全民阅读工作以来，始终坚持发展为民、发展惠民，积极推动阅读活动进社区、进学校、进企业、进军营、进机关、进家庭。近年来，尤其注重依托特区一体化建设完善服务体系，加快推动原特区外阅读设施建设与阅读资源供给，"一区一书城、一街道一书吧""十分钟文化圈"等覆盖全市、惠及全民的阅读格局初见雏形。《深圳阅读指数研究报告》显示，2016 年深圳建有公共图书馆 627 个，实体书店书吧 162 家，开展阅读活动 15 种 12300 余场，深圳居民人均拥有公共图书馆藏书 2.31 册，参与阅读活动 2.32 次，全市阅读需求得到了较为充分的保障。2016 年，随着国内首部以条例形式颁布的全民阅读地方性法规《深圳经济特区全民阅读促进条例》出台，深圳人的阅读权利从此有了立法保障，深圳全民阅读也正式迈入规范化、法治化的新阶段。

坚持社会性，意味着要将全民阅读视作社会各界参与的公共事业。阅读需要政府的支持推动，更需要社会阅读力量的参与。只有各类社会阅读组织蓬勃发展，全民阅读才能真正实现由政府倡导向社会自觉推动的转变，实现广大市民对美好生活的向往。深圳十分重视培育社会阅读力量，《深圳经济特区全民阅读促进条例》明确提出要"鼓励企事业单位、其他组织和个人开展全民阅读促进活动；鼓励依法设立公益性阅读组织"。2016 年，深圳共有 135 个阅读机构组织、648 位阅读推广人活跃在全市各个角落，全民阅读领域吸引到的各类社会资金投入高达 1600 余万元。深圳全民阅读的代表品牌"深圳读书月"长期坚持"政府倡导、专家指导、社会参与、企业运作、媒体支持"的运作机制，不断动员更广泛的社会力量参与其中，将每年 11 月打造成共襄盛举的"城市文化狂欢节"。多元联动、广泛参与的运作机制，为新时代深圳全民阅读履行新使命打下了扎实基础。

（二）全民阅读为深圳在新时代走在前列、新征程勇当尖兵提供智力支撑

文化兴国运兴，文化强民族强。阅读作为一个国家、一个民族精神发育、文明传承的重要途径，能够且必须为建设富强民主文明和谐美丽的社会主义现代化强国提供更加有力的思想保证、更加强大的精神动力和更高质量的智力支持。尤其对创新之城、开放之都深圳而言，阅读更是新时代走在前列、新征程勇当尖兵的重要力量。

在创新之城，全民阅读是激发创新活力的养分。创新是引领发展的第一动力，党的十九大报告 50 余次强调创新，为中国加快建设创新型国家吹响了强劲的号角。深圳是国家创新型城市，创新是城市发展的主导战略。全民阅读的推行，有利于构建城市知识系统，积蓄创新动力；有利于构建城市人文精神，孕育创新观念；有利于构建城市品格气质，营造创新氛围。深圳持续推动全民阅读的 20 年，正是快速崛起的 20 年。2015 年起，深圳读书月连续提出"互联网＋读书""创新之城，读具匠心""新时代，新阅读"等年度主题，主张在全民阅读的涵养与驱动下，最大限度地激发大众创业、万众创新的活力与能力，为扎实推进以科技创新为核心的全面创新，打造具有全球竞争力影响力的创新先行区做出了良好表率。

全民阅读也是拓宽对外交流的名片。开放带来进步，封闭必然落后，坚持推动构建人类命运共同体，需要促进和而不同、兼收并蓄的文明交流。深圳是改革开放的窗口，拥有得天独厚的地缘优势，在国家"一带一路"建设中扮演着重要角色，只有以更加开放的姿态拥抱世界，才能凸显在粤港澳城市群中的集聚辐射作用，力争在世界城市版图中占据更重要地位。作为国内较早开展全民阅读的城市，深圳经过不懈的探索积累，逐渐打造出"阅读"这张崭新的对外交流名片，连年举办的"阅读双城记"等全民阅读品牌活动，在上海、合肥、爱丁堡等国内外城市传播了精彩生动的深圳故事，促成了互惠互利的友好合作。2013 年，深圳荣膺联合国教科文组织授予的"全球全民阅读典范城市"称号，标志着深圳全民阅读的桥梁连接到了更加广阔的国际舞台，为加快构建开放型经济新体制，打造在更高层次上参与全球竞争合作的开放先行区提供了全新指引。

二 新阅读：文化生活新特征

习近平总书记在参加十三届全国人大一次会议广东代表团审议时指出，在现代化进程中，要引导人们注重修养品德、保持良知、增强爱心。迈步新时代，肩负新使命，全民阅读需要增添新内涵，焕发新光彩，探索与新时代要求契合、与新时代发展同步的新阅读。这要求我们在深刻理解新时代特征的基础上做出新的抉择和行动，丰富内涵，创新形式，创造与时俱进的文化生活，为人民群众提供更加丰富的精神食粮与更加有力的精神指引。

（一）新内涵：紧扣主题，引领时代

时代是思想之母。阅读作为推动中国特色社会主义文化繁荣兴盛的重要工具与主要内容，必须在坚守中华文化立场的基础上与时俱进，立足当今现实，结合时代条件，做好引领工作，弘扬时代精神。这为全民阅读赋予了丰富的时代内涵，要求我们以高度的使命感和责任感，在全社会迅速兴起学习贯彻习近平新时代中国特色社会主义思想高潮，采取切实有效措施，综合运用各种传媒手段，形成强大合力，使习近平新时代中国特色社会主义思想深入人心。

以习近平新时代中国特色社会主义思想为指引的新阅读，把握时代发展脉搏，是具有广泛社会凝聚力与强大时代引领力的新阅读。深圳作为经济特区，处在彰显"四个自信"、提供"中国方案"的第一方阵，必须在全民阅读工作中毫不动摇地体现、宣传、贯彻新时代中国特色社会主义基本方略，积极展现"坚持党对一切工作的领导""坚持以人民为中心""坚持全

面深化改革""坚持新发展理念""坚持人民当家作主""坚持全面依法治国""坚持社会主义核心价值体系""坚持在发展中保障和改善民生""坚持人与自然和谐共生""坚持总体国家安全观""坚持党对人民军队的绝对领导""坚持'一国两制'和推进祖国统一""坚持推动构建人类命运共同体""坚持全面从严治党"等"十四个坚持"的丰富内容，全面传播实现"两个一百年"奋斗目标、实现中华民族伟大复兴中国梦的"路线图"和"方法论"，为城市构建先进的精神文化体系，为市民提供明确的精神指引。

（二）新形式：阅读永恒，载体创新

互联网技术和应用的日新月异，为新时代创造了前所未有的技术条件和社会条件。深圳作为国内最早建立互联网基础设施的城市之一，已累积接入宽带432.7万户，建成4G基站3.5万余个，实现了互联网的深度覆盖；腾讯等互联网领军企业的高速发展，确立了深圳信息时代的前沿地位；而国家对数字出版产业的高度重视，更推动了深圳数字阅读的迅猛发展。尤其是原国家新闻出版广电总局在文博会新闻出版馆设立的数字出版展区及配套举办的国家级论坛"中国数字出版高端论坛"，每年集中展示我国数字出版产业的最新理论和实践成果，为我国的数字出版未来发展规划了蓝图，也为深圳进一步开展数字阅读工作提供了宝贵的经验和指引。可以说，数字技术的广泛应用，数字阅读的高度普及，为深圳全民阅读的真正实现提供了无限新空间。

秉承"阅读永恒，载体创新"的理念，深圳近年来紧随"互联网＋"浪潮，以全民阅读活动为切入，策划举办"手机阅读季""好书留声"等一系列电子阅读、扫码听书活动，推广了新技术、新理念；以阅读终端产品为阵地，研究开发"全

民阅读APP""掌上书城APP"等一批数字阅读资源聚合平台，铺设了简便快捷的数字阅读新路径；以高端国际交流为契机，两度牵手联合国教科文组织召开"图书和知识产权深圳会议""全球图书会议：数字图书与科技未来"，奠定了参与数字阅读领域国际合作的基础。数字阅读热潮席卷深圳，为深圳全民阅读增添了新形式。研究数据显示，2017年深圳成年居民人均电子图书阅读量为12.42本，数字化阅读方式的接触率高达100%，远远超出全国平均水平。深圳也连续两年被评为"全国十大数字阅读城市"。

以"载体创新"为主要形式的新阅读，顺应新时代发展趋势，在推广普及新兴载体技术、培育提升科技创新素质方面成效卓著，是成长于创新、服务于创新的新阅读。深圳作为中国发展"互联网+"比较好的城市，必将发展数字阅读视作培育新阅读的重点，进一步借助数字化手段与互联网力量，加快推动深圳全民阅读事业线上线下一体化建设。

三　新时代，新阅读：深圳全民阅读的思考与探索

第18届深圳读书月在党的十九大胜利召开不久后举办，旗帜鲜明地提出了"新时代，新阅读"的年度主题，彰显了深圳对新时代全民阅读工作的思考：一方面，全民阅读要紧随时代，把握好方向，为时代鼓与呼；另一方面，全民阅读要不断创新，利用新技术、新手段、新载体推动阅读活动更加广泛、更加深入、更具特色。在全民阅读已上升为国家战略的今天，如何借助新阅读的力量用文化铸就民族强大灵魂、用知识丰富人民美好生活，是新时代发展道路上的重要课题。

（一）加大出版发行，以优秀出版物宣传新时代新思想

全民阅读的载体是出版物，核心是阅读内容。只有不断创作生产符合习近平新时代中国特色社会主义思想的优秀出版物，不断加强对精品力作的宣传推广，拓宽传播渠道，才能真正发挥新阅读的时代引领作用，在全社会掀起学习贯彻热潮。党的十九大胜利召开后不久，深圳迅速组织学习宣传贯彻十九大精神主题书展，展销包括《习近平谈治国理政》（第一、二卷）、《习近平的七年知青岁月》《习近平讲故事》等习近平总书记相关著述和《党的十九大报告辅导读本》《党的十九大报告学习辅导百问》等多种国内最新出版的十九大学习资料和读物共计217种，更新及时，品类全面，是国内规模较大、品种较全的十九大主题书展，受到了广大市民的热切关注与热烈欢迎。为期8天的书展累积销售图书近490万码洋，推动全市学习热情持续高涨，多种主题图书在书展结束后仍长期位列深圳书城畅销书排行榜前列，充分证明了优秀出版物在响应新时代、推广新阅读中不可替代的作用。迈入新时代，发展新阅读，我们必须立足出版发行，实施精品出版工程，提供优质发行服务，以思想精深、艺术精湛、制作精良的出版物和常态化、制度化、多样化的出版物宣传推介吸引市民读者参与。

（二）深化数字阅读，以专业研究促进新时代数字阅读产业发展

数字阅读是一项技术性强、专业度高的产业工程，深入开展科学研究，是持续践行"阅读永恒，载体创新"理念、高效实现新时代下全民阅读转型升级的理论保障。2017年，深圳基于大数据用户分析和机器学习模型发布了我国第一份基于用户细分的全民数字阅读报告城市样本《2016—2017年度深圳数字

阅读报告》，通过对深圳十个区数字阅读用户行为的深度挖掘，完成了对全市及各区数字阅读用户规模、用户画像、用户偏好以及未来走向的精准分析，不仅为全市及各区制定有关的数字阅读政策提供了科学依据，也为数字阅读关联企业明确研发方向提供了现实参考，堪称提升公共文化服务针对性、有效性和平等性，促进深圳数字阅读产业发展的新时代行动指南。迈入新时代，发展新阅读，我们必须深化数字阅读，通过构建专家团队、聘请咨询公司、合作采集数据、开展市场调研等科学方式开展专业研究，为加大数字化投入、推进"互联网＋"转型提供专业支撑。

（三）优化阅读阵地，以公共服务推动新时代全民阅读事业渗透

图书馆、书城、书吧等公共阅读空间，是开展全民阅读的主阵地，也是辐射市民读者的主据点。发挥平台聚合效应，丰富公共服务资源，是新时代全民阅读事业进一步向市民群众渗透的主要方式。2017年，深圳公共图书馆有效读者证数量达208万，同比增长11.8%；实体书店进出人次达1170余万，同比增长13.4%，公共文化服务平台的覆盖范围持续扩大。随着《深圳文化创新发展2020（实施方案）》"一区一书城、一街道一书吧""十分钟文化圈"等设施布局的提出，深圳全民阅读的设施与资源正朝着公益性、一体化、均等化的方向大步前进，深圳书城龙岗城即将开业，深圳书城龙华城投入建设，深入社区、街道、企业、学校等基层单位的特色书吧已累计建成30余家，精彩纷呈的阅读文化活动由此遍布全市各个角落。迈入新时代，发展新阅读，我们必须优化阅读阵地，依托广泛伸展的触角将全民阅读打造成人人可参与、想参与的文化惠民工程，产生更加广泛的影响。

　　迈进新时代，扬帆再起航。新时代，新阅读，一幅更加美好的文化图景正激励我们前行。在习近平新时代中国特色社会主义思想和党的十九大精神的指引下，深圳各界将勠力同心，一道前行，让城市的每扇窗户都透出阅读的灯光，让深圳的全民阅读绽放出新时代的光芒。

先读为快　行稳致远[*]

　　今年是深圳建市 40 年。40 年改革开放，是经济腾飞的历程，也是文化繁荣的历程。特别是 20 年前，深圳开创"读书月"，让全民阅读走进千家万户，让读书学习成为一种生活方式，极大改变了深圳的阅读生态与文化风貌，成长为联合国教科文组织表彰的"全球全民阅读典范城市"。如今，浓郁的书香飘进了深圳的社区街道、学校家庭、企业机关，以读书月为代表的品牌活动层出不穷，以"图书馆之城""一区一书城、一街道一书吧"为核心的阵地建设日臻完善，以阅读联合会为纽带的民间力量不断壮大，以"阅读永恒，载体创新"为理念的数字阅读迅猛发展。平均每天约有 51 场阅读文化活动在城市各个角落上演，平均每位深圳成年居民一年纸质图书和电子图书阅读量加起来超过 18 本。在中国新闻出版研究院发布的第十六次全国国民阅读调查报告中，深圳荣登城市阅读指数排行榜首位，被评为"全民阅读活动开展最早、活动影响力最大、活动效果最好的代表性城市"。

　　进入新时代，深圳改革开放事业踏上了新征程，文化和阅读事业也翻开了新篇章。2019 年 8 月，中共中央、国务院发布

　　* 本文原载于《让城市的每扇窗户都透着阅读的灯光：20 年，与深圳读书月一起走过》，海天出版社，2019 年 11 月。

《关于支持深圳建设中国特色社会主义先行示范区的意见》，赋予深圳打造"城市文明典范"的战略定位，要求深圳率先塑造展现社会主义文化繁荣兴盛的现代城市文明。阅读是现代城市文明的重要标志。第二十届深圳读书月提出"先读为快，行稳致远"的年度主题，借此表达阅读优先，通过书香社会建设迈向城市文明典范的思考与追求。"先读为快"，是深圳领全国风气之先，以读书凝聚求知进取的价值共识；"行稳致远"，是深圳二十年如一日，以读书涵养持续先行的创新驱动。这既是对二十年高贵坚持的致敬，更是对现代城市文明的憧憬，彰显了新时代深圳建设中国特色社会主义先行示范区的文化自信。

读书月，点亮全民阅读的"第一盏灯"

2000 年 11 月 1 日，深圳书城罗湖城北广场，首届深圳读书月隆重启动。读书月的诞生，是基于特区"读书热""文化热"的阅读自觉，体现了一座城市"阅读·进步·圆梦"的文化追求与精神关怀。这项被中央媒体称作"深圳又一创举"的大型综合性群众读书文化活动，是深圳首个全民阅读活动，成为全国最早、发展最好的全民阅读活动之一。

从这个意义上说，读书月是点亮全民阅读的"第一盏灯"。她不仅推动着深圳将全民阅读作为"文化立市""文化强市""文化创新发展2020"等城市发展的战略选择，而且对全国全民阅读工作产生了重要影响，树立了积极典范。2009 年第十届读书月，中央宣传部、中央文明办和新闻出版总署在深圳联合召开首次"全国全民阅读活动经验交流会"，时任新闻出版总署副署长邬书林称赞，深圳读书月创造了读书文化节庆的"深圳模式"，为全国全民阅读活动的开展起到了很好的示范作用，是"起因"，也是"品牌"。

　　20 年，读书月这盏明灯为深圳全民阅读创造了一份闪亮的成绩单：累积开展阅读文化活动 8083 项，邀请金庸、莫言、王蒙、饶宗颐、周国平、白岩松等 100 余位名家大师设坛开讲，打造"温馨阅读夜""地铁阅读季""深圳读书论坛""年度十大好书""经典诗文朗诵会"等一系列具有全国乃至国际影响力的经典阅读品牌，吸引约 1.5 亿人次以书为媒、以文会友，被市民读者高票选为"市民喜爱的十大文化品牌活动"和"深圳十大文化名片"。

　　成绩单之外，读书月也润物无声地改变着深圳全民阅读的文化生态。借着读书月这个凝聚全市力量的抓手，深圳在全民阅读领域开展了一系列敢为人先的积极探索，谱写出一项项令人自豪、引领全国的"第一"。

　　在深圳，有全国阅读推广领域第一部条例形式的城市法规。《深圳经济特区全民阅读促进条例》率先以法规形式厘清了政府、社会、市民三者之间在阅读推广参与方面的关系，对常态化推广全民阅读的政府职责、资金保障、社会参与、青少年阅读权利等方面作出了明确规定。从此，每年 11 月举办读书月成为法定行为，深圳全民阅读获得了更有力的支撑。

　　在深圳，有全国第一家阅读联合组织。深圳市阅读联合会联动全市阅读资源，聚合民间阅读力量，打造出一个与读书月交相辉映的阅读活动平台。三叶草、彩虹花、南都读书俱乐部等数百家民间阅读组织在这里交流共享、发展壮大，为深圳全民阅读制度化、常态化、普及化发展贡献了强大动力。

　　在深圳，有全国第一个专事全民阅读理论研究及成果推广的事业单位。围绕以读书月为代表的深圳全民阅读，深圳市全民阅读研究与推广中心率先建立了评价指标体系、阅读指数，推出全国首部城市阅读发展报告，为发展全民阅读公共文化服务提供可量化评估的现实参考……

如果说读书月是点亮全民阅读的"第一盏灯"，那么如今深圳的阅读风貌，便是由点点星火汇聚而成的浩瀚光海。从读书月出发，深圳全民阅读正焕发着蓬勃朝气。

点灯人，阅读之光长明背后的机制力量

2019 年 7 月 19 日，首届深圳书展的开幕式上，深圳书展形象大使、央视科教频道《读书》栏目主持人李潘说："深圳有非常好的阅读理念，'让城市的每扇窗户都透着阅读的灯光'。我希望能够当一名阅读的点灯人，让城市的阅读之光长明。"

从持续 30 天的书香狂欢，到贯穿全年的阅读日常，深圳全民阅读的常态化发展离不开每一位辛勤的"点灯人"。他们有的来自政府机关，有的来自企业单位，有的来自民间组织，有的来自新闻媒体，有的来自学校、街道，众人拾柴，共同点亮这座城市的阅读长明灯。

"点灯人"的合力背后，是读书月在具体发展过程中创新探索出的一套行之有效的运作机制——"政府倡导、专家指导、社会参与、企业运作、媒体支持"。这也是深圳全民阅读 20 年发展历程中，最为宝贵的经验之谈。

政府倡导，是深圳全民阅读顺利开展的根本保障。深圳市委和市政府以高度的文化自觉、文化自信，于 2000 年创办了读书月，其后更从战略层面提出"实施市民阅读推广计划""倡导每天阅读一小时""深化全民阅读活动，建成书香社会和高水平的学习型城市"等一系列部署要求，将全民阅读作为发展公共文化服务的重要抓手。市委和市政府高度重视全民阅读，主要领导积极倡导全民阅读，多次作出重要指示批示，亲自参加读书月重大活动，为读者荐书，与市民共读，以自上而下的积极表率推动着自下而上的习惯养成。

专家指导，提升了深圳全民阅读的品位和内涵。读书月拥有强大的"特别顾问"团，由陈佳洱、谢冕、邬书林、余秋雨、唐浩明、莫言等国内多位知名专家和文化学者担任，为深圳全民阅读提供价值理念指引。此外，深圳还建立了读书指导委员会、全民阅读研究与推广中心专家智库等各类"智囊团"，在活动策划、书目推荐、效果评估等方面为全民阅读工作贡献智力支持。市民读者亦可通过论坛讲座、对话分享等多种公益活动与名家大咖近距离交流，在名家思想的照耀下多读书、读好书，通过阅读实现自我提升。

社会参与，以广泛的联动为深圳全民阅读凝聚合力。读书月特别设立"联络员"制度，充分调动社会各方面力量进行广泛参与。联络员扎根在深圳各区、各系统、各单位，一方面，及时、广泛地掌握社会各界的阅读需求与文化创意，为策划开展各类阅读文化活动提供现实参考和资源支持；另一方面，协调推进全民阅读工作，在各自领域各自系统利用各自渠道组织开展阅读活动，使深圳全民阅读始终深入基层、深入群众，并有针对性地关注未成年人阅读，关注外来青工阅读，关注贫困地区和特殊人群阅读，为广大市民打造"家门口"的阅读文化菜单。

企业运作，保持了深圳全民阅读的高效运转、常办常新。深圳三大国有文化集团产业之一——深圳出版发行集团是深圳开展全民阅读工作的中坚力量。通过全民阅读事业与传统实体书业、文化创意产业的有机结合，深圳出版发行集团更好地实现了社会效益与经济效益的双效统一，并以企业的敏锐视角推动全民阅读活动在保证公益性的基础上，更加市场化、社会化，更具专业性、灵活性。近年来，越来越多的国有文化集团和民营文化企业也积极参与其中，大大提高了深圳全民阅读的运转效力与发展活力，使深圳全民阅读愈加呈现"百花齐放"

之姿。

媒体支持，使全民阅读成为深圳的文化风尚与城市名片。在全民阅读工作中，媒体自始至终都是一支不容忽略的核心力量，扮演着宣传者、推动者和组织者等多重身份，创办读书月的想法就萌生于《深圳商报》一篇名为《深圳人呼唤"读书节"》的文章。信息井喷的时代，各类媒体更是成为全民阅读"鼓与呼"的主力军，以新鲜的活动创意、生动的新闻报道潜移默化地塑造市民读者的精神品格，使阅读理念更加深入人心，使全民阅读成为城市生活风尚。媒体的大力支持和广泛报道，也使深圳全民阅读逐渐成为闪亮的城市名片，吸引着全国各地与国际社会的热切关注。

一座城市长明的阅读之光，需要千千万万"点灯人"的共同守护。但追根溯源，只有当一座城市形成了成熟稳定的运作机制，这些充满情怀的"点灯人"才能各司其职，为全民阅读添薪加火。

新起点上的眺望：让城市的
每扇窗户都透着阅读的灯光

正如联合国教科文组织总干事特别顾问班德林先生 2013 年参加读书月总结分享活动时所言，"文化决定未来"，年轻的深圳建市后拿出近一半时间开展全民阅读，对提升市民素质、夯实城市底蕴、促进创新发展、扩大城市影响起到了不可替代的积极作用。这份对阅读、对文化的高贵坚持，不仅提升了城市品位，也极大提升了城市的综合竞争力。

站在二十年新起点上，深圳将认真贯彻落实《中共中央、国务院关于支持深圳建设中国特色社会主义先行示范区的意见》，围绕打造"城市文明典范"的战略定位，以"让城市的每扇窗户都透着阅读的灯光"为美好愿景，进一步弘扬开放多元、兼容并蓄的城市文化和敢闯敢试、敢为人先、埋头苦干的特区精神，在精度、深度、广度上提升全民阅读水平，不断创新、持续先行，更好地发挥"先读为快　行稳致远"的驱动作用，引领全民阅读向纵深发展，打造一个与先行示范区发展活力与文化魅力相匹配的书香社会。

我们将注重质量提升、突出品牌引领，让深圳"先读为快　行稳致远"的精神理念发挥更深远的影响力。深圳全民阅读走过二十年，已经到了由"氛围营造""发动参与"向"质量提升"转变的关键阶段。具体而言，我们不仅要倡导"读书好"，更要倡导"读好书"；我们不仅要培育阅读习惯，更要传递阅读方法；我们不仅要开展各类阅读文化活动，更要进一步促进阅读与教育、民生等社会基础体系有机结合，以"深圳质量"推动全民阅读走向高处、深处、细处、实处，为全国各地作出良好表率。在这个过程中，我们将以"深圳读书论坛""年度十大好书""年度十大童书"等品牌活动为重点抓手，进一步锻造精品、塑造品牌、扩大影响，打造具有全国影响和示范作用的文化品牌。

我们将继续推进载体创新、发展数字阅读，让深圳"先读为快　行稳致远"的载体手段体现时代创新精神。近几年来，深圳秉承"阅读永恒，载体创新"理念，在全民阅读领域率先展开了积极的数字化探索，连续多年被评为"中国十大数字阅读城市"。数据显示，当前深圳居民平均每日数字化阅读时长达88.54分钟，全民阅读正随着一系列应运而生的新技术、新手段、新载体得到更加广泛而深入地开展。未来，我们将继续推进基于社区阅读、有声阅读、社交媒体阅读等细分领域的数字化探索，营造数字阅读的城市新风尚，为数字阅读产业乃至整个数字文化产业培育良好的发展环境与受众土壤。

　　我们将进一步开阔国际视野、加强交流合作，让深圳"先读为快　行稳致远"的风采彰显先行示范的气魄。作为粤港澳大湾区建设的核心引擎，深圳具备得天独厚的地缘与资源优势，在全球舞台上正发出响亮的声音。特别是，深圳拥有"全球全民阅读典范城市"这张闪亮的国际名片，能够以阅读文化的交流合作为切入口，增进与国际社会的深度联结。未来，我们将继续增进与国际城市在阅读方面的交流互动，对标国际最高最好最优，以全民阅读为载体彰显深圳先行示范区的风采。

　　二十年宝贵坚持，以读书月为起点的深圳全民阅读振翅高飞，为特区快速发展沉淀了"阅读·进步·圆梦"的内在驱动；新时代再次出发，以读书月为品牌的深圳全民阅读蓄势向前，必将为建设先行示范区贡献源自书香的力量。

深港文化的 "双城记"*
——深港文化关系纵横谈

如果说，深圳河宛若一条飘带系在了深港两地之间，那未免过于浪漫。如果说，深圳河边的铁丝网像一道历史的伤痕留在祖国的肢体上，则似乎有点悲怆。但无论如何，它横亘在那里，成为了历史的见证，成为了深港之间的边界，也成为了"一国两制"的临界线。

深圳与香港之间有32公里的陆域接壤，有200多公里的水面相连，有12个口岸相通。一条深圳河，一道铁丝网，是分不开两地的文化关系的。尤其是改革开放三十年来，两地间高频率、高密度的文化互渗更是空前。首先，这种文化交流得益于人员的往来，从20世纪80年初期到现在，出入深圳各口岸的香港同胞日渐增多，至2007年出入境人数高达1.68亿人次，每天平均达40多万人次。当初，香港人携着花花绿绿的大包小包进来，带入了香港社会形形色色的文化信息。尔后，深圳人趁着"自由行"熙熙攘攘地出去，也成了内地文化的传播使者。两地间的社会变迁和人文演化使他们耳濡目染、感同身受。其次，这种文化交流借助了经济的合作，经济上的互惠互补促使了文化的加速融合。迄今，香港人已在深圳兴办"三资企

---

* 本文原载于1994年1月5日《深圳特区报》，2007年7月作了修改。

业"10000 多家、"三来一补"企业 7000 多家，深圳引进外资的 300 多亿美元中，港资占了 65% 左右。香港是深圳最大的贸易合作伙伴，深圳的出口产品逾七成经香港转口贸易。再次，这种文化交流来自于两地信息的共享。深港两地新闻传媒交相覆盖，在内地还禁止收看香港电视或还没有通过有线电视系统接收香港电视信号时，香港 2 家主要电视台的 4 个频道节目早已进入深圳的寻常百姓家。香港各家广播电台的电波则一直在深圳乃至珠江三角洲的上空飘荡。香港 20 多种主要报纸和数十种杂志通过不同渠道流入深圳。同时，深圳电视台、电台的节目也覆盖香港部分地区，深圳电视上星后，又为港人了解深圳提供了另一种选择。20 世纪 90 年代末，深港两地合办的《深星时报》，成为内地第一份与境外媒体合办的报纸。本世纪初，深圳报业集团在香港接手了《香港商报》，以大量的版面向港人报道深圳和内地的情况，也标志着深港两地文化交流的空前活跃。

这是一种地缘文化学的现象，其"剪不断、理还乱"的文化牵系，丝丝缕缕地联结着两地社会生活的神经，产生一种相互影响的潜在效应。正如英国哲学家罗素在《中西文明比较》中所说的："不同文明之间的交流，过去已经多次证明是人类文明发展的里程碑。"

一　深港文化的差异——历史的断层与现实的错位

深港两地，山水相连，同根共源，两地有着完全相同的远古蛮荒时代的古人类遗存。秦始皇平定南越后，共同进入中华民族的大家庭。从秦代至今的 2000 多年间，深港地区的行政区划多次演变，深港两地曾同属于番禺县、宝安县、东莞县。明万历元年（1573 年），朝廷颁令设置新安县，范围包括今天的深圳市及香港区域，县治设在南头，深港两地真正成为一个大家庭。直至今天，香港的古迹处处，李郑屋村的汉墓和屯门青山的杯度驻锡遗迹，体现了中华文化对香港的影响。诚如深圳大学原校长蔡德麟先生在《踏莎行》所感叹的："同语同文，同源同俗，追根本是同民族。珠江口外海连天，原知水底地相属。旷世洪荒，先人埋骨，遗存尚有干栏屋。山川莫道证无言，前朝器物纷纷出。"

但至清道光二十二年（1842 年 7 月 24 日），中英不平等条约——《南京条约》签署，新安县的香港岛被英国占领。其后，在咸丰十年（1860 年）和光绪二十四年（1898 年），九龙半岛和新界又因《北京条约》和《展拓香港界址专条》租与英国，为期 99 年。

在第二次世界大战前，香港社会的最大特色是人口流动量非常大，因属自由港的关系，当时的深圳海关形同虚设。新中国成立后，港英政府奉行将香港与内地隔离、疏远和排斥的政策，有爱国家庭背景的人被限制当公务员、警察，甚至不能升读大学，公务员不能回内地。香港文化界、教育界、电影界爱国人士被递解出境的事件屡有发生。1951 年，港英政府公布的《菲莎报告书》称："香港已成为展现英国人的生活和理想极为显著而独特的殖民地典范。"两地的社会发育进一步趋于不同，双方在经济、政治、法律和文化诸方面依各自的坐标嬗进，也就必然地造成了文化上的差异。

香港曾是大不列颠及北爱尔兰联合王国在远东的最后一个桥头堡，是仅次于纽约、伦敦的世界第三大金融中心、国际航空运输中心、国际信息中心、国际旅游中心。香港还是世界第三大黄金市场，拥有世界前三名地位的货柜港口，是世界上成衣、手表、玩具、收音机等几项产品的主要出品地，其进出口贸易排名居世界第十位左右。与此相适应，香港出现了一种华洋混杂、色彩纷呈的独特的"港式文化"。

深圳河北岸，梧桐山眼看着南边物质的哗然与躁动，却保持了几十年的缄默。直至80年代初，由于改革开放和兴办经济特区，这片面积将近香港两倍的土地才复苏起来（香港的土地总面积为1078平方公里，深圳的土地面积近2000平方公里）。如今，深圳已是一座现代化新城，是中国南方经济中心之一，二十多年来各项经济指标均保持两位数的增长速度，被誉为中国内地改革的"试验地"和对外开放的"窗口"。在这种急剧的社会变迁中，深圳也形成了一种以内地文化传统为主导的，新与旧、内与外、南与北文化风尚交汇的"特区文化"。在两地文化的比较中，我们不难看出其中的种种差别，从更广的范围看，这种差别实际上也是内地文化与香港文化的殊异。

1. 社会政治制度的殊异。众所周知，香港实行的是资本主义的社会制度，中国内地实行的是社会主义的社会制度。根据1984年12月19日在北京正式签署的《中英联合声明》以及《中华人民共和国香港特别行政区基本法》，中国政府在1997年7月1日对香港恢复行使主权后，香港的现行社会、经济制度不变，生活方式不变。"一国两制"的方针界定了香港与内地在经济基础和上层建筑方面各自的质的规定性，也构成了深港文化的原则区别。

2. 价值观念体系的殊异。价值观念是一个社会精神文化的核心，它无声无息、无所不在地规范着人们的各种行为，包括文化行为。香港人自嘲香港是一个"讲金不讲心"的社会，"人生讲享受，花钱讲派头""笑贫不笑娼"等市井俚语隐含了理解香港社会观念的密码，那是一个金钱至上的不折不扣的商业社会。而深圳是与内地一致的思想观念体系，尽管商品经济的发展也使人们"一切向钱看"的思想有所抬头，但这里所提倡的理想信念与道德规范与香港仍是大相径庭，"开拓、创新、团结、奉献"的深圳精神和类似"大公无私""先人后己"这样的群体意识,对香港人而言,不仅是陌生的,而且是难以接受的。

3. 生活方式的殊异。生活方式既受制于经济发展水平,又受制于社会价值观念,同时还受到文化传统和社会环境等因素的影响。港人的生活方式更多地受到英国等西方文化的濡染,如遍布香港街头的"茶餐厅",既有中式的白粥、河粉、面条和"油炸鬼"(油条),又有西式的咖啡、奶茶和意大利粉。又如每年的圣诞节,维多利亚海湾两边火树银花、异彩纷呈,街头灯饰琳琅满目、美不胜收,各大商场里不仅布置得很有节日气氛,而且有唱诗班的歌颂、舞蹈队的表演、"圣诞老人"的礼物,港人还有3天的圣诞假期,是可以媲美春节的盛大节日。还有香港的赛马、六合彩,也都带着明显的西方文化色彩。而深圳人的生活方式,虽然也多少受到西方文化的影响,但主流仍然是中国人传统的生活习俗。

4. 文化机制的殊异。位于香港九龙广播道上的亚洲电视台,以前竖立在门上的硕大台标就是一个金钱徽,它直言不讳地道出了香港文化市场的旨趣。它和其他行业一样,用金钱来启动,以赚钱为目的,由此形成了一个以金钱为轴心的文化市场运转体系。以香港电影业为例,由于港人素有"行街、看戏、饮茶"的习惯,港产片在东南亚乃至全世界华人社会都颇有市场,所以电影工业发达。到90年代中后期,香港登记注册的电影公司近300家,其中真正拍片的40多家、影院98间,年产影片近百部。而香港电影最大的"导演"是观众(严格上讲是大多数"蓝领"阶层与青少年),市民喜欢看什么,片商便昼夜不停地炮制什么,鬼怪片、武打片、赌场片等源源而出,这些完全市场化的影片只能迎合香港"小市民文化"的需求,导致市民欣赏水平的日趋低下。如此的恶性循环,使香港电影逐渐庸俗化。而深圳和内地的文化市场，虽然正在摸索一条产业化的路子，但制度本身要求必须兼顾社会效益与经济效益、以社会效益为主，其主要目标在于满足人民群众日益增长的精神文化需求，提高人的素质。

5. 文化形态上的殊异。香港无法回避其曾作为英国殖民地近150年的现实，被西方势力直接植入，因而与西方文化有着程度不同但一般来说是深刻的融会关系，有人将其文化形态称之为"殖民地文化"。在香港居住过八年的台湾作家施叔青，就曾写过《维多利亚俱乐部》和《香港三部曲》等长篇小说，以蝴蝶和洋紫荆隐喻香港的历史地位与角色，试图艺术地再现香港的这种别具风情的殖民文化。譬如香港的两家主要电视台各保留着一个频道的英文节目，分别是亚洲电视台的国际台与无线电视台的明珠台，它们在一定范围内促使了香港的资讯、文娱与西方同步。又如作为文化传播主要手段之一的语言，香港迄今是中英文并用，上层社会和官方习惯用英语，以致市民中有大量的中英文"混血儿"。如看表演，香港人称"睇骚"，"睇"是看，"骚"者，英文 SHOW（演出之意）之谐音也。又如形容艺员阵容强大，香港人称"卡士好大"，"卡士"者，英文 CAST（阵容之意）之谐音。我们再回眸看看深圳，这里虽说在内地是开风气之先的地区，但整个文化形态是以民族文化和本土文化为主色调的。

6. 文化产品上的殊异。与香港的经济运行速度和社会节奏相适应，香港的文化产品以"短、平、快"为貌征。短，是短小精致。电视节目以板块式的综合节目为主，报纸副刊以专栏为特色，许多名家的专栏都在800字左右。平，是平民化。不卖弄高深，不抽象晦涩，力求一目了然，一笑了之。香港的一些导演认为，一部影片只要使观众觉得"好笑"或"过瘾"，便"功德无量"。快，是时效性，包括文化产品内容与市民兴趣同步，以及文化产品生产周期的尽可能短。他们曾有 7 天拍一部电影故事片的纪录。相对而言，深圳的文化产品与内地一样，比较注重思想性与艺术性，有些片子在品位上可能高出一筹，但有的新片节奏拖沓、包装粗糙、娱乐功能弱化等也被人所诟病。

二　深港文化关系的趋向——求同存异，逐渐融合

深港两地文化的殊异，缘于历史与现实的种种原因。然而，随着中国政府恢复对香港行使主权，在"一国两制"大框架内，两地文化正处于一个求同存异、逐渐融合的动态过程中，这是不以人的意志为转移的。同时，随着两地社会经济交流不断拓展，这个进程还会不断加速。理由大致有下述几点。

1. 香港居民 95% 以上是中国人，文化传统上与内地同根共源，处于同一大的文化板块上。香港人对中华民族文化也有认同感，歌曲《龙的传人》在香港的风行一时，正体现了这种向心力，欧风美雨的浸染，也未能消退这种文化底色。例如，香港人的家庭伦理道德观，便深受中国传统的儒家礼教的影响，夫妻讲"白头偕老，从一而终"，结婚时的礼金也要 9999 元，结婚用的花车也要找一块 9999 的车牌，求长长久久的好意头。而经济上稍为宽裕的家庭，不少人按"夫受命于朝，妇受命于家"的古训，形成"男主外，女主内"的模式，将太太留在家里料理家务带孩子。又如，香港有一支 80 多人编制的中乐团，以推广民族音乐为任，并有雏凤鸣粤剧团、八和会馆等多家民族戏曲社团。所以，两地有着很多共同的文化语言。

2. 深港两地经济发展水平的逐步拉近，将不断减少两地间的文化差异。2004 年，香港的 GDP 约为 1.3 万亿港元，深圳的GDP 为 3400 亿元人民币，深圳 GDP 的总量虽然只有香港的四

分之一左右，但香港 GDP 的年增长速度只有 4%，深圳 GDP 的增长速度却高达 17%。2007 年，香港 GDP 为 2.05 万亿港元，深圳的 GDP 已达到 6765 亿元人民币，深圳 GDP 为香港的 37%，接近三分之一。深圳全口径财政收入也已超过了 2000 亿元，其经济的超常规发展，生活水准的大幅提升，使得深港两地物质生活上的差距逐步缩小。以综合生活指数为例，现在深圳市的人均工资约为香港的 15%，但香港的物价高于深圳约 15%，房价约为深圳的 3 到 6 倍，近些年已有 1000 多名原来赴港谋生的深圳人回家乡定居，港人在深圳购房 50000 多套。这种变化，必然弥补两地的文化差异。

3. 深港两地互惠互补、共同发展的关系日趋明显。这不仅体现在香港人饮的是从深圳潺潺流去的东江水，更是由于地域与劳动力的制约，香港很需要有一个经济大后方，而深圳翘盼成为多功能现代化的国际性城市，则极需要从香港获取信息、技术与资金，将其作为自己迈向国际市场的跳板。香港政府贸易发展局前些年拍了一部电视片，叫《消失中的边界》，对香港与深圳乃至内地的密切关系作了生动的描绘。由于彼此的客观要求，两地在经济、科技、文化等方面的交流与合作越来越活跃，这种频密的、大面积的接触必然产生强烈的化合效应。

4. 中央政府恢复对香港行使主权，按照"一国两制"的方针，香港现行的社会、经济制度和生活方式不变，但因为英国殖民统治的结束，香港开始实行"港人治港"，"殖民文化"色彩会逐渐淡化，中国的文化传统会得以倡扬，内地的民族文化会更加广泛深入地传播进来。

由此推论，两地文化既保留各自的文化内核，又逐渐交融。从长远来看，香港、深圳和珠江三角洲会逐渐形成一个类型相似的大文化圈。但还必须承认，目前深港两地文化互渗的态势，由于香港经济发达和传播手段的现代化，其仍处于一种比较强势，"港式文化"对深圳、珠江三角洲乃至全国各地的影响，远远超乎了很多人的想象。在深圳，人们对香港明星、歌曲的熟悉可能并不为怪，但在内地同样"港风"习习。有的城市对青少年进行"你最崇拜的十大名人"的抽样调查，香港明星屡屡"金榜题名"。笔者出差到北方的辽宁某地，街上书报亭挂着琳琅满目的香港明星照，"卡拉OK"歌舞厅里，东北大汉与姑娘们竟也操着生硬的粤语唱港台歌曲。所以，在今后深港两地，乃至香港与内地的文化交流中，必须注意导向的问题。

三、深圳在内地与香港文化衔接中的作用

"衔接"或"对接"，是时下比较广泛使用的概念。最近，有人提出了"深港文化衔接"的命题，这牵涉到如何从全国文化的坐标系上对深圳文化进行定位。我认为，深圳文化虽颇具特色，但在内涵与外延上都是内地文化的有机组成部分。所以，倘要提"衔接"，宜从更高的视度去俯视，提"内地与香港的文化衔接"为妥。而在这种衔接中，深圳由于其特殊的地理位置和社会经济条件，可以起到中介、淀滤和媒接的作用。

中介作用——深圳是中西文化的交汇点，两种社会制度的临界点。她面对作为西方文化"集散地"的国际化大都市香港，又背靠文化积淀深厚、文化传统源远流长的祖国内地。无论是从时空上看，还是从深圳本身所扮演的角色上看，她都必然地要在内地与香港的文化衔接中起到中介作用，也就是人们通常所说的双向辐射的"窗口"。一方面，香港文化通过这里流入内地，如自1983年以来每年举办的"深圳书市"，便引进了港澳台地区以及美、日等国家的各类书籍20余万种，使深圳成为了辐射全国各省市的图书展销中心，而无论是香港歌曲还是电影电视、服装、装饰，总会形成一个由香港到深圳、再从

深圳到内地的时间差，从深圳目前流行什么，可以看出一段时间后内地人的时尚。另一方面，内地的民族文化又经常通过这里向港澳乃至海外传输，香港人借助深圳来了解内地的动态与信息。从更直观的例子看，早在五六十年代，香港戏迷便时常到深圳戏院观粤剧、赏京戏。而近几年，深圳的"锦绣中华"和"中国民俗文化村"，在接待数百万港澳游客的同时所起的文化熏陶作用，又有谁能低估呢？深圳在内地与香港文化衔接中的这种中介作用，为深圳的发展创造了得天独厚的机遇与条件，借这种同外辐射的优势，举办跨越深港两地、面向海内外的艺术节庆和对外文化交流，大概也正是缘于这个契机。

淀滤作用——香港与内地社会制度与意识形态不同，价值观念与生活方式也有差别，彼此间想保留各自文化的内质。鉴于此，内地在汲取香港文化时，采取或提倡的是扬弃的态度，"取其精华，去其糟粕""排污不排外"等正是这种价值的符号。按照英国历史学家 A. J. 汤因比的理论：文化辐射中各种成分的穿透力和传播速度通常与这一成分的文化价值成反比。因而，深圳在发挥其中介作用，向内地传播香港文化的过程中，必须起到淀滤的作用，而不是不加分析、不加选择地将港式文化搬进来后径直转运内地。这不是"犹抱琵琶半遮面"的保守，而是在汲取外来文化合理内核的同时，又保留传统文化精华的明智。譬如，深圳在移植香港在文化娱乐方面的法规与管理办法时，可以充当"试验地"，然后再将成功的经验介绍到内地。又如，深圳应大力加强对香港文化的研究与剖析，进行内地与香港文化比较的专题研究，在这方面，深圳责无旁贷。

媒接作用——如前所述，尽管香港与内地迄今在质的规定性等诸多方面有差别，但在总的趋向上香港与深圳乃至内地的文化处于一个求同存异、逐渐融合的动态过程中。而在内地与香港的文化衔接中，深圳必然地会成为一个过渡区域，成为一个接合部或"熔点"，起到媒接的作用。正如《中国文化》的主编刘梦溪教授所称的，"深圳文化是一个与现代文明的嫁接点"。

重新述说"中英街"的故事[*]

——"中英街"修复改造的文化思考

2004 年夏，在酝酿数年之后，在现实的客观需要、政府的强力推动和公众舆论的呼吁下，颇负盛名的深圳沙头角"中英街"开始了修复改造。

透过鸦片战争的历史硝烟，穿越时空的悠长隧道，关注深港两地的沧桑变迁，人们可以看到：小小的"中英街"在大大的中国版图上有其独特的位置，短短的"中英街"在长长的中国近代史上会留下自己的名字。所以，"中英街"的修复改造显然不是一般意义上的基建工程，我们有必要解开其历史情结，寻找其人文符号，把它作为一项文化工程来打造。

一

"中英街"位于深圳市盐田区沙头角西南沿海一隅，与香港新界毗连，街长约 250 米，宽约 4 米。街面中线依次竖立 8 块界碑，一侧为香港特别行政区管辖，一侧为广东省深圳市所属。香港方取其名为"中英街"，深圳方命其名曰"中兴街"。但因"中英街"更具地域特点和人文色彩，两地居民和海内外

---

* 2003 年至 2006 年，作者曾牵头负责沙头角"中英街"的修复改造。

人士约定俗成地把这条街称为"中英街"，迄今数十年。

小街故事多，充满喜和乐。

清康熙元年（1662年），清政府推行《迁海令》，彼时沿海地区荒无人烟。康熙八年（1669年），新安县复界后，实行招垦政策，沙头角陆续有客家人从粤北迁入。他们迁入当地后开始凿水井、盖房屋、修宗祠、建庙宇，从事渔业、农业、海盐、编织等生产活动。

东和墟建立前，当地乡民均需要翻山越岭去深圳镇赶墟，交通极为不便。后来，由沙鱼涌一位姓潘的人士发起在沙头角镇内横头街建墟集，并得到了乡盟组织"十约"的响应。大约在1830年，"十约"决定建立墟市，取名"东和墟"，并确定农历一、四、七为墟期。建墟初期有店铺72间，其中有中药店、猪肉店、米店、油店、木匠店，其中最有名的是狗肉面馆，每逢墟期门庭若市，甚至盐田、横岗和惠阳一带的乡民也纷至沓来。1938年，由于遭到台风袭击，东和墟遭到摧毁。

1898年6月9日，在英国殖民主义武力逼迫下，李鸿章在北京和英国驻华公使窦纳乐签订了中英《展拓香港界址专条》。次年3月16日，中英两国政府的勘界人员来到了沙头角，他们从海边开始，沿着河道进行测量和勘界，在测量好的点位竖立了木质界桩，界桩上书写着："大清国新安县界"。3月18日，沙头角勘界结束。界桩在沙头角一条干涸的河道上一字排开，向前延伸着，把沙头角一分为二，变成了"新界沙头角"和"华界沙头角"。1905年，未与中方商议，英方将界桩换成了界碑，界碑上用中英文刻写了"中英地界，光绪24年"的字样。

从沙头角勘界到"中英街"形成后，界碑一边是英国军警，一边是中国士兵，他们负责维持界碑各方的秩序，必须严格站在属于各自界限一侧值勤，谁也不能越"雷池"一步。直到1899年沙头角勘界后，有少量店铺迁到"中英街"和位于新界沙头角一侧的新楼街。当地出现了西饼屋、咖啡馆,码头还有通往沙鱼涌的小火轮。1912 年,从"新界"粉岭到沙头角还开通了小火车。沙头角这个边贸小镇逐步变得热闹起来。

1899 年沙头角勘界后,双方尚未限制两边群众往来,居住在香港新界一侧的居民不仅会经常跨越界限去"华界"一侧的沙栏吓天后宫祭祀海神马祖,点几柱香火维系传统信仰;还经常跨过界限在"中英街"中方一侧的古井汲水,"中英街"曾流传的"同走一条街,共饮一井水"歌谣就是见证。

新中国成立后,由于中英两国关系一度比较紧张,保持对峙状态,中方实行"政治边防"和"军事边防",英方则在新界实行"宵禁"。1951 年 2 月,广东省政府开始实行边境管理,沙头角成为边防禁区,两侧的乡民们需要赶着耕牛,扛着犁耙"过境耕作"。"文革"十年,"中英街"成了反帝反修的前线,也成了阶级斗争的阵地,街上冷冷清清,人们相见不相认,经济发展受到很大影响。

"中英街"的兴旺是从中国改革开放和建立深圳经济特区以后开始的。20 世纪 80 年代初,由于祖国对外开放的大门刚刚打开,人们对香港以及外部世界充满了神秘感。同时,由于内地商品经济还不发达,而紧挨香港的"中英街"却以免税的价格优势成为全国闻名的"购物天堂",街上有店铺 300 多家。当时流传着一句话:"不到中英街,枉到深圳游",每天前往"中英街"购物的人流络绎不绝,这条小街时常被人流挤得水泄不通,少时四五万人次,多时可达到八九万人次,年流量1500 万人次。

80 年代末到 90 年代初,随着内地群众生活水平的逐步提高,来"中英街"的目标迅速转为选购金银首饰,反应敏捷的香港商人很快便将世界上新潮的金银手饰引进到"中英街",漂亮的首饰和低于内地的黄金价格一下就使"中英街"成了全国第一条黄金街。那时，深港在"中英街"开设的黄金店铺有47家之多，仅中方一侧每月销售的黄金量就需按吨计算，数量十分惊人。

1997年7月1日，中国政府恢复对香港行使主权，它洗雪了"中英街"一百年的耻辱。从此，在"一国两制"的构架下揭开了"中英街""一街两制"的历史篇章。

二

历史的每一个转折时期都是机遇与挑战并存。20世纪90年代中后期以来，"中英街"由于历史和现实的各种原因，不复当年的烦嚣，并处于一种尴尬的境地，边贸经济逐渐萎缩。

首先，随着全国各地经济的快速发展，内地与香港经贸关系的日益密切，经济特区的各种政策优惠在全国成了"普惠"，"中英街"独特的购物优势逐步丧失。"中英街"与"关外"的物价差逐步拉近，有的已经趋于一致。同时，人民群众生活水平大幅提升之后，消费水平与消费选择已呈多元化，这就使得到"中英街"观光购物的人数连年下滑，并已进入到一个低位。有关方面曾经做过一个统计，2000年游客的人数只有350万人次，2001年下降到160万人次，2002年下降到128万人次。经济学的规律再一次显现出它不羁的刚性。当年人们为了办一张进入"中英街"的"特许通行证"而四处奔走，为了买一点诸如日本味丹、台湾雨伞、香港公仔面或洗头水之类的商品而在摩肩接踵的人群中挤得汗流浃背，已经成为今天人们怀旧的一种谈资，也成为有趣的历史回忆。

其次，随着香港的回归、CEPA的实行，尤其是近几年"自由行"的兴起，人们进出香港已十分方便，2004年进出深圳各口岸的人数已达到了1.5亿人次。主渠道畅通以后，其他途径的流量自然会减少。同时，改革开放多年，香港的神秘面纱揭开以后，人们对香港的"主体文化"已逐渐不觉得陌生，"中英街"这样的"边缘文化"也不足为奇了。

再次，由于历史和现实的各种原因，"中英街"无论在硬件上还是软件上都处于一种窘态。一方面是建筑物的杂乱和残旧。现今"中英街"上的建筑几乎都是20世纪80年代和90年代初由业主各自无序兴建的，有价值的历史建筑已经难觅踪迹。由于没有总体规划和统一设计，建筑尺度过大，超越了小镇规模；建筑风格样式不协调，二三层的民居或房子，五六层的宿舍或商业楼、茶色玻璃幕墙为主体的"后现代建筑"和马赛克瓷砖贴面的"四不象"骑楼并肩而立，反差很大。同时，由于当初建筑质量欠佳，加上年代渐远，不少建筑物已经出现结构松脱、墙体剥落等现象。一位建筑界的人士说：改造前"中英街"中的建筑既缺乏民俗与地域的色彩，又没有现代建筑的风范，实际上是一堆"后现代的建筑垃圾"。另一方面是由于管理体制的重叠和规范管理的缺位，"中英街"商业环境劣化。"水客"泛滥，走私猖獗，售假贩私，商业欺诈的现象比较严重。媒体将昔日的"购物天堂"讥为今日的"购物泥塘"。

百年"中英街"是否已呈迟暮之态，遐迩闻名的"中英街"会不会从此销声匿迹？中国边陲的沙头角海域在这里拐了一个弯，就像是一个硕大的问号。

三

答案不言而喻，抉择只有一个，那就是改变。改变当然要双管齐下，一手抓硬件上的修复改造，一手抓软件上的管理整顿。广东省旅游研究中心总规划师陈南江先生，曾在《世界地理研究》杂志上发表过题为《中英街旅游发展的问题分析与对策研究》的文章，文中提道："中英街的改造与发展十分敏感。一些领导也因此主张整体保护，什么都不动。我们认为，虽然一百多年中英街留下了界碑、吴氏宗祠、天后宫等历史遗迹，中英街界碑被列为省级文物保护单位，但中英街不同于一般的历史文物保护区，不能片面强调整体保护，因为中英街内历史遗迹保留不多，历史街区氛围不够，传统生活场景已不存在，消极无为的整体保护不会引发非议，但不能走出目前的困境。"事实上，关于"中英街"的修复改造，深圳市和盐田区两级政府从 2000 年就将其摆到了议事日程上，其间作了不少概念性的规划设计，并几经汇报，多番论证，直至 2003 年 4 月才进入实质性操作阶段，这漫长的过程既反映了此项工作的难度，也体现了这是一个逐步统一思想的过程。因为"中英街"实际上还是一个历史的情结、文化的现象，必须想清楚以后才能动手。

首先是要对"中英街"的功能进行重新定位。以前的"中英街"历史性地成为"商业一条街"，但随着其商业优势的不复存在，必须强化其旅游观光的功能和人文历史的价值。如果我们仔细分析一下"中英街"现有的"卖点"，最有吸引力的还是它独特的"一街两制"的人文特征，外地游客到"中英街"的玩点之一就是掀开边陲小镇的神秘盖头，了解"南风窗口"的边界风情。同时，"中英街"仍然是个免税区，作为"边界贸易"和"免税区"的商业功能仍不能忽视，人们仍有到这里购买"原装港货"的心理期待。有关方面必须通过商业体制改革和加强管理来重新激活其活力，焕发其青春。因此，我们应该把"中英街"打造成具有旅游、购物、文化、休闲和爱国主义教育功能的人文名胜。

其次是"中英街"修复改造的几个原则。一是以科学发展观为依据，从实际出发，整体规划，分步实施的原则。"中英街"乃至整个沙头角镇的现有各种建筑数十万平方米，有深圳和香港居民 4000 多人，建筑密度与人口密度都很大，而且由于其特殊的位置，尺土寸金，涉外性强。鉴于这种现状，目前像深圳"老东门"一样实行大搬迁、大重建的方案显然是不可行的。从这种实际出发，应该总体规划，分步实施，第一期工程应该对"中英街"的硬环境进行改善，包括人流、物流密集的入口广场的建设，沿街建筑物风格归整和立面改造，若干节点的空间拓展与绿化美化，以及"中英街"文化标识的寻找与确立。同时，对镇内一些急需改善的问题，如沙头角河的污水治理及两岸景观改造，可以马上着手进行；对可以发掘的人文景观，如沙头角河入海口"日出沙头，月悬海角"的意境，可以建造古塔公园，重现其诗情画意；对被民居遮挡的"天后宫"和"吴氏宗祠"，也应通过周边建筑物的拆迁和物业置换等办法，腾出空间，再现其历史风情。中国规划院深圳分院对此做了全面深入的研究，由其牵头设计的"中英街"修复改造方案，主要内容也包括了上述的几个部分。二是尊重历史与大胆创新相结合的原则。发掘"中英街"的历史资源，形成"中英街"的特色或风情，应该是这次修复改造的基本出发点。尽管"中英街"有史以来建筑的文化符号一直比较零碎、也不太协调，但穿越这条小街回眸一看，我们仍可以看到古榕树、古水井、界碑等颇具历史价值的文物，可以从史料照片上看到 20 世纪 30 年代颇具特色的粤式骑楼的遗风……所有这些，都是"中英街"修复改造的宝贵资源和历史依据，也是构成"中英街"内涵的基本元素。所以，这次"中英街"修复改造工程就是要在现有的基础上，尽可能重现当年"中英街"的历史风貌。"中英街"地处岭南，受客家文化浸染，建筑规范属于岭南风格的大框架。"中英街"又是华洋混杂、内外相通之地，处于对外开放的最前沿，香港乃至东南亚的建筑文化，不可能不影响到这里。所以，"中英街"的建筑风格既要突出岭南特色，又要体现"南风窗口"西风东渐的风情。同时，如上所述，由于历史上"中英街"几经变迁，现在的建筑物大部分是没有历史价值的房子，真正可以作为依据的建筑范本不多（这一点与"东门老街"有很大的不同）。加上目前"中英街"已经形成的建筑格局，所以"中英街"修复改造必须立足现实，因地制宜，既要尊重历史，又要敢于创造历史；既要修旧如旧，又要敢于创新，使历史的小街直通时代的大路。

附录：一同走过从前

——我所亲历的几件深圳特区前期文化艺术大事

时间总是步履匆匆，岁月却是处处留痕。

1992 年至 2003 年，在深圳文化艺术发展的进程中，或许只是交响乐中的一个乐章、长篇小说里的若干章回、百米长卷的几抹写意。但它对我来说，却有特殊的意义。此间，我在深圳市委宣传部工作，并曾分管文化艺术等方面的工作。由于业务关系，我亲历了其间的每一个细节，体验了个中的每一种情感，见证了这个进程的每一回辉煌。

人们通常从树的横切面来推测它的年轮，寻觅它昔日的浓荫。同样地，人们可以从走过的某一段历程来窥视历史的容颜，倾听时空的回声。岁月易逝，江山不老，蓦然回首，那人、那事、那情，仍在灯火阑珊处。

一 从邓小平画像到邓小平雕像

倘若时光倒流若干年，您有机会采访一下到过深圳的境内外人士："什么是深圳街头最引人注目的代表性景观？"他们回答您的，可能不是地王大厦，也可能不是国贸中心，而是位于红岭路与深南大道交汇处的巨幅宣传画《邓小平同志在深圳》。它曾是深圳在境内外传媒上"出镜率"最高的景观之一，是深圳最富有象征意义的地标之一……

（一）

1992 年，那是一个春天。

邓小平同志视察南方，在深圳发表重要讲话。东方风来满眼春，南海潮涌总关情。深圳从官方到民间，都在议论这个话题。一个细雨绵绵的春夜，在罗湖区桂园路市美术广告公司附近的一间餐厅，市委宣传部的几位同志与深圳市美术广告公司负责人谈兴正浓。席间，有人提议在市中心竖起表现邓小平视察深圳的巨幅宣传画。话音刚落，大家都说是个好主意，不禁举杯共贺。

这个想法以最快的速度变成了文字，请示又以最快的速度在深圳有关领导间呈递。当时，小平同志还健在，竖立他的宣传画牵涉到一些政策问题，决策需要一定的眼光与胆略。但意见很快反馈回来："干！"市委领导的筹划与老百姓的想法不谋而合，领改革开放风气之先的深圳，也更多地得到改革开放政策之惠，人们都想表达对小平同志的崇敬与感激之情。

事情定下来以后，首先是选址。首选地是深南大道与红岭路的交会处，那里四通八达，视野开阔，纳万千气象，迎八面来风。同时，它靠近市委、市政府办公楼，而且此前已竖起了一块表现"深圳精神"的大型宣传画。当年，市委宣传部牵头竖立这块宣传画时，各有关部门非常支持，但也有所顾虑，城管部门担心后面是荔枝公园的侧门，施工中的和邦酒店将紧挨着宣传画；规划部门提出那里可能是地铁出口或要建地下人行通道，怕影响总体规划。但我们当时表态，工程什么时候推进到那里，宣传画就什么时候迁移。也好在当年办事程序比较简便，大家的胆子也挺大的，几个部门的经办人员到现场一商量，问题就解决了，连个"纪要"什么的也没有。规划和城管部门的同志说："你们干了再说！"现在时隔 12 年，地铁出口建到了对面的大剧院广场，和邦酒店成了"烂尾楼"已被拆除，画像前建成了小平广场，令人不无感慨。

选址之后，画面设计马上展开。深圳市美术广告公司的同志们是带着满腔热情投入这项工作的，他们日夜加班，全神贯注，开了很多设计会，查了无数的资料，画了各种草图，最后拿出了小样。市委宣传部领导看过以后，让我们立即送市委主要领导审定。记得那是一个下午，市委领导正在深圳湾大酒店开会，我们赶到会场，说明来意以后，市委领导出来，听取了汇报，要求以饱满的政治热情搞好这幅宣传画。

绘制工作是在深圳大剧院的地下停车场进行的，深圳当时最好的几位画家和美工师郭炳安、陈宏新等参加了这项工作。这幅宣传画 30 米长、10 米高，面积 300 平方米，以镀锌铁皮为底板，据说是当时国内最大的一幅领袖宣传画。由于画面太大，所以只能化整为零，一块一块地画，然后再运到现场拼整起来。画很大，摆在地上时，一个指头就有我们一个人那么高，工作量挺大，美工师们足足苦战了十几个昼夜，当全画即将完成时，他们的右手累得都快举不起来了。

（二）

1992 年 6 月 28 日清晨，当太阳从梧桐山上冉冉升起的时候，在朝晖的映照下，巨幅宣传画《邓小平同志在深圳》赫然崛起在深圳大地上，出现在市民和游客的眼前。画面上，身着米黄色夹克衫的小平同志目光睿智、神采奕奕，他右手指向前方，尽显指点江山的雄姿。下方是深圳的高楼群，背后是云蒸霞蔚的天空。画面右上角选用了小平同志在深圳讲话中的一句话："不坚持社会主义，不改革开放，不发展经济，不改善人民生活，只能是死路一条。"

　　从此，领袖每天注视着这座城市，检阅着这里的人民，见证着时代的进步。市民把他作为一座丰碑、一个象征、一种倾诉。外地游客到深圳，也大多喜欢到这里拍照留念。春天的故事从这里演绎出荡气回肠的交响乐章。

　　在敏感的境外媒体看来，它好像又是一种政治信号。香港中国通讯社率先以《深圳街头竖起大幅邓小平宣传画》为标题，报道了这一消息。香港的电视台、电台、报刊共20多家新闻机构同时转发了这条新闻。接着，美联社、路透社、新加坡《中国报》、泰国《中华日报》等也纷纷发稿。据不完全统计，到1992年7月10日止，仅境外就有30多家媒体发稿49篇。

　　巨幅宣传画《邓小平同志在深圳》诞生以来，出现了一些传奇的说法，演绎了许多感人的故事。1994年夏天，深圳遇到了多年未遇的狂风暴雨，市内许多房屋倒塌，树木折垂，广告牌被掀翻，有些道路积水及膝，但这幅铁架结构、面积超宽的宣传画，却在风雨中岿然不动、完整无损，在老百姓中传为佳话。也有市民说，深圳位于沿海地区，台风频仍，但自从小平画像竖起来以后，台风虽对深圳仍有影响，但再也没有正面在深圳登陆。今年7月16日，气象台曾报道台风"圆规"会正面袭击深圳，我以为老百姓的这种说法会变成过去的传说，没想到台风接近深圳海面60公里时，又调头西去，擦边而过。老百姓的传说，多少带有一点神奇色彩，但表达了他们心中一种美好的祈盼。

　　1997年2月19日，小平同志逝世。噩耗传来，很多深圳市民和外地游客都自发地赶到小平画像前凭吊，那里顿时成了花的海洋，人的海洋。当时，宣传部和公安局、城管办等部门的同志每天都到现场值班，目睹了许多感人至深的情景。有的全家人扶老携幼都来了，排成一行给小平同志三鞠躬，满头银发的老爷爷特意让牙牙学语的小孙女给邓爷爷献上一束白菊花。

有位挎着背包的老基建工程兵带来了酒和香烟，毕恭毕敬地把它们摆到画像前，跪拜不起。有位残疾老人坐着轮椅赶来了，他用毛笔写了一首诗，让我们帮他贴到画像前，记得那首诗写得很感人，可惜当时我没有抄录下来。远在龙岗的外资企业的员工也来了，他们举着挽联，抬着花圈，很有秩序地慢慢走过画像，其中有两位中年女工一边走一边啜泣，双眼哭得通红。由于群众献的花很多，画像前的平台都堆满了，城管办的同志每天凌晨三四点要清理一次，用车运走。但到了傍晚，画像前的平台又被鲜花铺满了……

（三）

时间总是步履匆匆，岁月却是处处留痕。在深圳生活时间长的人可能都知道，巨幅宣传画《邓小平同志在深圳》至今有过3个不同的画面。

第一个画面是1992年2月出现的，也就是上面讲到的小平同志指点江山的那一幅。当时宣传画附近的环境也简陋，地下的杂草是没有经过修剪的，行人从宣传画下斜穿而过，踩出了一条小泥路。第二个画面是1994年5月修改的，画面上小平同志身着浅灰色中山装，慈祥、端庄地注视前方，底下是深圳的景色和逶迤起伏的青山、长城，背景是蓝天白云，寓意深圳经济特区乃至我国改革开放事业的广阔前景。上面的口号也改为"坚持党的基本路线一百年不动摇"。此间，宣传画背后的和邦酒店已基本处于停建状态，有家航空公司看中了酒店的墙体，曾挂上了大幅彩色广告，对前面的小平画像造成了视觉影响。我们发现后，马上通知有关单位，要求立即拆除。有关单位的政治觉悟也挺高，迅速把广告取下来了。第三个画面是1996年9月重新设计的，也就是现在大家所熟悉的画面：蓝天白云下，小平同志以高瞻远瞩、和蔼亲切的目光投向深圳现代化的建筑群，他身边是青草绿树和鲜艳的杜鹃花，画面左上方仍然是"坚持党的基本路线一百年不动摇"14个红色大字。这一次还对整幅宣传画进行了全面的技术改造，原来铁架支撑的结构换成了稳固的墙体结构，底座用黑色大理石砌成，画面采用了当时在国内堪称先进的彩色电脑喷绘技术，由当时深圳惟一拥有电脑喷绘机的新锐进广告公司完成。画像前还辟出了2000多平方米的小广场，安装了18盏进口射灯，铺上了优质草皮，点缀着数千盆鲜花，凝结着几百万深圳人民的深情厚意。

2004年初，为了纪念邓小平同志诞辰100周年，市委、市政府作出决定，对小平画像广场做更大的改造，背后8层高的和邦酒店作为"烂尾楼"被拆除，小平画像将往里移动，广场面积大大拓宽，并与荔枝公园的园林绿地融为一体，以全新的面貌与市民见面。那年夏天的一个夜晚，雨过天晴，月朗星疏，清风拂面。作为当年参与策划与制作这幅宣传画的工作人员，我徜徉在小平画像前，有一种很深的感悟："岁月荏苒，大地沧桑，感召我们的，惟有一种伟大的精神。"

（四）

小平画像所产生的广泛影响，使深圳市委、市政府领导和社会各界想到了为小平同志竖立一座雕像。当时深圳雕塑院的院长滕文金，便是这件事情的有心人和操作者。滕文金出生于山东掖县，在北京首钢公司干过8年，学过铸造，后来又考入中央美术学院雕塑系，进行了6年的深造。20世纪90年代初调入深圳，任深圳雕塑院院长。而市委宣传部在市委、市政府的领导下，负责具体的协调工作。

1995年1月，市委正式下文，决定制作邓小平雕像。同时，市里委托滕文金等进行小平塑像的创作。滕文金知道，北京的白澜生教授，曾雕塑过一尊一米高的小平铜像，并被中国革命博物馆收藏。于是，滕文金远赴北京，与这位当年中央美术学院的校友会面，同时又诚邀北京军事博物馆创作室主任刘林、北京雕塑厂雕塑家杨金环，共同进行小平塑像的创作。1995年4月，白澜生、滕文金、刘林、杨金环等四人几易其稿，完成了雕塑的成稿。在此过程中，时任深圳市委书记兼市长的厉有为同志、市委副书记黄丽满同志多次组织专门工作班子进行研究，黄丽满同志后来还曾亲赴北京军事博物馆审看正在雕塑中的小平塑像，提了重要的修改意见。设计过程中一个值得提起的事，就是小平同志的造型由站立姿势改为大步前行的雄姿。现在年近古稀的滕老在回忆这段往事时谈到，邓小平雕像设计方案第一稿为站立姿势，后来他们找到一张1963年7月小平率领代表团出访莫斯科的照片，照片中的小平健步如飞、笑容满面。这就给创作组很大的启发，在听取了小平亲属的意见后，他们采用了小平阔步前行的姿态，小平在生活中喜欢大步走路，阔步向前最能展现其风采。同时，几位创作者又根据一张小平身穿风衣、站在黄浦江头的照片，为小平塑像"披"上了一件风衣，这样，无形中增加了雕塑的动感。邓小平迈开大步走，正是寓意着改革开放的步子要迈得再大一些。

好事多磨，小平塑像创作完成后，在安放地点、安放时间上，实际上经历了一些小的周折。1995年，记得市委曾经在市委大楼三楼会议室开过一次专题会议，研究过铜像的几个安放点。方案之一是安放在现在小平画像的位置，但是这样就必须拆除已经颇具影响的巨幅画像，而且不论从红岭路南向或从深南路东向走过都是先看到塑像的背面；方案之二是安放在蔡屋围地王大厦旁的一块三角地，这里是进入深圳福田中心区的必经之地，但是面朝西，塑像受光面不好；方案之三是安放在市委大院中，但不便群众瞻仰；方案之四是安放在市委大楼对面的中信城市广场（当时叫文化广场），但铜像坐南朝北，不符合中国人的习俗。最后终于有人提出了安放在莲花山顶，大家雀跃了一会儿，又想到了当时小平同志还健在，铜像上山多少有点犯忌。塑像选址问题因而悬而未决，拖了较长的一段时间，直到1997年，小平同志逝世，地点才确定了在莲花山顶。莲花山是深圳规划中的城市中心区中轴线的底端，空间开阔，地势较高，塑像面朝香港，背靠祖国大陆，也是圆了老人家生前一直想到香港去看看的心愿。

2000年11月14日，在参加了纪念深圳经济特区建立20周年大会并发表重要讲话之后，江泽民同志一行来到莲花山顶，亲自为小平铜像剪彩。鼓乐声中，红绸布徐徐拉开，人们翘盼已久的小平铜像终于出现在人们的面前。铜像高6米，重6吨，器宇轩昂的小平同志身穿风衣，面朝南方，大步向前。底座上有江泽民主席的题词：邓小平同志。

伟人总是与传奇联系在一起的。此前的11月9日，为了进一步落实好小平塑像揭幕式的准备工作，市委秘书长李统书作为筹备工作的负责人在现场指挥拆架。到了下午5点左右，邓小平塑像的架还没拆完，此时正是夕阳西下。突然有人大喊，"快回头看东边"，大家回过头去，只见东边的天空竟出现了一道巨大的彩虹，从莲花山一直跨至笔架山上空，大约在空中停留了10分钟之后逐渐消失。施工队中一名工作人员随身带着照相机，抢拍下了这一自然奇景。这张珍贵的照片也成了所有工作人员的美好回忆。

二　首届"高交会"开幕式文艺晚会

深圳的城市现代化进程，实际上是农业文明向工业文明急剧变化的进程。其中一个明显的标志，便是在1998年4月，市委、市政府决定将举办了10年之久的"深圳荔枝节"改为

"中国（深圳）国际高新技术成果交易会"。

一个具有深刻历史必然性的事物，又往往出现得有点偶然。1998年4月20日至29日，当时的广东省委副书记、市委书记张高丽，市委副书记、市长李子彬率领深圳市五套班子及各区、各部门负责人，到大连考察。美丽的北方海滨城市给大家带来了很多的启发与遐想。大连有颇负盛名的服装节，云裳霓影，风靡一时。而回眸一看，深圳的"荔枝节"显然带有浓厚的农耕文化色彩。时代已进入了20世纪末，深圳应该有一个什么样的节庆，来表现城市的气质与风貌？1998年春节前夕，深圳市委宣传部的同志在赴广州参加新春团拜活动时，曾酝酿并提出了举办"科技节"的想法。在大连参观的途中，市领导又开始议论这个问题。当年，深圳的高新技术产值将近800亿元，占工业总产值的40%左右，在国内独领风骚，高新技术产业应该是深圳一张亮丽的名片。4月28日下午，在大连美丽的棒棰岛，张高丽和李子彬组织召开了学习考察总结会，集思广益地确定了举办每年一度的"中国（深圳）国际高新技术成果交易会"，同时决定将"荔枝节"交由盛产"南山荔枝"的南山区举办。

"高交会"的申报与筹备以"深圳速度"顺利开展，并很快得到中央的支持，升格为由深圳市政府与国家"三部一院"（外经贸部、科技部、信息产业部和中科院）共同举办的国家级科技盛会。开幕时间定在1999年的金秋十月。这是深圳迈向科技时代的一个序幕，这也是深圳走向现代化的一个新的里程碑。所以，组委会决定举办规模盛大的首届"高交会"开幕式文艺晚会，由深圳市委宣传部、深圳市文化局、华侨城指挥部承办。张高丽、李子彬为晚会定下基调：高科技、高档次、高水平和民族性，并强调说："好的开端是成功的一半，这台开幕式晚会的能否成功举办，关系到高交会的成败和深圳的声誉。"

（一）

任何一种文化现象，都带着一定社会历史阶段的鲜明烙印。在20世纪的90年代，大众在历经十几年改革开放的文艺多元化之后，审美心理在变化，审美要求在提高。同时，演艺业不断发展和高科技舞台手段日趋成熟，使得大型文艺晚会风靡一时。

大型文艺晚会要融音乐、舞蹈、曲艺、表演、朗诵、杂技等艺术形式于一体，要充分运用舞美、灯光、音响、特效、服装等舞台手段，要调动专业和业余的文艺队伍，是一座城市文艺资源和文艺水平的综合体现。同时，作为一个开先河的国家级科技盛会的开幕式，届时中央和各省市领导、海内外贵宾将会云集，包括中央电视台、凤凰电视台在内的境内外主要媒体将转播，这实际上也是海内外对深圳文化的一次全面检阅。

策划从选址开始，首选地是深圳华侨城"世界之窗"的五洲广场。对此几乎都没有异议，"世界之窗"是国内屈指可数的旅游企业，投资数千万元建设的五洲广场的演出条件在国内堪称一流，声、光、电等各种舞台设备比较符合举办超大型文艺晚会的要求；五洲艺术团的演出水平可以媲美国内很多城市的专业艺术团体，多次代表国家到国外演出，曾成功创作并上演了大型音乐舞蹈史诗《创世纪》等重量级节目，而且多次与中央电视台、凤凰电视台等媒体联合举办"中国音乐电视颁奖典礼"等盛典。尤为重要的是，华侨城及属下的"世界之窗"有限公司都有一个高素质的领导班子，总裁任克雷、书记张整魁眼光独到，张弛有度，对重大问题的把握游刃有余。"世界之窗"总经理蒯迪岸，是一位维吾尔族血统的湖南人，他是个敏于大局善于管理的开拓者，也是一个雷厉风行的"拼命三郎"。

选址之后便是选人，编导是一场文艺晚会的灵魂，是晚会成功与否的关键。当时的市委常委、宣传部部长白天，经过了解和思考，力荐来自大连的周崇山。周崇山是前两届"大连国际服装节"开幕式和郑州国际武术节的总导演，曾多次荣获国家级大奖，在国内电视界和文艺圈颇有名气，他是一个喜欢挑战自我的人，一直在寻找一个更好的施展自己艺术才华的舞台。于是，周崇山导演被特批调入深圳，作为深圳电视台文艺中心负责人，全力筹办首届"高交会"开幕式文艺晚会。周崇山来到深圳后，一头扎进"高交会"开幕式文艺晚会的筹办工作中，他脑子里塞满的，是晚会的框架、演员的阵容、舞台的布置。晚会筹备办公室又给他配备了一名副总导演傅宇，傅宇是深圳"世界之窗"的艺术总监，毕业于北京舞蹈学院，在舞蹈编排方面尤见功力，曾编导过《创世纪》等佳作。周崇山和傅宇携手，按国内一流的标准开始"组阁"，并很快拿出了一个令人目眩的名单：当时号称"天下第一灯"的灯光设计师沙晓岚，来自中央芭蕾舞剧院和空政话剧团的舞美顶尖高手高广健、戴延年，曾在"时装之都"巴黎轰动一时的服装设计师胡晓丹、胡晓林兄弟，国内音响设计界的"大腕"金少刚，当时几乎包揽北京各大晚会特型道具设计制作的专家习力……

一个崭新的运作模式也悄然诞生：政府主导、社会参与、企业承办、高效运作。深圳，实际上已瞄准了自己的目标，充分把握这次机遇，综合利用各种资源，搭了一个瑰丽的舞台，让深圳闪亮登场。

（二）

目标总是引人入胜，过程却又艰难曲折。首届"高交会"开幕式文艺晚会，与其说是一场文艺演出，不如说是一个浩大的文化工程。

这场晚会的一大特色，是将广场表演与舞台艺术融为一体。

为了满足这个需要，"世界之窗"对五洲广场内原有的舞台进行了全方位改造。广场中心原有的200平方米玻璃舞台，被改造成1400多平方米的主表演区，并架设了4条30多米长的花道、4座连接后台的吊桥，吊桥竖立起来的时候，则变成了4座飞向蓝天的航天器。在用镁钠灯勾勒出经纬线的地球形舞台内，重新加装了3个可以正反旋转的多级升降舞台，升降舞台内还套有一个3米直径的小舞台。此外，还有2个直径4米的飞碟形升降舞台。所有这些设备都采用了世界最先进的电脑系统控制，这种系统可控性强，定位准确，运作精度在2毫米误差以内，而且升降速度快，运行平稳。在灯光工程方面，舞台上方重新架设了一道跨度54米、高27米的新式球状网架灯光，施工难度非常大。主席台后上方12米高、35米长的面光灯架以及两侧雕塑墙上6米高、10米长的侧光灯架，彻底改变了五洲广场的照明。此外，广场上还加装了当时世界上最先进、功率最大的2台50瓦1YAG单色激光灯，1台30瓦的双色氮离子激光灯和12瓦白激光灯。改造后的广场，多彩的三维立体激光光束、造型各异的激光图案，以及变幻无穷的各色灯光，把这里变成一个色彩绚丽的梦幻空间。

比硬件设施更为重要的是晚会的总体构思，在经过反复思考，进行多次论证，度过无数个不眠之夜后，晚会的总体框架定了下来：主题是科技文明，风格是"现代、新颖、大气、热烈"，特色是民族性、地域性和国际性。晚会分序曲"相约未来"、第一幕"古代文明"、第二幕"现代文明"、第三幕"未来文明"和尾声"拥抱未来"几大板块。而各大板块之间，还有中外著名歌唱家的演唱，流畅自如地进行衔接。根据需要，参加晚会演出的文艺团体，除五洲艺术团、深圳歌舞团外，还特邀了辽宁省芭蕾舞团、吉林省歌舞团、广州军区战士歌舞团、广州军区战士杂技团、摩尔多瓦国家模范舞蹈团、俄罗斯小白桦舞蹈团、塞拉利昂黑火舞蹈团，以及四川省舞蹈学校、湖北省艺术学校等的专业舞蹈演员。并请来了美国著名歌手朱丽亚、香港明星刘德华、国内艺术家莫华伦、杨洪基、关牧村、么红和韩国"手拉手"四重唱组合、俄罗斯三重唱组合等，可谓阵容豪华。

中外演员在盛夏酷暑中开始了排练，舞台上是绚丽的，舞台下却是单调的；翔舞时是轻盈的，练功时却是沉重的。一个个昼夜，汗水湿透了舞衣，五洲艺术团的不少舞蹈演员，光舞鞋就跳烂了两三双。决策者和指挥员也不停地忙碌着，深圳市委先后8次召开常委会、常委扩大会和碰头会，审议高交会及其开幕式的有关问题，包括审定晚会方案和会歌。市长李于彬、常务副市长李德成亲自赴京汇报开幕式程序和晚会进展情况。白天同志牵头对这项工作进行专项领导和指挥，每周到现场办公，后来几乎每天与任克雷、张整魁、蒯迪岸等人一起在现场协调指挥。

老天大概为了考验深圳人的诚意和毅力，在晚会筹备后期，台风三次吹袭深圳，给筹备工作带来了意想不到的困难。尤其是正值晚会合成的关键时刻，9910号强台风正面袭来，现场看台受损、主席台灯光架倒塌、4000盏效果灯损坏了30%，已经完成了80%的大型道具因工棚倒塌被压坏，搞道具的人急得都快哭了。而600多名参加露天排练的专业演员也无法工作。正在麒麟山庄参加学习的白天同志，风雨中连夜赶到现场指挥，解决问题。市体育馆给晚会腾出了排练场地，市运输局、市公交集团急调车辆，当天把数百名演员从世界之窗运到体育馆排练。当演员到达体育馆时，他们发现，体育馆内不仅铺上了红地毯，而且灯光、音响设备调试完毕，灯光师、音响师全部到现场协助。还有一件事令人难忘，台风减弱之后，天气仍不稳定，雨下个不停，导演周崇山正犹豫着是否排练时，华侨城中学、小学及中旅学院的几百名学生身穿雨衣，排好队赶来了，周崇山眼睛湿润了，他拿起喇叭大喝一声："向同学们致敬！"

（三）

1999 年 10 月 5 日傍晚 7：50 分，一个科技文明的缤纷彩梦将在美丽的深圳湾畔呈现。

数十名中外艺术家再一次整理自己的发型和服装，600 多名专业演员又一回控制住自己兴奋的心跳，近千名群众演员进入了预定的位置，300 多名台前幕后工作人员最后检查一遍自己身旁的设备和道具，而晚会的指挥和导演们则不约而同地将目光投向了主席台。那里，领导和嘉宾即将上台，深蓝色的巨大背景板上，中英文的"中国（深圳）国际高新技术成果交易会开幕式文艺晚会"几个大字熠熠发光。

我们睁着布满血丝的双眼望着它，还有点心有余悸。一个小时前，白天同志最后一次检查现场时，发现这块标志性的背景板上竟然出现了一个不大不小的错误，美工师大概是个"英语盲"，他在设计图上配的英语，只是信手拈来、词不达意的字母，而制作人员却一丝不苟地将每一个字母贴上。无数的人从这里走过都没有发现，无数次的检查都只看到了中文的准确无误，而没有看到英文的谬误百出。好在白天同志是学英文出身的，他在最后时刻发现了最后的疏忽，否则，高知识含量的科技盛会，将闹出没文化的荒诞笑话。

全场 6000 多名观众可能都不知道这一细节，他们期盼的是一场精彩晚会的开始。

海潮般的掌声终于漫过来了，领导和嘉宾踏着红地毯慢慢走上主席台，为首的是中共中央政治局常委、国务院总理朱镕基，紧随其后的是国务委员吴仪，走上台的还有国务院有关部委的负责人、前来深圳参加"高交会"的各省市、自治区领导、著名科学家、外国驻华使节，以及大型科技企业的代表。

　　"新世纪的曙光升起来，高科技的旗帜飘起来，肩并肩托起明天的太阳，手挽手迈入崭新的时代……"首届中国（深圳）国际高新技术成果交易会会歌《拥抱未来》，在铿锵的鼓乐声中响起。会歌的诞生也有一段插曲，为了谱写这首歌，主办单位曾举行了大规模的征歌活动，但收集到的数百首歌词中，竟然没有一首是比较理想的。会歌是整个晚会的主旋律，能否先声夺人至关重要，但眼看再过不到一个月时间，开幕式晚会就要揭开帷幕，审评会上大家心急如焚，而又一筹莫展。情急之下，白天同志让我们不妨也试一试。当晚，又是一个不眠之夜，我找来了"高交会"的各种材料，又凝神想象开幕式应有的意境，数易其稿后写出了歌词。第二天一早，我将稿子送上去，白天同志看了之后，挥笔写下了两个字"很好"。当时的市委宣传部部长助理、文艺处处长徐民奇和来自武汉音乐学院的深圳群众艺术馆馆长姚峰，也以最快的速度谱好曲子，激情溢满五线谱间。

　　此时，全场观众已经全神投入到演出之中。序曲"相约走来"中，璀璨的礼花、三维立体的激光光束在夜空中编织成七彩的梦幻空间，"高交会"吉祥物电子小蜜蜂从天而降，网络之星遨游空中，花雨缤纷，歌声动地，表现了人类追求科技文明的激情，反映了深圳人民喜迎五洲宾客的热情。第一幕"古代文明"以红色为基本色调，火种将远古的混沌世界点燃，象征吉祥如意的太阳鸟在烈火中永生。人类追寻光明的不懈努力，终于使脚下的潺潺细流渐渐冲积出文明的千里沃野。莘莘学子在一排排竹简的导引下，琅琅吟诵。模特队展示的"日月山川天地人"的古象形文字，喻示着中华古老文明的传承与发展。第二幕"现代文明"渲染着绿色的梦幻，绿色的风、绿色的韵、绿色的生命，在这片南国热土上萌生着希望，亚热带雨林上的太阳雨，呈现出充满青春气息的花季雨季，芭蕾舞演员在小提琴的悠扬乐韵中翩然起舞，展现绿色是现代文明的摇篮。第三幕"未来文明"则是一个蓝色的乐章，生命来自蓝色的大海，生命向往蓝色的天空。穿着"生命细胞"球体服的双人舞，神秘的"宇宙生命"舞，载有"太空人"的八大行星彩车，勾勒出一幅未来的太空图，预示着人类未来文明的方向。尾声"拥抱未来"中，来自五大洲的人们跳起了各自的民族舞蹈，欢快的舞步、变幻的灯光、升腾的焰火，把文明与科技的交响推向高潮……

　　文艺晚会还未落幕，整个五洲广场掌声雷动。朱镕基总理高兴地站了起来热烈鼓掌，"非常精彩！"他用四个字评价了这台晚会。吴仪同志在整个演出过程中一直神情投入，此刻她热情鼓掌，眼中流露出欣赏的目光。澳大利亚政府矿业和能源部石油矿业开发司司长安德恩先生说："我在观看的过程中，一直处于兴奋状态。色彩太漂亮了，简直让人眼花缭乱，还有那绿色的激光，使人陶醉。"加拿大加中企业家协会常务副会长朱上翔先生说："这么宏大的场面，这么辉煌的表演，让我激动不已，这不仅显示了主办者的文化潜力，同样也显示了科技的实力。"美国远东金融投资公司朱迪女士说："演出这么有魅力，我为中国、为深圳而鼓掌。"北京舞蹈学院现代舞研究室主任张守和教授说："《拥抱未来》是一部辉煌灿烂的华彩乐章。"一些艺术界的专家们在看了电视现场直播以后兴奋地说："这场高水准的演出，体现了深圳迈向现代化国际性城市的恢宏气度。"

　　观众已经退去，彩屑洒落满地，喜庆焰火的烟雾慢慢散开，深圳湾的海风习习吹来。我们抬头仰望，发现今夜星空格外灿烂，今宵难忘，难忘今宵，大家都没有倦意，沉浸在创造的喜悦之中。是啊，领导的笑靥和观众的掌声，是对所有参与主办这次盛会的工作人员的最好回报，舍此之外，别无所求。而大家的盛誉，免不了带有时代性的审美心态和功利色彩，如果按照今天的审美观念来看，这场晚会在虚实结合及主题呈现上可能可以做得更为艺术化，节目在激情四溢的同时，也可能显得满了一点、闹了一些。然而，如果我们回到特定的时空，首届"高交会"开幕式文艺晚会无疑是深圳文艺史上一部开先河之作。

三　大型现代舞剧《深圳故事·追求》

（一）

深圳文艺是在被人称为"沙漠"的基础上起步并奋力跋涉的，与北京、上海甚至广州等城市比，她文化积淀浅，文化资源匮乏，但她没有负担，锐气十足，义无反顾。客观条件使得深圳常常以创新的思路和办法来进行文艺精品的创作与生产，正如深圳在经济领域的一系列大刀阔斧的改革，实际上也是环境所迫，大势所趋一样。

1998 年，由深圳市委宣传部、深圳市文化局组织创作，深圳市歌舞团排演的大型现代舞剧《深圳故事·追求》，正是这种充满创新精神和艺术追求的力作。今天回眸反顾，这部作品在艺术上可能未臻完美，但它敢于探索的新意，却为中国舞台带来了一股清新的风，诚如当时评论界所称的："《深圳故事·追求》虽然是主流意识形态参与策划的文艺作品，但它在形式和内容上都具有可贵的实验性和先锋性。'实验'和'先锋'是一种态度，指对某一事物有超乎寻常的信念并坚信它是一个可以实现的理想。这两者之于文学艺术等精神形态的产品的重大意义在于勇敢地探险前人从未涉足之处。而深圳文化人及其文化产品便时时表现出这种开风气之先的先锋性和实验性。"

《深圳故事·追求》的创新是多方面的：一是它打破了那

种求大求全、以历史与现实的纵深度表现作品深度的惯用方法。《深圳故事·追求》的立意颇高，乍一看是一部气势恢宏、热热闹闹的全景式大作，但它实际上选择的是一个以小见大、见微知著的艺术视角，其创作者一再强调，这部舞剧不是深圳的编年史，而是想通过一滴水来看大海，想通过社会生活的某个侧面，芸芸众生中的一个群落，来表现深圳创业历程中某个故事的片段，反映打工青年虽遭磨难而不懈奋斗的生存状态，从而表现出一种时代观念，升华出夸父追日般不断追求理想的精神境界。舞剧聚焦了三位打工女青年——A、B、C，她们背景迥异，性格不同，分别为有科技知识的"白领丽人"、走向新生的吸毒女和满怀憧憬的农村姑娘，舞剧以她们在深圳的奋斗、沉沦、升华为叙事内容，同时切入了"街上人流""建设者""现代深圳"等舞段，点面结合，体现了改革洪流对于人性的深刻刷洗和精神熔铸。该剧还有一个主要人物——夸父，"夸父追日"是中国老百姓熟悉的远古神话，他身上集中体现了追求光明、追求理想的精神，剧中他作为一个虚拟的人物形象反复出现，成为剧中之魂。

二是它创新了传统的中国舞剧模式，该剧摒弃了以单线条讲述故事的结构方式，采用了音乐的表现手法，由序、主题显示、主题发展、主题变奏、主题再现和尾声几个板块构成，没有完整的故事叙述，只有自如的人物性格发展脉络和人物情感流向。而且，它在当时悖逆了中国舞剧的"后视倾向"，不再沉湎敦煌飞天的远古的梦，不再流连少数民族绮丽的风情，也不再让帝王将相、英雄豪杰、名士风流继续占据这特有的艺术空间，它将舞剧的舞台与现实生活的舞台直接打通，让"打工仔""打工妹"成为舞台的主角，表现出直面现实、直面生活的勇气。

三是舞剧语汇的创新，舞剧可以运用的手段是丰富的，但它最主要的手段还是以演员的形体造型来表意，以比较抽象的舞蹈语汇来抒情。舞剧《深圳故事·追求》在形体动作上没有受传统舞蹈规范的束缚，从现代审美观念出发，注重表现人物内心体验，极具现代感。在总体构思与舞蹈编排上，不仅采用了"交响编舞法"等，而且借鉴了舞剧的现代语汇。如"洗头舞"采用了"架舞"的形式，充满线条感的楼房铺满了整个背景，演员们在上面各个位置舞之蹈之，那种氛围令人联想起现代西方音乐剧的歌舞处理方法。诚然，该剧的舞蹈造型虽然引入了一些当代外国舞蹈的语汇，但从中人们不难看到中国传统民族舞蹈的风韵，如著名舞蹈理论家王国华在评价一些舞段时所说的"它是中国的舞蹈"。因而全剧的舞蹈语言并不晦涩。

四是舞台形式上的创新，予人一种强烈的形式感。该剧对音乐、舞美、灯光、音响等形式的运用，也都富于现代意蕴。叶小纲的音乐对现代的、古典的和民族的、西洋的音乐融会贯通，尤其是用交响乐对广东民间音乐的大胆演绎和运用，又是一个民族与西洋结合的范例。舞美方面，"车间舞蹈"那一场，数百条荧光灯管徐徐垂下，白炽光中几十位身穿灰色工衣的青年女工翩然起舞，视觉效果非常强烈。在音响效果上，该剧则大胆借用了电影同期声的手法，声音采用代表高科技水平的八声道杜比音响设备混录，多次出现街道、宿舍等真实的同期声效果，造成一种独特的听觉冲击。

五是该剧的创作成功，亦带出了颇具深圳特色的创作模式。深圳有生活沃壤，有创作激情，有物质条件，但深圳相对缺乏人才。因而深圳必须大吐大纳、融会贯通，以深圳的现实生活为创作题材，以深圳文艺的本土力量为基本依托，以海内外的文艺人才为创作主导，积极开展文艺精品生产。这种模式从该剧的创作阵营便可见一斑：除了策划、监制、编剧和深圳歌舞团的演员（包括李楠、孙巍等主要角色）是深圳本土的力量和基本骨干外，艺术顾问是文化名人余秋雨；总编导应萼定是原香港歌舞团艺术总监；作曲叶小纲是中央音乐学院教授；音乐指挥陈燮阳是国内颇具盛名的指挥家；舞台美术设计是来自香港的王志强，一位公认的造诣很高的舞台美术家；而男女主角黄启成和山丛则来自总政歌舞团等单位，是当时国内屈指可数的青年舞蹈表演艺术家……深圳正是以这样"海纳百川"的胸怀，吸引和荟集着一批批优秀文艺人才，产生出堪称一流的文艺产品。就像余秋雨先生所说的："我觉得用这种方式来制作深圳的文化产品大有前途……在这件事情的操作过程中，我对深圳文化更有信心了。"

（二）

创新是对传统的思维惯性的一种逆动，创新的过程总是比因循守旧要艰难得多。以比较新颖、独特的方式来讲述深圳的故事，这种追求实际上酝酿、经历了将近两年的时间。那是一段令人难以忘怀的日子，创作理念出来以后，得到了深圳市委宣传部、深圳市文化局领导的肯定，把它列为了全市精品创作的重头戏，在资金和人员方面给予了充分的支持，深圳歌舞团团长陈金明和编剧岳世果等一批人，进行了十分艰苦的创作与筹备，做了大量的工作。创作和排练初期，深圳市委常委、宣传部部长白天和有关部门负责同志，基本上是每周必到位于上梅林的市歌舞团，后来更是成了歌舞团的常客，以致该团的工作人员都说："这里成了你们的第二办公室了"。现代舞剧《深圳故事·追求》的构思最早是从一个叫《红船》的本子开始的，红船在波澜中前行了几百个昼夜，最后才形成了一个荡气回肠的深圳故事。媒体上也说："现代舞剧《深圳故事·追求》是深圳市有关方面倾尽全力抓出来的"，而个中的酸甜苦辣又怎一个"抓"字了得。

1998 年底，该剧以现代舞剧《深圳故事》的名称在深圳大剧院进行首次公演，邀请了国内舞蹈界几乎所有的专家前来指导，激情洋溢的艺术家们也给予了较高的评价。中国舞蹈家协会主席白淑湘称之为"南方吹来清新的风"。中国舞蹈家协会副主席贾作光盛赞它"像一声惊雷划破了舞蹈园地的天空"。著名舞蹈编导、芭蕾舞剧《红色娘子军》的导演李承祥认为它"具有浓郁的生活气息，鲜明的艺术特色，在创作意蕴的深化以及形象的魅力上都有所突破，使作品在思想性、艺术性和观赏性上都达到了相当的高度，在中国多姿多彩的舞剧模式中独树一帜"。著名舞蹈理论家赵国政肯定它是深圳舞剧的"开门之作，奠基之作"。当然，舞蹈家、评论家们也有批评和建议，如中国艺术研究院舞蹈研究所所长资华筠，就对该剧的艺术完整性、某些舞蹈段落的编排以及借鉴和创新等问题发表了独特的见解。

1999 年 4 月 9 日，该剧在深圳大剧院作汇报演出。当晚，不少领导同志和各界人士都莅临观看，在欣赏的同时，他们自然会更多地从思想意义和社会价值的角度来审视这部舞剧。看完演出以后，除了肯定和鼓励之外，也有批评意见，个别意见甚至比较尖锐。"三个打工者的故事能否代表深圳的故事？""剧中打工青年的生存状况是否会使人想起资本的原始积累？"一连串的问题使我们忐忑不安。时隔近十年，平心而论，当时所有的赞扬和批评都是出于不同角度的审视与理解，都是出于对该剧的关心与厚爱，也都是一定历史阶段社会观念和审美意识的正常反映。有的事情，在今天看来再简单不过了，但在昨天却可能复杂棘手。同样地，时过境迁之后，现在轻松谈笑之事，在当时压力却沉重得不得了。记得第二次公演以后，批评和议论曾使一些殚精竭力的组织者和操办人有某种窒息感，他们为了这部舞剧已经度过了无数个不眠之夜，当晚肯定又将在月光和星星的陪伴下辗转反侧。关键时刻，时任中共中央政治局委员、广东省委书记的李长春，亲自批阅了《南方日报》的新闻通稿，该稿对舞剧《深圳故事》所表现的深圳人勇于开拓、不断追求的精神，以及艺术上的大胆探索给予了肯定。时任广东省委常委、省委秘书长的蔡东士在回广州的途中，与深圳市委常委、宣传部部长白天通了一个电话，指导我们在剧名《深圳故事》中再加上"追求"两个字，引导观众理解该剧所表现的是一种开拓创新的深圳精神，而不是一幅史诗般、长卷式的深圳画卷。所以，该剧此后更名为《深圳故事·追求》。

（三）

1999 年 4 月 22 日，应国家文化部的邀请，大型现代舞剧《深圳故事·追求》作为庆祝中华人民共和国成立 50 周年的首台献礼节目，晋京与首都观众见面，李岚清等中央领导同志和首都艺术界的人士，在深圳市市长李子彬，深圳市委常委、宣传部部长白天的陪同下，兴致勃勃地倾听了一个别开生面的"深圳故事"。李岚清同志是一名具有很深艺术造诣的艺术爱好者和文艺领导者，他对这部戏给予了肯定，称赞该剧是一部敢于创新、很有新意的好作品。中宣部、文化部、中国文联的领导也评价该剧是舞台艺术一次全方位的突破。中央电视台音乐戏曲部的副主任、著名导演孟欣对深圳的舞台表现能力也表示了惊讶。北京一位大学教授高兴地说："深圳经济发展的成就尽人皆知，没想到深圳文艺产品的水准也如此之高，这部舞剧真令人耳目一新。"2000 年，《深圳故事·追求》荣获了年度中宣部第七届"五个一工程"奖及文化部第九届"文华奖"。

记得在北京演出的那个晚上，对我们来说又是一个不眠之夜。凌晨两点多，我们还在保利大厦附近的马路上散步。暮春四月，清风吹得树叶沙沙作响，京城深夜还有丝丝凉意，但这正好冷却一下我们那有点烫热的头脑，创新不易、追求无垠，有耕耘就会有收获，主创人员和深圳歌舞团的同志历经艰辛的拼搏过程，本身就是一个感人的深圳故事，而剧场中潮水般的掌声，已经为这个故事画上了一个圆满的句号。

四　从炼《钢铁》到打造影视经典系列

（一）

文艺精品是城市文化的重要标识，是城市综合文化实力的生动体现。20 世纪末，深圳在经济建设已经驶入快车道以后，文化的内在驱动力不断加大，而人们在见惯了深圳的琼楼广厦和高科技产品之后，对"深圳制造"的精神产品也投来了另一种热切的眼光。

1998 年，在深圳市委、市政府的关心和支持下，深圳市委宣传部决定投拍 20 集电视连续剧《钢铁是怎样炼成的》（以下简称《钢铁》）。创意来得有点偶然，是深圳的资深影人、万科文化传播公司总经理郑凯南在公共汽车候车亭等车时想到后，直闯市委常委、宣传部部长白天的办公室，并得到了首肯。一切又来的那么必然，深圳市委宣传部在倾力打造文艺精品的时候，已经留意到影视传媒是现代社会受众面最广、影响力最大的大众媒体，策划在影视作品方面寻求新的突破。同时，当时全国已进入了一个社会转型期，面对市场经济条件下社会伦理道德既进步又沦丧的"二律悖反"的现象，各界要求加强思想道德教育的呼声越来越高，而奥斯特洛夫斯基的小说《钢铁》曾经教育、感召过几代人，其主题思想具有深刻的时代意义。"人最宝贵的是生命，生命给予每个人只有一次。人的一生应当怎样度过：当他回首往事的时候，不因虚度年华而悔恨，也不因碌碌无为而羞耻。在临死的时候他可以说，我的整个生命和全部精力，都已经献给了世界上最壮丽的事业——为全人类的解放而斗争。"这种穿透灵魂的声音，在这物也熙熙、利也攘攘，心态浮躁如泡沫般不断冒起又幻灭的社会，无疑是金玉良言。

争议还是有的，包括在深圳文艺界，但大家都是从工作出发。有的同志担心老片新拍有没有市场，而且时代变化这么快，旧经典能否适应今天观众的新口味？为此，我们从思想内容到市场走向等方面进行了多方论证。在社会的精神需求上，重拍《钢铁》显然具有重要的现实意义和良好的社会效益。《钢铁》的主题是：有作为的青年要选择在推动社会进步的历史风云中经受锻炼和考验的成长道路，保尔最根本的人生主张和理想，是为全人类的解放而献身，这是小说中所蕴含的最具普遍和永恒意义的精髓，也是今天我们这个时代中最需要重视和彰扬的。在市场需求上，长篇电视连续剧《钢铁》也将会具有稳定的收视率，作为传世佳作。小说《钢铁》自1933年问世以来，仅在苏联就以61种文字印行300多次，印数达3000万册之多，畅销26个国家，被指定为中学生必读的教材，并被改编成多部电影、电视、大型话剧及音乐剧。而该书在中国也一直深受读者欢迎，在中国五六十年代畅销书中排名第六位；1989年，团中央选出10本"人生的路标"的畅销书，《钢铁》名列第1位；1999年，在我国有关部门评选的"感动共和国的50本书"中，它仍然名列前茅。小说的热销实际上是电视收视的基础，况且苏联文化对中国的影响很大，许多人还带有某种怀旧情绪，这部小说拍成电视剧后，会有一个比较稳定的观众群体。

1999年1月，农历新年前夕，深圳的勒杜鹃依然璀璨鲜艳，冬寒未冷，春意已近。白天同志带着我和深圳市委宣传部原副部长张春雷，部长助理、办公室主任刘庆生，驱车前往广东从化温泉，看望正在那里休假的中央政治局委员、中宣部部长丁关根同志。已在从化的当时广东省委常委、宣传部部长于幼军同志，领着我们前往会见。关根同志亲切随和，谈笑风生，对深圳情况如数家珍，关怀有加。当白天同志汇报到深圳准备组织拍摄长篇电视连续剧《钢铁》时，关根同志给予了充分肯定和热情鼓励，他认为全国正在大力加强思想道德建设，这件事情的时机和方式也很合适，并提出了具体的要求，希望我们要艺术地呈现这部"红色经典"的深刻内涵。幼军同志对深圳筹拍《钢铁》一直就很关心和支持，他对此也给予了赞扬，并提出省委宣传部要加强对这项工作的指导。中央和省委领导的态度使我们信心更足，干劲更大，会见结束后，便匆匆地赶回深圳，大家的心里已经充满了温暖。

（二）

创新是深圳的灵魂，敢闯是深圳的风格，深圳在文艺精品创作方面也一直以创新的精神摸索新路。《钢铁》是在乌克兰的首都基辅拍摄的，用的几乎全是乌克兰的演员，开创了一种由中国人策划、编导、投资，在外国拍摄、由外国人主演的影视片制作模式。用导演韩刚的话说，深圳拍摄《钢铁》，在中国电视史上又创下五项纪录：第一次由中国人改编世界名著，第一次由中国导演执导外国名著，中国导演第一次与乌克兰合作，第一次中国电视剧全部在国外拍摄，第一次中国拍的戏几乎全部用外国演员。

1999 年 7 月，我曾专程到基辅看望了那些可爱可敬的"炼钢人"。在苏联时代，基辅是仅次于莫斯科和圣彼得堡的第三大城市，城市绿化面积高达 63%，真是"城在森林中，森林在城中"。作为乌克兰母亲河的弟聂伯河从基辅市区穿过，将整个城市分为"左岸"和"右岸"，河的右岸是逶迤起伏的小山和郁郁葱葱的树林，树林掩映着一座座教堂与古建筑。河的左岸矗起了一大片现代化的建筑物，呈现新都市的气象。

如今人口达 260 多万的基辅，是《钢铁》小说作者奥斯特洛夫斯基的家乡。1904 年 9 月 29 日，奥斯特洛夫斯基诞生在这里一个酒厂工人的家里。他 11 岁时便辍学到火车站食堂当烧水工人，随后又当过锯木工、伙夫助手等。15 岁时加入了苏联红军，上前线与波兰白军开始了殊死战斗，26 岁时开始写作《钢铁》。但这位在风雪与炮火中锻铸了钢铁一般性格的战士，却在 32 岁时被病魔击倒。就在他逝世后的第 5 天，他的另一部著作《暴风雨所诞生》正式问世。

现在，在基辅近郊的博雅尔卡小镇上建有奥斯特洛夫斯基纪念馆，纪念馆是为了纪念奥斯特洛夫斯基诞辰 100 周年，在 1974 年由乌克兰共青团员捐款修建的。我们在附近的荒地上采撷了一束野花前往拜谒。纪念馆是一座质朴的平房，门口是一塑奥斯特洛夫斯基的铜像，他昂首向前，朔风掀动了他的布琼尼军帽和军大衣，面孔像刀刻的一样冷峻，深邃的目光似乎能穿透弥漫的风雪，给人很强的感染力。纪念馆里保存了奥斯特洛夫斯基生前不同时期的照片、实物，以及苏联和各国关于小说《钢铁》的各种版本，包括中文版本。

基辅还是历史的见证人，原著中的许多人和事都曾发生在这里。现在，离此 80 多公里的切尔诺贝尔核电站泄露事件虽然曾对基辅造成了一定的核辐射，但另外一个意义上的"现代工业文明"却并没有给基辅带来太多的"污染"。基辅是一座绿色的城市，有"花园城"和"绿之都"之称。美丽的弟聂伯河畔，是一片一片的桦树林，芳草萋萋，质朴天然。基辅近郊有保存完好的当年乌克兰小镇、教堂、学校、工厂、车站，甚至还保存了一段当年保尔·柯察金他们抢修的窄轨铁路。

扮演保尔的乌克兰演员安德烈·萨米宁曾在一篇关于《钢铁》的文章中寻问："我一直在想，是什么成为这一艺术创作过程的基本动力？是什么使我们这些来自不同国家，代表不同文化，以及使用不同语言的人们在如此短暂的时间内架起了理解的桥梁？"答案实际上很清楚，全世界各个国家、各个民族的文化差异，实际上显示的都是在人类文化共性基础上的个性。而彼此间一旦寻找到共同点，包括情感上的相同归宿，沟通与融合便变得如此的自如。

基辅杜辅琴科电影制片厂与中国摄制组一拍即合，该厂拍过前苏联关于《钢铁》的三个版本的电影，有大批现成的服装、道具，并能想办法弄来拍片所急需的苏联二三十年代的枪炮。但该厂目前一年拍不到一部片子，经济拮据，连水电费都付不起，工资也发不出，还欠了一屁股债。我到过杜辅琴科电影制片厂，偌大的厂区里，昔日颇具规模的办公楼和摄影棚，已呈颓败之象，斑驳的门墙与生锈的铁锁关住了昨日的辉煌，厂道两侧及膝的杂草掩藏着今日的无奈。该厂的厂长玛什卡、苏联制片《钢铁》的导演，曾对中国剧组的制片人说："你就不怕我骗你们？"中国的制片人说："凭着您当年导演过《钢铁》，我就肯定您不会骗我们！"玛什卡听后，眼里噙着热泪。

选择饰演男主角保尔·柯察金演员的过程也颇具戏剧性。起初，杜辅琴科电影厂的厂长玛什卡向他们推荐了一位叫弗米尔·康金的演员，这是一位在当地很有名气的演员。嘉娜告诉记者："我们通过试戏，觉得他的表演是无可挑剔的，但感觉他眼里总是少一点什么东西。"一天，玛什卡问康金："你相信你所扮演的角色吗？你相信世界有这样一类人，他们会为自己的信仰而牺牲一切甚至自己的生命吗？"？康金摇摇头说："不相信。"讲到这里，玛什卡明白了，康金眼里少的就是信仰！后来，剧组接待了一位叫伊拉的女演员，并带她穿过电影厂的院子到服装和化妆楼去拍照片。就在给她拍完照片握手告别时，她突然拿出本影集说："这是我男朋友的照片，想看看吗？"为了不扫她的兴，嘉娜翻开了影集。那是一组黑白近景和特写照片，一页页看下去，她被影集里的那张生动的脸深深吸引住了，心底冒出一种连她自己也不太敢相信的预感，她按捺住自己激动的心情故作平静地说："伊拉，我能见见这个小伙子吗？"这个小伙子第二天就来到了剧组。他叫安德烈·萨米宁，刚满25岁，身高1.8米，很清瘦，一头浓密的栗色的头发，一双深邃有神的眼睛。他毕业于乌克兰卡尔朋科·卡雷戏剧学院表演系，是基辅左岸话剧团签约的演员。最吸引人的是他那张脸，眉峰微微隆起，鼻梁挺直，一双橄榄绿的眼睛严肃时显得很沉静很忧郁，欢快时却又闪烁着热情而略带狡黠的光芒，一张大大的嘴倔强地横在鼻子下面，配着那个棱角分明的方下巴，让这张脸平添了几分男子汉特有的沉着和坚毅，几乎无可挑剔。剧组终于认定了"就是他！"如今，当《钢铁》在全国播出后，大家都一致认可银屏上的保尔，认为他不仅形似，而且神似。而安德烈·萨米宁到中国来，曾不止一次说："我就是为演保尔而生的"。而在这部剧中，乌方出动了近万名群众演员，其中包括军队的骑兵，基辅文化局的一位副局长也在剧中扮演角色。而且我亲眼看到了，在拍摄现场有两位乌克兰警察在协助维持秩序，他们每天持着警棍，别着手枪，四处巡查，为剧组"保驾护航"。

打铁需要真汉子，炼钢更待勇敢者。来自中国深圳的剧组在乌克兰前后工作了8个多月，遇到了许多难以预料的困难，他们都把这个"炼钢"的过程当作炼自己的过程，把拍摄保尔的经历，当作学保尔的机会。

先是百年不遇的气候好像在和《钢铁》剧组玩捉迷藏。1999年2月16日开拍《钢铁》时，乌克兰天空下起了鹅毛大雪，又适逢中国的春节，剧组人员凑到了一间租来的办公室里，喝着从中国带来的"二锅头"，嚼着速食面，用搓得发红的手写下这么一副对联：上联是"漫天飞雪迎新春"；下联是"中乌影人庆佳节"；横批是"共炼钢铁"。一个星期后，当地又开始化雪，气候温暖如春。可到 3 月份又冷了起来，连下了几场大雪。4 月份热得开始穿衬衣，5 月 20 日那天在外景地拍戏的人录到的最低气温竟是零下 9 摄氏度。而 6 月份又出奇的热，连续十多天都是 35—38 摄氏度。剧组主创人员住的民居里别说空调了，连个电风扇都没有。气候的异常，让很多人的身体都出现了问题。扮演保尔的演员安德烈，那段日子因为过度疲劳和气候炎热，两次在拍摄现场突发心脏病被救护车送往医院急救。制片人郑凯南女士是位"拼命三郎"，也曾被送到医院急救。而摄影师徐洪亮，出现了胃出血，在异国他乡的医院住了 20 多天，度过了一段极其难忘而浪漫的日子。他在那里结识了美丽善良的女护士莎莎，那是一位有着一双湛蓝湛蓝、晶莹剔透的眼睛、像紫色蔷薇一样迷人的乌克兰姑娘。莎莎时常用眼神、手势和画画来与小徐交流，并陪小徐到医院附近散步，去教堂看壁画，上神父墓地徜徉，遗憾的是小徐住院的时间还不够长，否则一定会有一段足以再拍一部电视剧的异国情缘。

浪漫当然也是要付出代价的。基辅离切尔诺贝尔核电站仅有 80 多公里的距离。1986 年 4 月 26 日，这座核电站的 4 号机组发生了世界核电史上最严重的核泄漏事故，有 3 个反应堆爆炸起火，超越 5000 万居里的放射性物质大量泄漏，相当于 1945 年日本广岛、长崎原子弹爆炸的 50 倍。核电站周围 30 公里和东北方 120 公里被严重污染。当时参加抢险的八十多万人中，已有五万五千多人死亡、十五万人残疾。15 年前的核泄露，至今仍使得剧组人员都只能买矿泉水或去打井水喝。而当地的经济虽不太景气，但物价却不便宜，一斤西红柿的价格是 2 个格里夫纳（当地货币），相当于 4 元人民币，一斤桔子的价格是 3.2 个格里夫纳，相当于 6 元人民币。剧组在基辅租了三房一厅的一套房子，一个月的租金700美元，大约6000元人民币。为了节省经费，剧组的人有的睡客厅的沙发，有的睡行军床，而且一睡就睡了8个月。剧组的人上午一大早到外景地，中午二三点钟，才在现场吃一个盒饭，然后晚上9点钟回到住地自己动手做饭。中午的盒饭我吃过几天，有时是几块面包，加一根俄式香肠；有时是加了牛油的黏糊糊的粗面条。对我这位"老广"来说，也是一个不大不小的考验，我的肠胃也不怎么样，虽然不会胃出血，但是会拉肚子。

最大的困难，莫过于中国人那种"剪不断，理还乱"的乡土情结。那里没有中文报纸，没有中文电视，打一个长途电话回家，经常要二十几美元，时间一长，思乡病便在每个人的心里滋蔓。每个人的感情都变得非常脆弱，他们都不敢提起自己的子女，那太揪心了。他们甚至听人深情地唱一曲"一条大河波浪宽，风吹稻花香两岸"也会泪流满襟。

乌克兰的《独立报》在报道剧组人员时，用了一个意味深长的标题《中国人告诉我们：钢铁是怎样炼成的》。我国驻乌克兰大使周晓沛在与我们说起剧组人员的拼搏精神时，曾大加赞誉。他还说到，《钢铁》是在乌克兰炼成的，而剧组的同志们是中乌文化交流的使者。我国驻乌克兰大使馆的文化秘书于兴义还告诉我们，剧组在非常困难的情况下，创作了以下这首歌：

乌克兰原野的冬天是那么的寒冷，
暴风雪像刀子割着我们的肌肤。
是什么在鼓励着修路的人们，
是滚烫的伏特加和朋友们鼓舞的眼神。
往布琼尼帽里倒满啤酒，
用我们冻僵的手举起酒杯，

说干草比羽毛褥子还要软吧，

为了我们剧组的好运气干杯！

（三）

《钢铁》锻炼之际，中央电视台影视部和中国国际电视总公司便慧眼识珠，并出资 400 万元买断了该剧在中央电视台黄金时间的首播权。新千年的第一个春天，2000 年 2 月 28 日晚 8 时零 6 分起，中央电视台一频道向全国隆重推出该片后，它在神州大地产生的轰动效应却是我们始料不及的。

适逢第九届全国人大和政协会议在首都举行，《钢铁》成为"两会"代表的热门话题，在每晚的新闻联播中人们经常可以看到代表谈论《钢铁》的镜头。作为全国人大代表的张海迪曾被誉为"中国的保尔·柯察金"，她高位截瘫 40 年仍乐观自信。"两会"期间，晚上只要小组没有安排活动，张海迪便打开电视，与保尔同苦同乐。她曾多次阅读《钢铁是怎样炼成的》，并珍藏着奥斯特洛夫斯基夫人馈赠的照片。9 岁起读《钢铁》的张海迪，如今也像她景仰的作家奥斯特洛夫斯基一样，以寸笔为武器，与疾病战斗。张海迪说："保尔生命不息战斗不止的精神，不仅鼓舞我们的父辈，鼓舞我，我希望也鼓舞我们的后代。"全国政协委员、著名运动员叶乔波带伤在冰场驰骋了近 20 年，为祖国赢得荣誉的同时，她的事迹也感动了许多同龄人。叶乔波谈起往事时说，自己的坚强是小时候读《钢铁》的结果。"保尔热爱生活，热爱社会，珍惜生命，他的这种精神从少女时期就植根在我心中。"叶乔波在纸上郑重地写下这句话："只要精神不垮，没有克服不了的困难，没有战胜不了的挫折。"同样是"保尔迷"的全国政协委员、报告文学作家陈祖芬，在家中书柜最显眼处，放的不是自己的著作，而是她于几年前失而复买的小说《钢铁》。她说，不只是为了阅读，更不是摆样子给别人看，而是为了心灵的踏实。提起时下一些有关"保尔过时"的议论，陈祖芬有点激动："有些东西随着时光的流逝而流逝，但有一种东西是永远不过时的，那就是精神。我相信，不管是网络时代，还是其他什么时代，保尔这个形象是永恒的，不会过时的。"

《钢铁》在社会上的反响也不少，成为该年度中央电视台收视率最高的节目之一。在京城一纸风行的《北京晨报》当时有一篇稿子写道："昨晚，中国版电视连续剧《钢铁是怎样炼成的》亮相了。当记者随机采访时，很多观众激动地说：今晚，我看了保尔。首都钢铁设计院的胡岫先生说：我今天刚刚从烟台回来，一进家门，就打开电视机。看了第一集，我感觉不错。这部电视剧是忠实于原著的。扮演保尔的演员和我小时候看的小人书里一模一样，简直是神形兼备。扮演冬妮娅的演员年龄有点大，不像个小孩儿。一位中年观众说：演员演得很到位，想不到中国人拍出来的电视剧还挺有外国味儿。退休老干部高先生兴奋地说：在我们20岁的时候，大家传阅的畅销小说就是像《钢铁》《静静的顿河》等一批优秀的苏联小说。它们激励我们这代人为了理想而奋进。今天，看到这部由咱们中国人拍摄的《钢铁》，觉得格外亲切。这时候高先生的爱人插话说：我们是目不转睛地从头到尾看完的，激动的心情难以言表。列宁曾经说过：忘记历史等于背叛。这部剧异国风情浓郁、演员表演清新自然，相信年轻的观众同样会喜欢。一些年轻观众因回家较晚没看上《钢铁》而感到非常遗憾。他们表示这是一部很有教育意义的片子，有时间一定得看。"

有意思的是，《北京青年报》开展了"保尔和盖茨谁是英雄"的讨论，把保尔和盖茨进行比较，可能恰好反映了人们对英雄价值判断的不同，所以读者的反响强烈。在一个座谈会上，名叫王润鸣的读者谈道："我对比尔·盖茨不了解，只知道他是微软帝国的国王，但对《钢铁》有特殊的感情，我是60年代上山下乡的老知青，现在每晚都看。但相比之下，我儿子对《钢铁》就无动于衷。我只有问他'看保尔还是写作业'时，他才表情茫然地坐下来看一集。他崇拜的是歌星、影星，满屋贴的都是他们的相片，我给他撕过好几回。而每当我看'保尔'，就会立刻回想起我的童年，一下子兴奋起来。我们从小接受的就是这样的教育，不仅保尔，像董存瑞、黄继光都是我们心目中的英雄，至今依然深刻影响着我们的精神生活。但如果有人现在像保尔这样，有的年轻人可能认为他是傻子，爱出风头。当然，这也可能因为两代人所受的教育有很大的断层。"另外一个叫马严的读者也谈道："看着那些乌克兰演员的充满激情的表演，我心里别有一种感动：在保尔的理想已经被放弃了的那个国家，竟还有这样一些人把先辈火热的理想表现得那么饱满和真诚，这本身就能够回答我们自己的疑问：对于理想、信仰，这个世界上的人始终会有一种审美的、终极的态度，因为这是人的一种精神高度。"

《钢铁》热播以后，十几个版本的同名小说也在京沪穗等城市热销。保尔·柯察金和冬妮娅再次走入中国千家万户。

《钢铁》所取得的荣誉，也是卓尔不凡的。在由中宣部举办的全国第八届"五个一工程奖"评选中，它获得了"一部好片子"的特别奖。在第20届全国电视"飞天奖"评选中，它又囊括了包括长篇电视剧特别奖、优秀导演奖、优秀摄像奖、优秀照明奖、优秀音乐奖、男演员评委会特别奖、美术评委会特别奖在内的七项大奖。在第18届中国电视金鹰艺术节上，《钢铁》又从全国参评的59部电视剧中脱颖而出，获得最具含金量的"最佳长篇电视剧奖"。当时媒体评价说："如果长沙金鹰节真如主办单位所说的是东方奥斯卡，那么本届金鹰节关于电视剧的最重头奖无疑是'最佳长篇电视剧奖'，这相当于奥斯卡的最佳剧情片奖。从这种意义上说,《钢铁》应该是本届金鹰节上最大的赢家。其实中国每年的主旋律电视剧也不少,但真正出彩且被观众认同的并不多,但愿《钢铁》剧为中国的主旋律电视剧开了个好头。"

电视连续剧《钢铁》是否为中国的主旋律电视剧开了个好头,这很难定论。但它确实为深圳的影视创作和生产开了个好头,随后几年,深圳市委宣传部会同有关方面,又先后推出了颇具影响的长篇电视剧《日出》《林海雪原》等,社会效益与经济效益都引人注目,被誉为影视的"红色经典系列"。诚然,由此而起的改编重拍经典名著之风,以及其后出现的某些问题,也引起过关注和争论。

时光逝水,往事如烟。但当年我在第 18 届中国电视金鹰艺术节颁奖晚会上高擎金鹰的照片,依然摆放在我家中的案头。我"抢了"一个历史的镜头,因为所有的工作都是大家做的,但我收藏了一份美好的记忆。人是需要一种精神的,每个时代每个国家也都需要一种精神。

五　大型音乐会《希望》晋京演出

2001 年 6 月 16 日傍晚,长安街华灯初上的时候,泱泱大度的首都北京,又有无数道文化盛宴开席。

当时舞台设备堪称国内一流的艺术殿堂——保利剧院,迎来了中共中央政治局常委、中纪委书记尉健行,中共中央政治局委员、书记处书记丁关根,以及中宣部、文化部、全国文联、中国音协、北京市委和首都各大媒体的嘉宾,也迎来了见多识广的京城观众,包括小平同志的女儿邓榕(毛毛)、著名音乐家吴祖强、傅庚辰、吴雁泽……他们的到来,是为了聆听来自改革开放前沿的深圳之声。

希望满人间，但《希望》变成现实，却有一个不平凡的过程。

20世纪90年代后期，随着深圳的原创歌曲《春天的故事》《走进新时代》《祝福祖国》等风靡神州，以及深圳艺术学校学生李云迪、陈萨在号称"世界钢琴界奥林匹克"的第14届肖邦钢琴比赛中分获第一和第四名，音乐界把目光投向了深圳乐坛。深圳的文化积淀较浅，文化人才匮乏，而文化发展需要长期积累，有一个厚积薄发的过程，但现在深圳乐坛出现的情况却在偶然中蕴含着必然，是一个值得分析的文化现象。

中国音协主席傅庚辰，这位由于电影《地道战》《闪闪的红星》插曲和少儿歌曲《小松树》而蜚声乐坛的老一辈音乐家，显然也被春天的旋律打动了，他带着音协的其他同志，风尘仆仆地从北京赶到了深圳，会见深圳市委常委、宣传部部长白天。建党80周年即将来临之际，中国音协策划在首都举办几场大型的专题音乐会，除了中央直属的文艺团体外，他们打算推荐深圳、沈阳等城市晋京演出，三场音乐会分别命名为《阳光》《祖国》《希望》。

1996年，深圳曾组织了一支由各歌舞厅通俗歌手组成的演出团到北京演出，演出团甚至进到了中南海礼堂为中央领导表演，受到了李瑞环同志的亲切接见，带去了南方清新的风。1997年，香港回归前夕，深圳粤剧团到北京演出现代粤剧《情系中英街》，情动京华。1999年，深圳歌舞团又携现代舞剧《深圳故事·追求》晋京，向首都观众述说了一个别开生面的深圳故事。但是，作为一场真正意义上的音乐会，而且由中宣部、文化部、广播电影电视部、新闻出版总署、全国文联联合举办，作为"纪念中国共产党80周年优秀剧（节）目展演"的首台节目晋京演出，这在深圳历史上还是第一次。

在各种艺术门类中，音乐的语言更为抽象、凝练、写意，音乐的水平也更直接地反映一座城市的文化底蕴。组织音乐会晋京演出，这是深圳的荣誉，也是对深圳的挑战。

市委宣传部和文化局迅速搭起了筹备班子，紧锣密鼓地开始了工作，那几年，深圳在文艺精品生产方面已经形成了一套运作模式，在文艺精品创作方面也形成了较好的氛围。当时，深圳交响乐团在留俄音乐博士、著名指挥家张国勇的调教下，已渐入佳境，逐步跻身全国六大交响乐团的行列。李云迪、陈萨刚刚从波兰捧回大奖，正处于巅峰状态。深圳市内的几支业余合唱团也纷纷出去参加国际合唱比赛，热情高涨。诸多条件具备，唯缺好的作品，主办单位约请了解放军总政歌舞团的著名作曲家张千一和撰稿人赵大鸣，创作以深圳发展历程为主题的交响合唱《希望》。张千一被中国音协领导誉为当时国内最具实力的青年作曲家之一，此前他为舞剧《大梦敦煌》和《野斑马》谱写的曲子，广获好评，他的歌曲《青藏高原》更是气贯云天，风行一时。尤为难得的是，他作为一名军旅作曲家，在理解和表现现实题材的主旋律作品上往往比较到位。赵大鸣则是大型文艺节目撰稿的高手和快手，思维敏捷，下笔有神，几乎参与了当时首都各大晚会的文字工作。我们当时的整体构思是上半场推出具有深圳特色的交响合唱《希望》，下半场由李云迪领衔演出钢琴协奏曲《黄河》，主题鲜明、风格各异，虚实相映，动静皆宜。

"台上一分钟，台下十年功。"我们没有十年磨一剑的光阴，我们只有几个月磨合的时间，一切都以深圳式的超常规方法进行，大家凭的是一种责任、热爱和激情。特别是参加排练的市文联音协合唱团的近百名演员都是利用业余时间赶来参加排练的，他们中有教师、职员、警察、经理、工人，他们把八小时之外的很多时间都挥洒在排练间里，有的同志家住宝安、龙岗，有时为了赶时间，坐出租车去排练，车费就近百元。高级中学合唱团的同学们就更为难得，他们每天要上学，晚上要做作业，还要应付日益逼近的期末考试，但他们在校长唐海海和老师王希珍的带领下，一场不落地参加排练。有时候，我看到一些小同学趴在台下的椅子上抓紧时间做作业，有的孩子由于太累了，竟然躲在某个角落里睡着了，心里充满了歉意和感动。

一切都按照预定的轨道运行。参加交响合唱《希望》排练的许多同志对作品评价不错，当时的市文化局艺术处处长姜本忠看了部分谱子，就兴奋地给我打电话，认为这部作品错不了；该处副处长刘俊杰反映说："来深圳支援的广州部队合唱团的演员在排练时兴奋地谈到，多年没有唱过这么好的作品了。"

距离晋京演出的时间还有不到一个月时间，中宣部文艺局、中国音协的有关负责人和有关专家飞临深圳，在深圳大剧院观看预演。随后，他们又赶到深圳迎宾馆 6 栋二楼会议室，对作品进行了认真的评议。交响合唱《希望》以浓郁的深圳特色、鲜明的主题和颇有新意的艺术特点获得了一致认可。专家们认为，它在艺术形式有所创新，尤其是在每一段歌曲的内容及歌曲段落的衔接方式上，采取了富于戏剧性的语言交流和音乐曲式结构，把特定的人物心理放到大的社会历史背景中去表现，以求形象的生动性与思想主题的深刻性相结合，使作品富有鲜明的时代特征和艺术感染力。当然，作品的不足之处也是明显的，专家们对该作品提出了修改意见，如有的章节音域太高，既增加了演唱难度，又影响了传唱的广度；又如有的歌词对思想内容的强调使得意向性"露"了一点，还有个别曲调对国外名曲的借鉴和创新关系等。

正应了"好事多磨"这句话，李云迪的导师但昭义教授一开始并不太接受这一决定。李云迪是他一手培养出来的，他了解李云迪的一切，包括他的强项和弱处，他更了解首都乐坛的分量。在肖邦的世界里，李云迪可以闲庭信步，潇洒自如，尽情地表现自己超然的艺术才情，而在黄河拍天的浊浪中，年轻而又陌生的李云迪又不知能否驾驭得了呢？况且在《黄河》中挺立潮头的已有刘诗昆、殷诚宗等高手。同时，一举成名的李云迪当时的演出排期已经很满，从成都、重庆、台北到美国纽约和德国的汉诺威，重新演练钢琴协奏曲《黄河》的时间比较紧。但教授的态度很坚决，最后经过市文化局和艺术学校领导多方做工作，他才答应由李云迪和他的师妹陈萨联袂出演。类似这样的插曲在当时是说不尽道不完的。

让我们再回到北京的保利剧场，与首都观众一起见证希望是如何变为现实的。

红色的帷幕在掌声中徐徐拉开，序曲中，春天的旋律在舞台上轻轻漾起，春风化雨，润物无声，在清脆的童声吟诵下，人们好像看到了一片神奇土地上万物拔节而生的气息。第一乐章《走向深圳》里，舞台是流动的，合唱队缓缓地排列到两侧，形成一个决口，学生合唱团的队员从后面慢慢涌上来，由于变化而充满生气；音乐也是富有戏剧性，在这里人们甚至可以感受到不同人物充满了矛盾的心理活动过程，这种戏剧性的感觉不是来自某个具体的故事情节，而是来自音乐本身的结构，来自各种声部乃至于不同演唱方法之间的音乐表现关系。也许正因为如此，在这个乐章里，人们大概第一次听见通俗唱法与美声和民族唱法同时出现在交响合唱的舞台上，而且在艺术上相得益彰。它使当年那些怀抱着各种各样的理想、从四面八方来到深圳的人彼此之间的差异，以及深圳这座年轻的现代化移民城市特有的包容性，有了最生动的表现。第二乐章《红土地的誓言》中，戏剧性的冲突和张力又转换为整个乐章在时空变化上的结构关系。人们不仅感受到改革初期创业的艰难，以及在小平同志"杀出一条血路"鼓舞下深圳人的拓荒精神，还在一种巨大时空对比中生出的无限感慨，具有一种恢宏的史诗感。第三乐章《说给大海》是作品的华彩部分，特邀的男高音歌唱家戴玉强仿佛踏浪而来，一声"大海，蓝蓝的海"宛若天籁之音，而当独唱逐渐演化成大合唱时，蓝天高远，海潮澎湃，心舟逐浪，人随波生……潮水般的掌声漫过了每一个座位。第四乐章：《永远的进取》和尾声《走进新时代》，则以磅礴的气势和激昂的旋律展示了深圳不断开拓创新的勇气。

下半场钢琴协奏曲《黄河》的旋律是大家所熟悉的，但李云迪和陈萨更是引人注目。来自深圳的这两位年轻人没有辜负大家的期望，他们以饱满的激情、娴熟的技巧和富有个性的表现手法，把自己对母亲河的情感淋漓尽致地表现了出来。见多识广的首都观众对他俩的才华表示了惊讶，他们遗憾的是李云迪和陈萨没有演奏更多的作品。而当最好一个音符戛然而止时，在观众长时间的掌声中，丁关根同志侧过身来，意犹未尽地问深圳的白天同志："没有了吗?"

今天，当一切都成为回忆时，我手头上仅存的是一份2001年6月17日的《人民日报》，它在头版显要位置上记载了这段史实，文章不长，我将它全文记录在这里，也算是一种纪念：

　　本报北京6月16日讯　记者温红彦报道：中共中央政治局常委、书记处书记尉健行，今天晚上在北京保利剧院同首都观众一起观看了由深圳市文艺工作者演出的音乐会《希望》。

　　中共中央政治局委员、书记处书记丁关根以及有关部门的领导也观看了演出。

　　音乐会由中宣部、文化部、中国文联主办，并作为"纪念中国共产党80周年优秀剧（节）目展演"的首台节目在京演出。节目是在广东省委的指导下，由深圳市组织创作的。

音乐会《希望》包括钢琴协奏曲《黄河》和交响合唱《希望》，具有厚重的历史感和鲜明的时代特征。300 余位音乐工作者充满深情、富有强烈艺术感染力的演奏演唱，抒发了人们对共产党的热爱，讴歌了改革开放给深圳乃至全国带来的巨变和创业者开拓拼搏的精神，表达了深圳人民阔步走进新时代的豪情。音乐会由深圳交响乐团、深圳歌舞团、深圳音协合唱团、深圳高级中学合唱团以及深圳的一批优秀歌唱演员担任演奏演唱。演出开始前，尉健行、丁关根等会见了参加音乐会的主要演职人员。

六 "钢琴王子"李云迪

文艺的发展有其特殊规律性，有一个厚积薄发的过程。20世纪末以来，深圳文艺经过 20 年的积累，却奇迹般地呈现出一个间歇性的"井喷"现象，大事喜事好事接踵而来。

2000 年 10 月 19 日下午，我接到市文化局分管艺术工作的副局长董小明的电话，他兴奋地告诉我："深圳艺术学校学生李云迪，在波兰首都华沙举行的第十四届肖邦国际钢琴比赛中，凭借演奏肖邦的《E 小调协奏曲》获得了第一名。此外，该校的学生陈萨也获得了第四名。"记得老董很自豪地说："深圳文化界出一个李云迪，足矣！"的确，1927 年设立的肖邦国际钢琴比赛，每 5 年举办一次，素有"音乐界的奥林匹克"之称，是国际音乐界权威公认的世界上规格最高、演奏难度最大的比赛之一。其评委要求之挑剔和严格，从其已连续两届第一名空缺可见一斑。更让人侧目的是，李云迪当年还不到 18 岁，是该奖设立以来，夺冠最年轻的选手。在中国，此前在肖邦国际钢琴比赛中获过奖的，一个是傅聪，1955 年夺得过第三名；一个是原任上海音乐学院副院长的李名强，1960 年夺得过第四名。屈指算来，中国已有整整 40 年与肖邦国际钢琴比赛无缘了。

数天后，李云迪一行英雄般地从国外凯旋归来，市委副书记李统书，市委常委、宣传部部长白天等在市委大楼的贵宾室，接见了李云迪、陈萨和他们的恩师但昭义，以及深圳艺术学校校长李祖德、副校长孙真。李校长介绍了获奖的过程：2000 年 3 月，文化部决定让李云迪代表中国参加肖邦国际钢琴比赛，文化部这次一共选派了 3 个人，他们分别来自北京的中央音乐学院、上海音乐学院和深圳艺术学校。连同台湾、香港和一部分自费参赛的选手，中国一共有 18 名选手参赛。10 月，李云迪和其他 2 名中国选手踏上了参加第 14 届肖邦国际钢琴比赛的征程。从 10 月 5 日至 22 日，共进行了 4 轮比赛，260 人报名，获得参赛资格的只有 98 人，第一轮下来只剩下 38 人，到最后一轮时只有 6 人进入决赛。当评委会宣布李云迪获得第一名时，全场沸腾了，人们把他高高举起，这是中国音乐史上一个历史性时刻。随后，李云迪拿出了获奖证书和由评委会主席亲手颁发的银盘，银盘在闪光灯的聚焦下灿然夺目。

李云迪夺冠后让人们觉得不可思议的是，这位为中国争得了殊荣的"钢琴王子"不是出现在北京、上海、广州等文化根基深厚，艺术氛围浓郁的大城市，而是出现在刚刚建市才 20 年、过去一直有"文化沙漠"之称的深圳。实际上，李云迪的脱颖而出，正是内地比较深厚的文化积淀与深圳开放、现代的文化条件相结合的结果。而他的成长经历，也正说明了成功总是与磨难和奋斗相随相生。

李云迪原名李希熙，他的父母出生在 20 世纪 50 年代，其母张小鲁爱好跳舞和音乐。小云迪 1 岁多时，就喜欢听歌唱歌。4 岁生日那一天，父母亲送给了他一件生日礼物——一架最简单的 4 贝司手风琴。1987 年 3 月，5 岁的李云迪到成都参加四川省少儿手风琴比赛，夺得了第一名。这是他迄今为止夺得过的无数音乐比赛奖项中的第一个第一名。李云迪 7 岁时，其母张小鲁看到儿子幼小的身躯被庞大的 120 贝司手风琴折磨得脸红脖子粗时，决定让云迪改学钢琴。两口子咬咬牙花 4000 元买了一架钢琴。把李云迪引进钢琴音乐王国之门的是重庆少年宫一位普通的老师吴勇，吴老师很快发现，李云迪钢琴技艺进步的速度远远超过了自己教学的能力，他向张小鲁推荐了我国著名钢琴教育家但昭义教授。在但教授的指导下，李云迪走出四川盆地，走出中国，步入了世界钢琴舞台。李云迪在谈到自己的恩师时说："没有但老师的培养，就没有我的今天，近 10 年来，他在我身上花费了无数心血。可以说他就像我的父亲一样。"在但教授的指导下，1993 年，李云迪获得了重庆市首届少儿钢琴比赛第一名；1994 年以第一名的成绩考入四川音乐学院附中，同年夺得首届"华普杯"全国少儿钢琴比赛第一名。1995 年，一个偶然的机会，又一次改变了李云迪的命运。这年6 月，李云迪在但昭义老师和母亲张小鲁的陪同下，参加在美国举办的斯特拉文斯基国际钢琴比赛，获得了少年组第三名。回国时，他们取道深圳回四川，深圳艺校盛情接待了他们。从事 30 多年音乐教学工作的李祖德，在听了 12 岁的李云迪弹奏几首曲子后，惊讶地发现：这是一个了不起的音乐小天才！爱才心切的李校长在市文化局领导的支持下，向但昭义师徒发出了加盟深圳艺校的邀请。但昭义教授也意识到，李云迪要向世界乐坛的巅峰进发，深圳无疑是一个很好的平台。但昭义师徒决定留下来了，这是一个重要的抉择。李云迪是 1982 年 10 月 7日在重庆出生的，转学深圳时才 12 岁。但昭义教授调到深圳时，已经超过了 55 岁的最高调入年限，深圳破格接受了这位具有特殊教学才能的教授。李云迪的家境条件不太好，母亲张小鲁为了陪伴云迪练琴已经辞去了工作，父亲李川的收入也很微薄，学校于是免去了李云迪的全部学费。学校还决定，以后李云迪到国外参加比赛的一切费用，都由学校提供，李云迪一家也从重庆迁到了深圳。

然而，这所有的一切还仅仅是外部条件，艺术是需要天分的，艺术家与艺匠的区别也在于天赋，包括一个人的智商、情商、气质和际遇。回顾20世纪人类的音乐生活，可以说，没有任何音乐家能像肖邦一样将个人传奇与大众形象融合得如此水乳交融。就钢琴音乐而言，肖邦肯定是被弹奏得最多、聆听得最广泛的人。以演奏肖邦而闻名于世，最终列入伟大钢琴演奏家行列者，包括阿图尔·鲁宾斯坦、科尔托、列文涅、拉赫玛尼诺夫、里帕蒂、帕德列夫斯基、布莱罗夫斯基、弗朗索瓦、阿格里奇、波里尼、齐默尔曼、波戈雷里奇等。上述名单中的半数与肖邦国际钢琴大赛有直接关系，其中鲁宾斯坦、科尔托、弗朗索瓦、列文涅等人曾担任肖邦大赛评委。李云迪能理解肖邦，能站到大师的跟前，可以说是一名天才的教师遇到了一名天才的学生。但昭义是一位对钢琴艺术精益求精的老师，而且有一套独特的教学办法。他对李云迪弹奏的每首曲子，会尽其所能地搜求到世界名家的各种弹奏版本，不厌其烦地一遍又一遍地反复聆听，从中找出作品的精髓。他还是一位能够博采众长、兼收并蓄的老师，对于他的教学，不管来自哪方面的意见他都能认真听取。正因为如此，他带出的学生，如李云迪、陈萨，包括后来的左章、张昊辰等，一个又一个地走上了肖邦国际钢琴比赛、利兹国际钢琴比赛等各种国际著名钢琴大赛的舞台，为祖国争得了一个又一个荣誉。而李云迪的艺术才华也可以说是与生俱来的，深圳艺校的李校长作出了这样的评价："肖邦素有钢琴诗人之称，他的乐曲是高度诗化的，而且天然地带有忧郁的摇曳感，诠释起来难度极高，许多艺术家终其一生也很难抵达肖邦艺术的核心，但李云迪这个年仅18岁的孩子却可以完美细致地将肖邦作品的精髓表现出来。"但昭义教授谈到李云迪这位爱徒时说："他弹琴时特别专注，能准确理解并表达各种情感，走入音乐。他很感性，性格外露，有着一丝浪漫主义的气息。肖邦的内在情感也是很浪漫的，而浪漫主义的风格正是云迪演奏的长处。"国外一些媒体称："李云迪是 15 年来第一位世界音乐天才。"肖邦比赛特邀评论员 Jan Popis 评论说"他证实了自己是在演奏最优雅的声音和最美的技术"另一则评论则认为"他几乎完美地掌握了各种音乐因素的平衡，是一个称职的继承人"。很多人说，李云迪甚至连外貌都有点像肖邦，他演奏时，既像奔放的舞者，又像忧郁的诗人。似乎在不经意间，圆润优美的音符就从他灵动的指尖流淌出来，继而进入忘我的境界：微闭双目、陶然仰天，有时还喃喃自语。他一次次沉稳、娴熟地把肖邦的音乐诠释得近乎完美，几乎所有聆听过他的音乐的人，都会被他令人叹为观止的表演而倾倒和折服。钢琴大师傅聪在获悉李云迪夺得比赛第一名的消息后，说了这样一番话："我们中国有最好的老师，能培养出最好的学生。我们中国人也最能理解肖邦，因为我们中国的古典诗词与肖邦是相通的。我们中国人夺得肖邦比赛第一名一点也不奇怪。"

获奖无疑是李云迪及其家庭的重大转折点，他从此开始了自己在全球的音乐之旅。2000 年 12 月 2 日，李云迪在日本开始了首场巡演。正在日本的中国著名小提琴家盛中国专程赶赴东京观看演出，并到后台看望了李云迪和但昭义教授，他十分兴奋地说："你们的获奖及演出是中国人一件了不起的大事，我专程和夫人赶来向你们祝贺！"2001 年起，李云迪接到的演出邀请更是应接不暇。1 月 7 日，香港特区政府首脑董建华先生邀请李云迪到香港作专场演出。据说，500 港元一张的门票在几小时之内便一抢而空，有的已经炒到了 2000 元一张甚至更高价位。他的舞台已延伸到东南亚、美国、欧洲和世界各地。同时，他也获得了越来越多学习深造的机会，如 2001 年 6 月，艺校派李云迪参加美国克莱本钢琴大师班学习一个月；8 月，又派他到德国汉诺威阿格里姬钢琴大师班学习两周。

2003 年 4 月，笔者到基层工作，但我仍关注着正在德国汉诺威戏剧音乐学院读书的李云迪，2001 年底他签约环球音乐集团的 DG 公司，成为 DG 百年来旗下首位华人钢琴家，推出首张专辑《肖邦精选》，销量创纪录。2002 年他又与美国著名的哥伦比亚艺术家管理公司签约。过去，我和云迪可以说是熟人，出席过他许多场音乐会，应邀出席过他第一张唱片的首发仪式，甚至和广东省文化厅厅长曹淳亮、深圳市委副书记李统书、市文化局副局长董小明等人陪同过他在北京接受李岚清同志的接见，与他有过一些"零距离"接触。现在看云迪，只能是在荧屏上，在各种各样的广告中，甚至在报刊的花边新闻里。最近，又在报上看到他带着女朋友流连在香港的名店里，他购买上百万元的法拉利跑车以奖励自己的新碟发行……李云迪显得更成熟了，但他那一头卷发和清秀的脸盘依然英气逼人。云迪长大了，功成名就了，他应该有他的天地，但我多少有点担忧，市场的运作不知哪一天会把他引入非艺术的轨道，商业的铜锈不知哪一天会蚀掉他天赋的灵气？在钢琴的王国里，我们的王子还有没有可能成为国王呢？

七　大型纪实剧式歌舞《祖国，深圳对你说》

文艺的社会功能是多方面的，在一些重大的节日和历史时刻，它时常会成为人们表达情感、宣泄情绪的重要形式，成为人们纪念与庆祝的必要载体。这说不清是文艺应尽之责，还是文艺不能承受之重。

　　2000 年 8 月 26 日，是深圳经济特区建立 20 周年纪念日，20 年转瞬即逝，深圳这块土地上，崛起了一座现代化的新城。为了纪念这一历史性的时刻，根据市委、市政府的指示，深圳市委宣传部、市文化局从 1999 年夏开始，就着手筹备大型庆祝文艺晚会。小小的舞台，如何展现恢宏时空的沧桑巨变；短短的时间，怎样让深圳人对祖国倾诉说不完的心里话？

　　晚会总是从搭班子开始的，在成功地运作了首届高交会文艺晚会、现代舞剧《深圳故事·追求》以后，我们决心进行一次新的尝试，依靠深圳的文艺队伍来创作和排演这台节目，展示一下本土的文化实力。该剧总导演是著名戏剧导演、深圳大学艺术学院副院长熊源伟教授，他 1964 年毕业于上海戏剧学院表演系，从事戏剧事业已有 40 多年，在此期间，他导演的主要作品有话剧《奥尔菲》《仲夏夜之梦》《哈姆雷特》《窗外有片红树林》《阳台》《陈毅市长》、音乐剧《未来组合》、川剧《巴山秀才》等，并在深圳大学推行小剧场试验话剧，导演过《耶稣、孔子、披头士列侬》等。事实上，此前我们还考虑过其他人选，包括导演过大型音乐舞蹈诗剧《绿宝石》等佳作的深圳民俗文化村副总经理、青年导演林树森，并听过他的导演阐述。最后选中熊源伟，是看中他的艺术功底、整体把握能力以及他和深圳歌舞团良好的合作关系。编剧和撰稿人则选中了深圳歌舞团的编剧叶世果、市文化局文化研究中心主任杨宏海和青年词作者唐跃生、田地等人。而在他们背后，实际上还有一个小组，包括了当时深圳市体改办副主任陈洪博、市志办主任陈宏在等人，他们专门为这台节目搭建理论框架，梳理历史线索。深圳电视台的黄仁忠导演则应邀担任了大屏幕的影像节目编导。而参加演出队伍更是几乎倾全市之力，包括深圳歌舞团、深圳交响乐团在内的几乎所有专业和业余的演出队伍都参加了排练，其中还有深圳 21 世纪歌舞厅的歌手。

在总体构思上，创新依然是我们不变的思路。都说创新是深圳的根，是深圳的魂。同样地，在深圳文艺发展的世纪交响中，创新也是必须高扬的主旋律。白天同志这位名副其实的"总策划"，从一开始就鼓劲说：继续闯！什么形式能为群众喜闻乐见，什么方法能表现20年来深圳建设者的情怀，都可以大胆尝试，不拘一格。于是，大家开动脑筋，想尽办法，最后来了个"四不像"的"大型纪实剧式歌舞"，这又是一个"深圳创造"的新名词，恐怕在任何艺术辞典中都是查不到的。这种"大型纪实剧式歌舞"，不仅包括了歌舞、话剧、朗诵、音乐剧、表演唱、大合唱等多种艺术元素，而且在国内舞台上还独树一帜地引入了大型 LED 高清晰度电视屏幕，同步放映深圳不同历史时期的珍贵镜头，使观众有一种身临其境的真实感。

内容决定形式，同时形式也影响内容。毫无疑问，这是一台主题先行的、政治色彩鲜明的专题庆祝晚会，市委给它定下的调子是："以深圳经济特区20年来改革开放和现代化建设的历程为主线，以深圳20年来的主要成就与重大事件为切入点，歌颂邓小平同志建设有中国特色的社会主义理论，歌颂以江泽民同志为核心的党中央对经济特区的关心和支持，反映全国支持深圳、深圳服务全国的实践，体现经济特区建设者开拓创新的精神。"而如何以艺术的手段，形象、生动地呈现这一主题，则是编导组所必须完成的艰巨任务。好在大家一开始的思路就比较开阔，所谓的"大型纪实剧式歌舞"，加上新型 LED 高清晰度电视屏幕的运用，既能够保持纪实性的风格，又可以调动各种艺术形式和手段，还能使节目有一定的情节和完整性，这就给编导提供一个游刃有余的空间。

经过反复讨论和论证，全剧由序歌、上篇、中篇、下篇和尾声组成。上篇表现了深圳经济特区建设初期，来自五湖四海的建设者在这块热土上进行的艰苦创业，打响了改革开放的第一炮，讴歌了经济特区的开拓者。中篇表现了深圳经济特区进行公开拍卖土地使用权等一系列大胆探索，创造了"深圳速度"和"深圳效益"，反映了邓小平同志视察深圳，再一次掀起了中国改革开放的滚滚春潮。下篇表现了深圳人民在第二次创业的伟大进程中，根据江泽民总书记"增创新优势，更上一层楼"的指示精神，在科技兴市、城市建设、精神文明建设等方面做出的努力，体现了深圳经济特区在"三个代表"重要思想指引下迈向新世纪的壮志豪情。

由于各种原因，当年的经济特区20周年庆祝活动推迟到金秋时节举行。2000年11月14日，江泽民同志在出访后风尘仆仆地赶到深圳，出席在深圳体育馆举行的庆祝深圳特区建立20周年纪念大会，勉励经济特区要努力形成中国特色中国风格中国气派。当天下午4时许，江泽民同志又登上莲花山顶，为邓小平雕像揭幕。当晚，总书记由于行程安排的问题，没有出席观看大型纪实剧式歌舞《祖国，深圳对你说》的演出，但该剧还是如期在深圳大剧院上演。出席观看晚会的有李长春等中央和省、市领导。晚会在一曲深情的大合唱《倾诉》中拉开了序幕，朝霞喷薄而出，海浪汹涌澎湃，250名合唱队员对祖国诉说着这座城市的光荣与梦想；随后是一个大的历史闪回：一轮明月，几颗星星，一位渔女，数张渔网，如泣如诉的客家山歌《深圳河，弯又弯》由深圳民歌手何穗生轻轻唱出，把人们带回到20年前的边陲渔村；苍穹中，一位伟人的声音响起："中央没有钱，你们自己去搞，杀出一条血路来！"由舞蹈演员刘宇飞领舞的集体舞《开拓》，气势雄浑，跳出了第一批建设者的阳刚之气；音乐短剧《春天里我们南下》，表现了干部、知识分子、农村青年、港商到深圳的场面，诙谐而有趣；支援特区建设的基建工程兵战士出来了，火车的汽笛声中，大屏幕上呈现了当年数万雄兵到深圳的历史瞬间；轰隆隆的吼叫声中，三台巨型推土机驶上了舞台，表现的是《开山第一炮》的震撼；顷刻间，动极而静的舞台上出现了一间温馨的家居，夫妻的夜话，表现的却是当年第一次公开拍卖土地前夕惊心动魄的心灵斗争的瞬间，小话剧《不灭的灯》让我们又回到昔日不眠的日日夜夜；舞蹈《春雨》，巧妙地发挥了LED高清晰度电视屏幕的视听效果，利用预拍的影像资料和精心编排的舞蹈，使观众看到的数十名手撑雨伞的窈窕女子，仿佛是从屏幕上走下来的，最后又走入屏幕，令人叹为观止；春风化雨，润物无声，著名艺术家姚锡娟朗诵的散文诗《高山榕》，洋溢着春的诗意，春的活力；情景短剧《我不认识你，我要谢谢你》，当纯真的孩子与走进大山的深圳义工深情对话时，在歌手刘小幻演唱的歌曲《爱在远山》中，人们禁不住会泪盈于眶；股票市场也上了舞台，股价升跌间，身穿红马甲的工作人员且歌且舞，且唱且说，表达股票市场给人们带来的喜怒哀乐；群舞《办公室的早晨》，白领丽人整齐划一的举手投足、一颦一笑，呈现的是韵律的美、青春的美，展现的是青春城市的一道迷人风景……尾声《飞向未来》，是大气磅礴的，编导充分利用了舞台的纵深感，一艘万吨巨轮缓缓地从打开的后舞台驶向观众席，掀起了最后的一个高潮。《祖国，深圳对你说》，是一个荡气回肠的故事，是一个峰回路转的传奇，是一个波澜壮阔的史话。

　　作为某一活动或事件的组织策划者，在为其付出许多劳动的同时，往往也渗入了自己的情感，所以在对这一活动或事件进行判断和评介时，就可能失之偏颇，带入主观的偏爱。因此，领导和观众的反应，才是这部戏的镜子。李长春等中央和省市领导在看演出的过程中显然是"入戏"了，他们时而会心微笑，时而拍手鼓掌，时而与身旁的陪同人员轻语几句。演出结束后，李长春同志给予了充分肯定和鼓励。而在场的1000多名观众，也情绪高涨，一次又一次地以热烈的掌声来表达对该剧的褒奖。然而，该剧的首次公演，也有一段至今令人心有余悸的插曲。在全剧即将结束，帷幕将徐徐拉上之际，在热烈的气氛中，冷烟花竟然点着了舞台上方的幕布，幸亏火势很快就被控制住了。演出一结束，消防局的干警就准备将歌舞团的团长带走，关键时刻，还是白天同志亲自调解。实际上，冷烟花技术当时是被广泛运用的舞美手段，安全系数比较高，此前，负责舞台美术的同志曾经反复检查，他们甚至给消防局的干警表演过冷烟花掉到手心上也安然无恙。但是，问题还是发生了，没有酿成更大的事故，已经是不幸中的万幸。也多亏领导和观众理解主办单位的一片良苦用心，特区 20 周年，大家都恨不得把所有最热烈最喜庆的形式拿出来，为她增添华彩。

数天之后，中共中央政治局委员、中宣部部长丁关根一行莅临深圳时，又观看了该剧的演出，而经过数天的演出磨合，这台演出表演和衔接也更趋完美。历时 1 个半小时的演出结束后，关根同志兴致勃勃地走上舞台，会见了全体演职人员，并发表了热情洋溢的讲话，盛赞这台节目是"思想性、艺术性、观赏性相统一的佳作"。中宣部文艺局局长李牧说，关根同志是很严谨的人，他对一件文艺作品给予如此高的评价的确少见。是啊，一锤定音，作为分管宣传文化工作的领导，他的话，无疑是给大型纪实剧式歌舞《祖国，深圳对你说》画上一个圆满的句号。

（注：大型纪实剧式歌舞《祖国，深圳对你说》后来共演出 20 多场，观众达三万人次，荣获 2001 年度中宣部"五个一工程"奖。）

八 "文化立市"战略的提出和确立

文化的发展有一个厚积薄发的过程，其延伸的脉络就像生物链一样，环环相扣，节节相连，处处相因。在深圳，"文化立市"作为一个城市发展的重大战略，其提出和确立也历经了一个较长的孕育过程，是深圳文化不断拓展广度和深度并在一定的社会历史条件下应运而生的城市管理理念。

早在 20 世纪 80 年代，在被称为鹏城的深圳，市委、市政府就提出了："物质文明建设和精神文明建设、经济建设和文化建设，就如同大鹏鸟的双翅，只有两翼齐飞，才能鹏程万里。"这种提法实际上也强调了文化在深圳发展中的战略性地位，说明了文化是深圳的立市之本。进入 90 年代，形势的要求和客观的需要，使人们对文化的认识又有了深化，市委、市政府主要领导在会见电视"金鹰奖"评委时所说的一句话："文化是城市的神，经济是城市的形，两者只有协调发展，城市才能形神兼备。"标志着深圳市委、市政府对文化认识的新高度，凸显了文化是城市之魂的文化观。到了 20 世纪末和 21 世纪初，在知识经济迅猛发展和文化全球化大背景下，文化与经济、政治的相互交融、相互促进，已经成为一个全球性的趋势。深圳在经济发展到一定阶段以后，对文化的内在需求也与日俱增，将文化作为推动城市发展的一种核心要素，进一步成为深圳市委、市政府的治市方略和自觉行动，他们谋划着城市新的文化定位和文化战略。

"文化立市"作为一个概念在深圳的明确提出，可以上溯到 1999 年初，时任中共中央政治局委员、广东省委书记的李长春同志，提出了要把深圳建设成为有中国特色社会主义和率先基本实现现代化示范市的构想，指示省有关部门和深圳市一起就这个问题展开专门的调查研究。时任广东省委副书记黄丽满同志，省委常委、省委宣传部部长于幼军亲自抓这项工作。省委宣传部、省社科院和深圳市有关部门一起组织了调研组，记得文化组的成员包括省社科院精神文明研究中心主任周薇、省社科院哲学研究所所长韩强、深圳市委宣传部理论处处长吴忠等同志。他们进行了大半年的研究，并在此基础上撰写了主报告和几个分报告。同年8月，广东省委、省政府在深圳召开了"全省经济特区和珠江三角洲改革开放工作座谈会"。会上，调研组同志汇报了研究成果，其中文化分部告《塑造"大鹏展翅"的现代城市文化形象》明确地提出了深圳"必须确立文化立市的战略思想"。报告写道："深圳是建设中的区域经济中心城市，经济中心城市的主要内涵虽然是指向经济状况和经济活动的，但它的建设需要有观念文化的指导，科技文化的推动，以及艺术文化提供氛围与张力。"报告还专门作了注解：我们认为，深圳提"科技兴市"仍然不够，无论是科技创新还是认识创新，都需要以文化为基础，文化是现代化的深层内容，而"立"比"兴"更加突出了文化实力的重要基础地位。这种提法当时在中国内地无疑是具有前瞻性、创新性和战略性的，尽管境外已不乏类似的表述，如西班牙的巴塞罗那、中国的台北都提出过"文化立市"，而新加坡则宣称"要用文化再造一个新加坡"。

2000年1月22日召开的广东省九届人大三次会议上，卢瑞华省长在《政府工作报告》中提出，要将深圳作为文化产业中心来重点建设。深圳市抓住机遇，乘势而上，加快了文化体制改革和文化产业发展的步伐。深圳市委宣传部有关同志提出了《关于进一步促进深圳市文化艺术发展的工作思路》，深圳市文化局推出了关于《我市文化产业发展的若干思考》，对深圳市文化产业的现状和发展途径做了建设性的阐述，并在该局酝酿成立"深圳市文化产业发展办公室"。2001年底，根据深圳市委、市政府主要领导的指示，抽调有关方面的力量，成立了深圳市文化体制改革领导小组及其办公室，办公室人员除了市委宣传部、文化局的有关负责人外，还有市体改办的陈洪博、郭小洲，市委宣传部的刘璋飙、倪鹤琴，市文化局的谢君心、尹昌龙，社科院的彭立勋，市委党校的彭南林等人。在对深圳文化发展的脉络进行梳理，对经验进行总结，对实践进行提炼，对未来进行筹划的前提下，着手研究制订深圳市文化体制改革与文化产业发展的总体方案。2002 年 8 月，《关于深化文化体制改革的指导意见》以及配套的 4 个实施意见初稿出台（简称 1＋4），下发全市各区、各有关部门征求意见，4 个配套文件是：《关于文化管理体制改革的实施意见》《关于文化事业单位改革的实施意见》《关于大力发展文化产业的实施意见》《关于文化投融资体制改革的实施意见》。同年 9 月，市文化体制改革领导小组办公室组成考察组，由罗列杰同志带队，赴美国进行专题考察，写出了《美国文化考察报告》。同时，市委宣传部、文化局还组成两个专题调研组，分别研究举办"中国文化产业博览会"和"中国（深圳）国际音乐节"，以重大文化活动与艺术节庆为载体，做大做强深圳的文化事业与文化产业。深圳对文化信息的采集和文化理论的研究也空前活跃，深圳市文艺创作中心、市文化产业发展办公室、市社科院和市特区文化研究中心开始组织编写深圳文化史上的首部《深圳文化蓝皮书》。所有这些，实际上都为深圳"文化立市"战略的提出和确立做好了理论准备和舆论支持，是"文化立市"战略应运而生的内动力。

2002 年 11 月 8 日，党的十六大召开，江泽民同志在报告中提出了："文化的力量，深深熔铸在民族的生命力、创造力和凝聚力之中。"号召"积极发展文化事业文化产业"。全国各地对文化的重视和热情空前高涨，地区间的文化交流十分活跃。在此前后，中央和全国各地宣传文化部门到深圳考察的越来越多，市委宣传部研究并撰写了一份新的汇报材料《深圳文化艺术工作的现状与对策》，提供给上级领导和各地的参观者。这份一万多字的材料在第一页上用黑体字标明整篇文章的结构和主要内容：引言——要建设高品位的文化城市，必须把"文化立市"摆到与科技兴市、经济强市、依法治市同等重要的战略位置上；特点——形成了一个独特的文化形态，即移民文化、窗口文化和现代都市文化同存共进，开放性、多样性和创新性鲜明凸显；现状——实现了一次历史性的自我跨越，从"文化沙漠"逐步迈向"文化绿洲"；对策——酝酿一次创新性的突破，明确一个思路，寻求三个突破，落实四项举措，开创新的局面。其中的亮点，是把当年省市调研组的重要研究成果——"文化立市"战略重新提了出来。材料呈报上去，"文化立市"的提法引起了市委常委、宣传部部长白天的关注，为了慎重起见，他专门和深圳社科院原院长彭立勋等专家学者进行了探讨磋商。随后，他向市委、市政府的主要领导同志作了汇报，并得到了首肯。市委、市政府实际上一直在研究和酝酿着新时期深圳文化的发展路向，对"文化立市"战略非常重视，进行了反复的研究，并经过市委常委会的集体讨论，决定推出这个顺应历史潮流、富有时代特征、符合深圳实际的文化战略。

2003 年 1 月，中共深圳市委三届六次全会在深圳会堂隆重召开，这次承先启后的大会在深圳新时期的发展史上具有重要的意义。会议根据党的十六大精神，在进一步明确深圳经济特区的目标定位和发展思路时指出：要确立"文化立市"的战略，树立"文化经济"的理念，把深圳建设成为高品位的文化和生态城市。2004 年 8 月 22 日，深圳市委、市政府召开全市实施文化立市战略工作会议，对"文化立市"战略的实施和建设高品位文化城市的各项工作进行全面部署，明确了实施"文化立市"战略的指导思想和深圳市文化发展的目标，并讨论了《深圳市实施文化立市战略规划纲要》和《深圳市实施文化立市战略配套经济政策》两个文件。省委副书记、市委书记黄丽满指出，宣传思想文化事业大发展的新的历史阶段已经到来，我们必须顺应历史发展新趋势，把握文化发展新机遇，统一认识，振奋精神，乘势而上，把我市宣传思想文化事业推向新的历史阶段，促进文化与经济、社会、政治、环境的相互融合，全面提升我市经济社会发展的文化内涵和城市建设的文化品位。会议由省委常委、市长李鸿忠主持。这次会议的召开，标志着深圳文化踏上新的征程，为深圳的文化历史掀开了新的一页。

"观乎天文以察时变，观乎人文以化成天下。""文化立市"战略的确立，使人们进一步认识到了文化在城市中的战略性地位：文化是城市的社会价值，是城市的发展导向；文化的发展为城市提供精神动力与智力支持；文化环境与生态环境一样，都是城市环境，是投资环境的重要组成部分；文化是城市综合实力的重要标志，是城市竞争力的重要组成部分；文化是推动城市社会生产力发展的核心要素。

2003 年，深圳市被中央确定为全国文化体制改革综合试点城市，调整充实了市文化体制改革领导小组，由省委副书记、市委书记黄丽满同志亲自兼任组长，小组成员由各相关单位一把手组成，成员单位包括了市委、市政府办公厅等 29 个部门和单位，后又根据政府机构改革实际对成员作了及时调整。

深圳是一座总能给人带来惊奇的城市，在这座以高科技工业和琼楼广厦为标志的城市里，"文化立市"战略的确立，确实使人为之瞩目，使人们对深圳的未来有了更高的期待。显然，深圳已经站到了新的起点上，而她的目标定得更远。

后　记

　　当今世界，以文化论输赢，以文化比高低，关注文化、重视文化、发展文化已经成为历史性的潮流。诚如美国学者塞缪尔·亨廷顿在《再论文明的冲突》中所说的：21世纪是作为文化的世纪开始的，文化成为解释人类社会、政治和经济行为最重要的因素。

　　在这个重大的历史背景下，我们小人物的命运也与文化结缘。1982年夏天，我大学毕业后到深圳市委工作，转眼间前后已40年。40年春风夏雨，40年秋岚冬雾，回首工作历程，除了有8年多时间在基层任职外，我大部分时间从事宣传文化工作。且行且思，常悟常新，在工作实践中进行了一些思考，悟出了一些心得，写下了一些文化评论，其中大部分在国内报刊上公开发表过，既是理论思考，也是实践结晶。我想，这是一些珠子，可能还算不上珍珠，但散落了可惜，价值也殆尽，串起来就是一串项链，对自己来说是一种纪念；在慧眼者目中，说不定可能还会发点光。如果说还有什么奢望的话，我期待大家在回顾深圳文化发展进程时可以从中觅到走过的履迹，在谋划深圳文化未来发展时能从中迸发一点灵感。

　　需要说明的是，本次辑录成书的文章有20篇，同时还有一个附录，有20世纪90年代的旧文，也有近几个月的新作；有随感而后深思的精研之作，也有应邀而作的"命题作文"。时间跨度大，背景变化多，思考的深度广度不一致，文章的风格体裁也有所差别，不揣冒昧，诚心求教。

李小甘

2020 年 8 月于深圳